다시,
독립의 기억을 걷다

다시, 독립의 기억을 걷다

초판 1쇄 발행 2018년 4월 28일
초판 3쇄 발행 2019년 10월 10일

지은이 노성태
펴낸이 김승희
펴낸곳 도서출판 살림터

기획 정광일
편집 조현주
디자인 김경수

인쇄 · 제본 (주)현문
종이 월드페이퍼(주)

주소 서울 양천구 목동동로 293, 22층 2215-1호(목동, 현대41타워)
전화 02-3141-6553
팩스 02-3141-6555

출판등록 2008년 3월 18일 제313-1990-12호
이메일 gwang80@hanmail.net
블로그 http://blog.naver.com/dkffk1020

ISBN 979-11-5930-061-5 (03910)

다시,
독립의
기억을
걷다

노성태 지음

살림터

전설로 남은
독립 영웅들

　광복 60주년을 맞은 2005년 여름, EBS에서 10부작으로 제작한 〈도올이 본 독립운동사〉가 방영되었다. 이 프로그램을 통해 처음으로 봉오동 전투와 청산리 대첩의 전적지, 안중근 의거지 하얼빈 역과 순국지 뤼순 감옥, 블라디보스토크 라게르산 언덕에 세워진 신한촌 기념탑, 명동촌의 윤동주 생가와 명동학교, 우수리스크 수이푼 강변의 이상설 유허비, 용정의 15만 원 탈취 사건 의거지, 연추의 안중근 단지동맹비 등을 만날 수 있었다. 이때 처음 알게 된 최재형, 김알렉산드라 스탄케비치, 최봉설, 임국정, 정이형, 조지 L. 쇼 등은 20년 넘게 역사 교사로 살아온 필자를 부끄럽게 만들었다. 이때부터 도올이 다녀온 현장을 답사하는 것은 필자의 숙제가 되었다.

　꿈은 꿈꾸는 자의 것이다. 2006년 8월 국가보훈처가 주관한 나라사랑 교수학습 경진대회에서 '연해주 독립운동 어떻게 가르칠 것인가?'라는 주제로 입상했고, 2007년 여름 블라디보스토크·우수리스크·크라스키노·용정·봉오동·하얼빈·뤼순 등의 독립운동 현장을 돌아보는 기회를 얻게 되었다. 이 행운은 만주와 연해주 독립운동에 대해 본격적인 관심을 갖게 되는 계기가 되었다.

2008년 여름, 광주의 역사 교사들과 함께 다시 연해주를 찾아 중앙아시아 강제 이주의 출발역인 라즈돌리노예 역, 50만 고려인 역사의 첫장을 연 지신허 마을, 연추하에 서 있는 안중근 단지동맹비를 확인했다.

만주에는 아직 찾아보아야 할 독립 유적지와 만나야 할 독립 영웅들이 더 많이 남아 있었다. 그런데 만주를 답사할 기회가 또 생겼다. 2009년 8월, 김좌진장군기념사업회가 주관한 '청산리대장정팀'에 합류한 것이다. 청산리 전적지를 꼭 확인해 보고 싶었는데, 그 꿈도 이루어졌다. 게다가 단동에서는 압록강 철교와 대한민국 임시정부 교통국이 있었던 이륭양행 터, 화룡에서는 대종교 3종사의 무덤도 직접 확인했다. 이때 고구려와 발해의 문화 유적도 다시 만날 수 있었다. 이렇게 해서 2010년 발로 뛴 『독립의 기억을 걷다』가 한울출판사에 의해 세상에 나올 수 있었다.

『독립의 기억을 걷다』가 출판된 지 벌써 8년이 지났다. 그동안 만주·연해주의 독립 현장에는 많은 변화가 있었다. 그 변화는 국내에도 있었다. 헌법재판소는 2017년 3월 10일 "피청구인 대통령 박근혜를 파면한다"는 추상같은 판결을 내렸다. 대통령 박근혜의 파면은 최순실 국정 농단이 출발이었지만, 국정교과서 강행도 한몫을 단단히 했다. 국정교과서 파동은 민주주의와 독립운동을 축소하고 독재와 친일을 미화하는 등 역사 왜곡을 국민들이 용납하지 않음을 극명하게 보여 주었고, 역사란 특정 집단에 의해 사유될 수 없는 국민 모두의 것임을 알려 주었다.

8년 동안 만주·연해주 독립운동의 현장에도 큰 변화가 있었다. 하얼빈에 정율성 기념관이 건립되었고, 하얼빈 역사에 안중근 의사의 기념관이 들어섰다 철거되었으며, 731부대는 '죄증진열관(罪證陳列館)'으로 새 단장을 했다. 용정의 대성학교 앞 윤동주 시비 왼쪽에는 거대한 윤동주 동상도 섰다. 명동촌은 윤동주 기념관과 기념 시비로 가득 찼고, 송몽규의 집도 명동학교도 다시 단장되었다. 찾아가기 어려웠던 윤동주 시인의 무덤도 찾아볼 수 있었다. 우당 이회영의 순국지가 체포 장소인 다롄의 수상경찰서가 아닌 뤼순 감옥임도 밝혀졌다.

가장 큰 변화는 고구려·발해 역사가 중국의 동북공정에 의해 중국의 역사로 둔갑되어 있었던 점이다. 집안의 고구려 유적은 중국식으로 꽃 단장을 했고, 새로 지은 집안 박물관 제1전시실의 주제는 '한당고국(漢唐 古國)', 즉 한나라와 당나라 시기의 옛 국가라는 뜻이었다. 또 발해 수도 인 상경용천부 안내판에는 '발해는 중국 당나라 때 속말말갈족이 건국 한 나라'라고 쓰여 있었다.

답사기는 현장성과 관련 사진 자료가 생명이다. 이를 담보해 내지 못 하면 글은 생명력을 잃고 만다. 2013년 연해주를, 2016년, 2017년 다시 만주의 독립운동 현장을 둘러보았다. 내용을 보완하고 현장의 모습을 더욱 생생한 사진으로 다시 바꿀 수 있었던 이유다.

만주와 연해주의 독립운동을 소개한 답사기나 안내서, 고구려와 발해 를 다룬 역사서는 흔히 볼 수 있다. 필자는 역사 교사가 학생들에게 수 업하듯이 만주와 연해주 지역의 독립운동사를 이야기하고 싶었다. 이 책이 독자들에게 조금이라도 도움이 되었으면 한다. 이것이 『다시, 독립 의 기억을 걷다』를 출간하는 이유다.

이 책이 다시 세상에 나올 수 있었던 것은 많은 분들의 도움 덕분이 다. 예쁘게 책을 만들어 준 도서출판 살림터, 원고를 꼼꼼히 읽어 준 김 보름 선생, 귀중한 사진을 제공해 준 신봉수 선생에게 고맙다는 말을 전한다. 독립의 현장을 찾아 만주로 연해주로 늘 혼자만 다녀온 필자를 불평 한마디 없이 참아 주고 격려해 준 아내에게도 고마움을 전하고 싶다. 무엇보다 가장 고마움을 드려야 할 분들이 있다. 이 책의 주인공인 독립의 영웅들이다.

2018년 4월
노성태

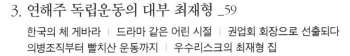

3장 한말 의병운동의 중심지
연추

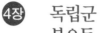

2부 만주 답사

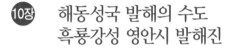

10장 해동성국 발해의 수도
흑룡강성 영안시 발해진

1부

연해주 답사

1장

항일독립운동의 성지
연해주 블라디보스토크

1. 극동대학교 한국학 대학

내가 만난 고려인 삐올레타

인천국제공항을 이륙한 비행기는 두어 시간을 날아 러시아의 극동 항구인 블라디보스토크에 도착했다. 블라디보스토크는 너무도 가까운 곳에 있었다. 1910년 13도 의군을 조직한 유인석 의병장이 1908년 원산에서 배를 타고 며칠이 걸려 도착한 그곳을, 나는 두어 시간 만에 간 것이다. 그토록 가까운 곳에 조국의 독립을 위해 싸웠던 독립 영웅들이 있었다.

2013년 여름 다시 블라디보스토크를 찾았다. 그때는 속초에서 동춘호를 타고 유인석 의병장이 갔던 그 길을 따라갔다.

비행장은 시 외곽 40킬로미터쯤 떨어진 곳에 위치했다. 비행장에서 블라디보스토크까지 가는 길의 산과 들은 대한민국을 너무 닮아 있었

극동대학교 한국학 대학

다. 1937년 중앙아시아 강제 이주 이전까지 이곳저곳에서 농토를 일구고 살았던 한인들의 삶이 여기에 더 보태졌는지, 블라디보스토크는 우리의 마을처럼 친숙했다.

연해주 독립운동 사적지 안내자는 극동대학교 한국학 교수인 고려인 3세 송지나 교수였다. 먼저 찾은 곳은 극동대학교 한국학 대학이었다. 극동대학교는 1899년에 개교한 극동 지역 최대, 최고의 대학이었다. 외국의 대학에 한국어학과가 있는 경우는 적지 않지만, 이처럼 한국학 대학이 설립된 경우는 매우 드물다.

한국학 대학은 박물관에서 캠퍼스를 따라 조금 들어간 곳에 있었다. 6층짜리 빨간 건물이었다. 블라디보스토크에 한국학 대학이 설립되었다는 것은 러시아인들이 한국의 중요성을 그만큼 중요하게 생각한 결과는 아닐까? 연해주가 한국과 가장 가까운 러시아 땅이었다는 사실도 한몫했을 것이다.

한국학 대학의 학생은 연해주에 사는 한인들이 많을 것이라 생각했는데, 그것은 편견이었다. 대부분은 러시아인들이었다. 그들은 사물놀이로 우리를 환영해 주었다. 러시아에서 만난 사물놀이는 신선한 충격이었다. 내가 만난 러시아 학생 속에 고려인 3세 뼤올레타(당시 22세, 4년)가 있었다. 중앙아시아 우즈베키스탄에서 태어났고, 2000년 블라디보스토크로 왔다고 했다. 지금 블라디보스토크에는 뼤올레타의 가족처럼 중앙아시아에서 할아버지의 고향

극동대학교 한국학 전공 학생들이 펼치는 풍물놀이

인 블라디보스토크나 우수리스크로 되돌아오는 고려인들이 계속 증가하고 있다. 중앙아시아보다는 연해주가 그들에겐 희망의 땅인 것 같았다. 한국학 대학에 입학한 후부터 익혔다는 한국어 실력이 정말 수준급이었다. 뼤올레타는 한국의 대학원 진학을 위해 한글 급수 시험을 준비 중이었다. 뼤올레타의 꿈이 꼭 이뤄지기를 빈다. 한국에 돌아온 후에도 한동안 뼤올레타는 내 마음속에 있었다.

장도빈과 한국학 대학

한국학 대학에서 뜻밖의 인물을 만났다. 흉상으로 서 있는 장도빈(1888~1963)이다. 장도빈은 일제 강점기에 민족운동에 헌신하였으며, 해방 후 인재양성을 위한 육영사업에 앞장섰던 독립운동가이자 민족주의 사학자이다.

극동대학교 한국학 대학의 전신은 1899년에 세워진 동양학원의 조선어과였다. 1995년 학국학 대학이 세워질 수 있도록 장도빈의 아들 장치

장도빈(1888~1963)

혁 회장이 150만 달러를 지원했다. 극동대학교 한국학 대학은 러시아가 아니라 그의 아들이 장도빈 선생의 민족정신을 기리기 위해 세운 대학이었다. 그래서 장도빈의 흉상이 거기에 있었던 것이다.

장도빈은 1888년 평남 중화(中和)에서 태어났다. 1908년 한성사범학교를 졸업하고 교사로 재직 중, 그해 20세의 나이에 대한매일신보에 발탁되어 신채호, 양기탁과 함께 논설을 써 애국계몽운동에 앞장섰으며, 안창호 등이 조직한 신민회에 가입하여 국권회복 운동을 전개하였다. 1910년 105인 사건으로 블라디보스토크 신한촌에 망명하여 『권업신문』의 주필이 되었다. 3·1운동 이후에는 한성도서주식회사를 설립하고 청소년에게 민족혼을 일깨우기 위해 잡지 〈서울〉, 〈조선지광〉 등을 발간하였다.

그는 독립정신을 고취하는 데 국사교육이 가장 중요하다고 생각하여 『대한역사』, 『조선사요령』 등 30여 권의 역사서를 간행한 사학자이기도 했다. 수이푼강 건너의 크라스노아르 성터가 발해 성터임을 밝혀낸 인물도 장도빈이었다.

크라스노아르 성터를 바라보는 수이푼 강변에 연해주 독립운동의 선구자 이상설 유허비가 서 있다. 이 비도 2001년 장치혁 회장의 지원으로 세워질 수 있었다. 장치혁 회장의 후원은 발해 유적 발굴 조사나 러시아 지역 항일독립운동사 복원 사업으로 이어졌다.

그 아버지에 그 아들이었다.

2. 연해주 독립운동의 메카 신한촌

연해주에서의 독립운동

러시아 연해주는 압록강 건너편의 서간도, 두만강 건너편의 북간도와 더불어 국내와 접한 국경 지역이었다. 광활한 미개척지를 억척스럽게 개척한 함경도 농민들은 러시아의 환영을 받았다. 그들은 한인들의 항일운동에 대해서도 매우 우호적이었다. 당시 한인들은 연해주 지역이 과거 고구려, 발해 영토였다는 강한 역사적 유대감도 갖고 있었다.

러일전쟁 이후 일제의 침략이 본격화되면서 수많은 의병과 독립지사들이 망명하면서 교육운동과 의병활동이 활발히 전개되었다. 1908년 여름에는 안중근, 엄인섭 등이 이끄는 연추의병이 국내진공작전을 전개하였고, 1910년 6월에는 유인석, 이범윤, 홍범도, 이상설 등이 조직한 13도 의군과 성명회를 비롯해 이동휘·이상설·이종호·최재형 등이 조직한 권업회, 항일비밀군사정부였던 대한광복군 정부 등도 결성되었다.

러시아 2월 혁명 이후인 1918년 6월, 우수리스크에서 러시아 지역 한인 사회를 대표하는 전로한족중앙총회가 결성되었으며, 이후 대한국민의회로 확대 개편되어 대한민국 임시정부의 한 축이 되었다. 하바롭스크에서는 이동휘, 김립, 박애, 김알렉산드라 스탄케비치[1]가 한인사회당[2]을 조직하였다.

일본 등 열강의 개입으로 시작된 시베리아 내전 시기에는 러시아 빨치산과 연합한 한인 무장 부대들이 이만·올가 전투 등에서 영웅적인 투쟁을 보여 주었다. 이처럼 러시아 연해주 지역은 다른 어느 지역보다도 조국의 독립을 위해 헌신한 독립운동의 메카였다. 그 중심에 블라디보스토크가 있었다. 블라디보스토크는 하바롭스크와 함께 원동 러시아의 중심 도시로, 국내와 가깝고 교통이 편리하여 많은 애국지사들이 집결, 활발한 항일운동을 전개한 중심지였다.

이들은 이곳에서 『해조신문』, 『대동공보』, 『대동신보』, 『대양보』, 『권업신문』 등을 발간하고, 계동학교, 한민학교 등을 세워 민족교육을 실시하였으며, 한민회와 권업회 등 민족운동단체를 조직하여 블라디보스토크를 명실상부한 연해주 한인 사회 중심지로 만들었다. 그 결과 블라디보스토크는 한말 이래 일제 강점기의 국내외 독립운동가들의 활동 근거지가 되었고, 해외 독립운동의 메카가 되었다.

라게르산 언덕의 달동네

답사팀은 일제 강점기 국외 독립운동의 메카였던 블라디보스토크의 한인촌을 찾았다. 러시아 당국의 명령에 따라 1911년 개척리에서 새로 옮겨 간 곳이 블라디보스토크시 외곽의 변두리, 라게르산 서쪽 비탈을 끼고 있는 언덕의 달동네였다(현재 하바롭스카야 소유즌아야 거리 일대). 이곳이 새로운 한인의 마을이란 뜻의 신한촌(新韓村)이었다. 라게르산 비탈진 달동네로 쫓겨났지만, 한인들은 좌절하지 않고 토막 나무로 다닥다닥 붙인 온돌집을 지어 신한촌을 건설하였다. 그리고 개척리에 있던 한인 사회의 운영기관들을 다시 설립하였다.

1905년 을사늑약 체결과 1910년 국권 피탈로 많은 애국지사들이 연해주에 모여들면서 신한촌은 최고의 독립운동 기지로 자리 잡게 된다. 블라디보스토크 극동문서보관소에 남아 있는 1913년의 '신한촌 거주자 명단'을 보면 당시 한인촌의 한인들은 712가구였다. 신한촌은 한때

5,000명 이상이 거주했고, 한민회는 블라디보스토크 지역 거류 한인 1만 여 명을 관장하는 자치기구로 성장하였다.

당시 신한촌은 어떤 모습이었을까? 1920년 신한촌을 방문한 춘원 이 광수는 다음과 같은 기록을 남겼다.

> 해삼위 시가를 다 지나고 공동묘지도 지나서 바윗등에 굴 붙듯이 등 성이에 다닥다닥 붙은 집들이 나타났다. 이곳이 신한촌이다. 신한촌은 동서로 약 6정(町, 1정은 약 109미터), 남북으로 약 7정의 면적으로 아무 르만에 연한 산의 경사면에 위치하여 그곳에서 아무르만을 내려다보면 100여 척이나 되는 낭떠러지 밑에 푸른 물이 넘실거리는 절경지였다. 그 리고 겨울이면 결빙하여 서남행인마(西南行人馬)는 해빙판 위를 걸어서 훈춘, 왕청, 화룡 등 북간도를 오갈 수 있는 곳이다. 신한촌은 신개척리와 석막리로 구성되어 있었다. 러시아풍의 나무로 건축한 작은 집이 보통이 었다. 집마다 두세 개의 한국식 온돌방이 있고, 한 집에 여러 사람이 모 여 살아 많으면 20여 명이 동거하기도 하였다.
>
> 박환, 『러시아 한인 유적 답사기』(국학자료원, 2008)에서 재인용

1932년 이곳을 방문한 일본인 수구지태랑(水丘智太郎)이 남겨 놓은 기 록도 당시 신한촌의 모습을 그려 보는 데 도움이 된다.

> 블라디보스토크의 북쪽 해안을 내려다보는 언덕 위에 자리 잡은 신 한촌을 방문하였다. 그들의 집들은 온돌을 놓고 있어 한국의 연장이나 다를 것이 없었다. 이 마을에 들르려면 울퉁불퉁한 돌들이 깔린 고갯길 을 올라가야 했다. 그 고개를 오르면 이 마을 입구에 독립기념일인 3월

1일 건립된 독립문은 고색(古色)을 지닌 채로 서 있다. 이 문을 지나서 곧바로 걸어가면 우측에 소학교가 있다. 맞은편 양관(洋館)은 지금 구매조합의 사무실로 쓰이고 있으나 재작년까지 한국인 소학교였다. 이곳이 바로 1919년의 간섭(시베리아 출병) 당시에 독립운동을 모의했던 곳이라 하여 일본 군인들이 불살라 버린 것을 재건축한 것이라고 한다.

박환, 『러시아 한인 유적 답사기』(국학자료원, 2008)에서 재인용

고갯길을 한참 기어오르고 공동묘지를 지나서 바윗등에 굴 붙듯이 등성이에 다닥다닥 붙은 집들의 모습은 영락없이 달동네였다. 하지만 그곳에는 조국 독립이라는 꿈이 있었다. 늘 조국을 잊지 않고 간직하기 위해 그들은 마을 입구에 독립문을 세우고 학교 정문 현관에 태극문양을 새겨 민족혼을 불어넣고 있었다.

독립운동의 메카 신한촌

신한촌은 1911년 5월, 구개척리에 거주하던 한인들이 건설하였다. 신한촌에는 연해주 한인들의 자치기관이었던 권업회와 기관지인 『권업신문』, 자치기구인 한민회, 교육기관인 한민학교 등이 위치하여 민족운동의 전진 기지가 되었다. 1917년 러시아 혁명 이후에는 『권업신문』을 계승한 한인신보사, 노인단[3], 한인사회당, 대한국민의회 등 각종 사무소가 들어서 항일독립운동, 혁명운동의 본거지 역할을 하였다. 신한촌의 이러한 역할은 1920년 연해주 주둔 일본군이 자행한 4월 참변[4]으로 항일 단체들이 해산하거나 도피할 때까지 계속되었다. 1922년 일본군이 철수하고 소비에트 정권이 수립된 이후에도 신한촌은 여전히 연해주 한인 사

회의 중심지였다.

신한촌이 독립운동의 중심지로 자리매김했던 것은 민족의식을 고취하면서 독립투사를 양성해 낸 한민학교 때문이었다. 원래 한민학교는 개척리의 계동학교를 확대 개편한 학교로, 한인 집단 거주 지역이 개척리에서 신한촌으로 옮겨 올 때 한민학교도 함께 이전하였다. 이에 따라 1912년 3월 권업회와 신한촌 한민회는 240명을 수용할 수 있는 큰 양옥 교사를 지금의 엘레나 상점 부근에 신축하고, 건물의 정문과 교실마다 태극문양을 새겨 조선의 독립을 가슴속에 간직하게 했다.

교사를 새로 짓는 데 들어간 총 비용 4,698루블 중 2,000루블은 권업회 부회장 이종호, 1,000루불은 상트페테르부르크에서 유언을 남기고 순절한 주러 한국공사였던 이범진의 기부금이었다.

교직원은 교장·교감 이하 교사 26명이었고, 전 학생을 기숙사에 수용하였다. 4년제의 초등학교와 함께 중학 과정을 운영하였으며, 윤리·국어·외국어·수학·역사·음악·체육 등의 과목을 가르쳤다.

특히 민족의식 고취에 중점을 두어 교육하였는데, 학생들은 〈보국가〉, 〈대한 혼〉, 〈국기가〉, 〈한반도가〉 등 창가를 부르면서 민족의식을 고취했다. 이 중 그들이 즐겨 부르던 〈보국가〉를 옮겨 본다.

1. 조국 강산 사랑하라 동포 형제 사랑하라 우리들의 일편단심 보국을 맹약한다
   화려할 사 우리 강산 사랑할 사 우리 동포 자나 깨나 잊을쏘냐 길이 보존 우리 국토
2. 우리들이 땀 흘려 문명부강 이루고 우리들이 피 흘려 독립 자유 회복하세

도탄의 쓰라림 다가와도 난관이 길 막아도 우리의 강용한 마음 추호
도 변치 말자

3. 모든 고난 인내하고 쉬지 않고 힘쓰면 무슨 일인들 못 이룰까 이 강산
과 우리 동포 길이길이 보전하세. 우리가 부르는 이 노래 한 곡마다 높
이 부르자

1910년대 신한촌에서 가장 두드러진 항일운동을 전개한 단체는 권업
회다. 권업회는 1911년 5월 블라디보스토크 한인촌에서 결성된 항일구
국 단체로 회장에 최재형, 부회장에 홍범도가 선임되었다. 권업회라는
이름만으로는 정치적인 색깔을 띠지 않는 순수 경제단체인 것처럼 보이
지만 이는 일제와 러시아의 탄압을 피하기 위해 붙인 위장 명칭일 뿐이
었다. 보다 효과적인 활동을 위해 1912년 4월 신채호 등이 참여해 기관
지인 『권업신문』을 발간하였다. 한때 회원이 8,000명을 넘었으나, 1914
년 제1차 세계대전이 발발하고 대일관계의 악화를 우려한 러시아에 의
해 강제 해산되었다.

신한촌은 항일 군사정부인 대한광복군 정부가 수립된 현장이기도 하
다. 권업회의 이상설 등은 시베리아, 만주와 미주에 흩어져 있는 무장
독립단체를 모아 효과적인 독립전쟁을 전개하기 위해 1914년 한인촌에
대한광복군 정부를 수립하였다. 대통령에 이상설, 부통령에 이동휘가
선출되었다. 1914년은 러일전쟁 10주년이 되는 해로, 러시아에서 반일감
정이 한층 고조되는 시점이었고, 한국인의 시베리아 이민 50주년이 되
는 해이기도 했다. 그런데 1914년 8월, 제1차 세계대전이 일어나 러시아
정부가 일본과 공동 방어체제를 갖추면서 한국인의 정치 활동이 금지
되고 말았다. 9월에 대한광복군 정부의 모체였던 권업회가 해산되자, 대

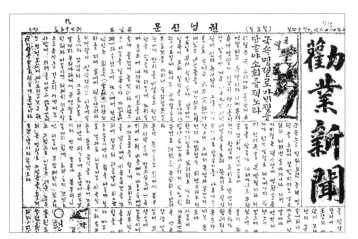

『권업신문』

한광복군 정부도 더 이상 활동할 수 없었다.

신한촌 기념탑

한때 1만여 명의 한인들과 독립 영웅들로 북적거렸던 신한촌에는 러시아인들의 아파트만 들어서 있을 뿐 어떤 흔적도 남아 있지 않았다. 중앙아시아로 강제 이주당한 80년의 세월이 그 모든 흔적을 지워 버렸다. 아니, 우리의 무관심도 한몫 거들었을 것이다. 모든 흔적은 사라지고, 그 흔적을 기록한 신한촌 기념탑만이 라게르산 정상에 서 있었다. 먼 이국 땅에서 만난 혈육처럼 반가웠다. 중앙아시아 강제 이주 60주년과 3·1운동 80주년을 기리기 위해 1999년 세워진 이 기념탑은 모든 석재를 한국에서 가져왔다고 하니 의미가 남다르게 다가왔다. 우리를 반겼던 웅장한 3개의 탑신은 각각 연해주의 대한국민의회, 한성정부, 대한민국 임시정부와 남한, 북한, 해외 동포를 상징하고 있었다. 기념탑은 전국경제인연합회가 지원하고 해외한민족연구소 이사인 (주)백미산업 이인기 사장이 거금을 쾌척하여 건립되었다.

고려문화자치협회 회장
이베체슬라 씨

기념탑을 관리하고 있는 고려문화자치협회 회장 이베체슬라 씨를 만났다. 콧수염이 인상적이었다. 그는 우리말이 조금 서툴렀지만 한국인이라는 자부심은 대단했다. 그는 중앙아시아에 강제 이주당한 2, 3세들이 그들의 아버지, 할아버지의 고향인 블라디보스토크를 찾아 이곳 신한촌에 들르고 있다는 소식을 전해 주었다. 아직도 중앙아시아의 타슈켄트, 알마아타, 크질오르다 등지에 산재한 50만 고려인들은 신한촌을 그들 마음의 고향으로 간직하고 있었다.

신한촌 기념탑에 대한 러시아인의 시선은 결코 우호적이지 않아 보였다. 여기저기 조그마한 훼손이 있었고, 그래서인지 철제 울타리를 둘러 보호하고 있었다. 이베체슬라 씨가 자물쇠를 따고 철문을 열고 나서야 기념탑 가까이 다가갈 수 있었다. 기념탑에 헌화하고, 긴 묵념을 드렸다. 고마움과 죄송함이 교차하였다. 묵념 후 오른쪽에 세워진 비문을 살펴보았다. 비문은 한글과 러시아어로 다음과 같이 새겨져 있었다.

민족의 최고 가치는 자주와 독립이다. 이를 수호하기 위한 투쟁은 민족적 성전이며 청사에 빛난다. 신한촌은 그 성전의 요람으로 선열들의 얼과 넋이 깃들고 한민족의 피와 땀이 어려 있는 곳이다. 1910년 일본에 의하여 국권이 침탈당하자 국내의 지사들은 신한촌에 결집하여 국권회복을 위해 필사의 결의를 다졌다. 성명회와 권업회 결성, 한민학교 설립, 신

신한촌 기념탑과 비문

문 발간, 13도 의군 창설 등으로 민족 역량을 배양하고 1919년에는 망명 정부(대한국민의회)를 수립하여 대일 항쟁의 의지를 불태웠다. 그러나 한 민족은 1937년 불행하게도 중앙아시아에 흩어지게 되고 신한촌은 폐허 가 되었다. 이에 해외한민족연구소는 3·1독립선언 80주년을 맞아 선열들 의 숭고한 넋을 기리고 재러·중앙아시아 고려인들의 마음의 상처를 위로 하며, 후손들에게 역사 인식을 일깨워 주기 위하여 이 기념탑을 세운다.

1999년 8월 15일 한국 사단법인 해외한민족연구소

답사팀의 일원인 김민선 교사가 소리쳐 우리를 불렀다. 러시아어 번역 판에 내용의 일부가 빠져 있다고 했다. 러시아어에 능숙한 현지 가이드 에게 확인한 결과 "한민족은 1937년 불행하게도 중앙아시아에 흩어지 게 되고"라는 부분이었다. 우리말로 된 비문도 중앙아시아 강제 이주에 대한 설명에서 러시아를 정치적으로 의식하고 있는 듯했다. "불행하게도

기념탑에 헌화하는 필자

중앙아시아에 흩어지게 되고"는 역사적 사실과 전혀 부합하지 않는 애매한 표현이다. 이는 중앙아시아 강제 이주가 아닌, 한민족 스스로의 선택의 결과라는 뉘앙스마저 주고 있질 않은가? 그마저도 러시아어 부분은 삭제되어 있었다. 남의 땅에서 겪어야 했던 설움과 핍박을 오늘날의 기념비가 또 당하고 있었다. 러시아 땅에서 살아가는 한민족의 현실을 말해 주는 것 같아 가슴이 아팠다.

1937년 중앙아시아 강제 이주 사건은 러시아의 만행이었다. 그리고 그것은 러시아의 부끄러움이었다. 강제 이주자 17만 명 중 2만여 명이 이동과 정착 과정에서 죽었다. 강제 이주 명령을 내린 스탈린…… 이제 러시아는 역사 앞에 당당해야 한다. 어렵게 건립된 기념비인 만큼 러시아의 정치적 입장이 고려되었겠지만, 돌아서는 발걸음은 무거웠다.

전설로 남은 독립 영웅들

늦은 오후, 시간에 쫓긴 우리 답사팀은 버스를 타고 단번에 라게르산 정상까지 올라와 버렸다. 그러고는 곧바로 후회했다. 신한촌 입구부터 걸어 올라왔어야 했다. 죄송스러움에 신한촌 입구까지 걸어 내려왔다.

내려오면서 찾은 곳이 하바롭스카야 7~9번지, 대한민국 임시정부 초대 국무총리를 지낸 이동휘 선생의 집 주소지였다. 바로 옆집이 권업회와 『권업신문』이 있던 옛터였다. 그러나 아무런 흔적을 찾을 수 없었다. 이동휘가 살았던 집은 엘레나라는 상점이 들어서 있었다. 그 건너편이 한인들의 집회 장소였던 스탈린구락부였다. 이동휘가 일했던 고려도서관이 그 옆에 있었다. 1912년 세워졌다는 한민학교의 위치도 현재의 엘레나 상점 옆이었다.

이동휘의 집과 한민학교가 세워졌던 근방이 신한촌의 중심지였다. 그곳에서 한인들의 흔적을 확인하는 작업은 너무 힘이 들었다. 표식 하나 없는 그곳, 신한촌은 이제 역사 속의 기록으로만 존재하는 곳이 되어 버릴지도 모른다. 단지 바다 쪽 철길에 인접한 아무르스카야 언덕배기에 서울스카야 2A, 즉 '서울거리 2번지'라고 적힌 문패가 붙은 러시아식 주택 한 채가, 이곳이 신한촌임을 알려 주고 있을 뿐이었다.

답사팀은 하바롭스카야 거리를 따라 언덕을 내려왔다. 산이 평지와 만나는 지점이 오케얀스카야 거리와 만나는 사거리였다. 이곳 사거리가 신한촌 입구였다. 여기서부터 라게르산 언덕까지 수백 가구의 한인 가옥이 바윗등에 굴 붙듯이 빼곡히 들어섰던 것이다.

너무 늦게 도착한 신한촌, 더 빨리 와서 흔적 없이 사라진 신한촌의 역사를 더듬고 보듬었어야 했다. 더 빨리 와서 라게르산 비탈에 남겨진 이동휘, 이상설, 안중근, 신채호, 최재형 등 독립 영웅들의 전설을 온몸

이동휘(1873~1935)

으로 들었어야 했다. 그러나 해는 벌써 아무르만에 붉은 노을로 지고 있었다. 라게르산 언덕에서 바라다 본 일몰은 장관이었다. 아무르만에 지는 아름다운 해를 보면서 라게르산 언덕의 한인촌 답사를 마무리하였다. 무언가 허전함과 죄송함이 함께 남았다. 너무 늦게 찾아온 것에 대한 미안함이었다.

서울스카야 2A 문패가 붙은 집

3. 한인들의 첫 둥지 개척리 마을

개척리 마을

1863년 13호의 한인들이 연추 지신허에 정착한 이후 한인들은 연해주 동남부 지역, 우수리스크, 블라디보스토크 등으로 마을을 형성하며 정착지를 확대해 갔다. 1874년 블라디보스토크 시내 중심가인 서남쪽의 아무르만 주변에 한인 마을이 형성되었는데, 새 땅을 개척한다는 의미를 부여하여 개척리라고 불렀다. 마을 형성 초기에는 한옥식 초가 몇 채뿐이었으나, 블라디보스토크가 점점 커지고 현대적인 면모를 갖추게 되면서 한인들도 크게 늘어나 1911년 마을이 폐쇄될 때에는 400~500호에 달했다.

오후 늦게 개척리를 찾았다. 블라디보스토크 해안가에서 내륙으로 300미터 정도 들어온 일대가 100여 년 전의 개척리 자리다. 지금은 상점들이 즐비하게 들어서 당시의 모습을 찾아볼 수 없었다. 이 거리는 현재 포크라니치나야 거리로 불린다. 이곳에서 해안 쪽으로는 운동장과 스포츠센터가 자리 잡고 있다. 이 거리의 344호가 러시아 거주 한국인이 발행한 최초의 신문, 해조신문사 터였다. 이 거리 600호는 대동공보사가 있던 자리였다. 『해조신문』, 『대동공보』[5]의 발간에 참여한 인물이 1910년 이곳에 망명한 신채호다.

연해주에서 발간한 최초의 신문인 『해조신문』은 1908년 2월 26일에 블라디보스토크에서 창간호를 낸 후 5월 26일까지 3개월 동안 75호를 간행하였다. 『해조신문』이라는 이름은 해삼위(지금의 블라디보스토크)에 살고 있는 조선인들이 만든 신문이라는 의미였다. 을사늑약이 체결되자

『해조신문』
1908년 2월에 창간되어 75호까지
내고 폐간되었다.

『대동공보』
1908년 6월에 창간되어 주 2회 발간
되었다.

'시일야방성대곡'을 쓴 장지연이 초빙을 받아 신문의 주필을 맡기도 했다. 『해조신문』의 발행 기간은 짧았지만 러시아 지역에 거주하는 조선인의 민족운동에 큰 영향을 끼쳤다. 일본에서 유학생들이 간행하는 〈대한학회월보〉에 『해조신문』 창간을 축하하는 축사가 실리고, 미국의 『공립신보』도 축하 기사를 게재했을 만큼 많은 관심을 받았다.

이 거리 어디쯤에 한인학교인 계동학교가 세워졌고, 성명회가 조직되었다. 성명회는 1910년 이상설 등이 중심이 되어 조직한 독립운동 단체로 유인석, 이범윤 등 6명 명의로 국권 피탈의 부당성을 각국 정부에 호소하는 취지서를 발표하였다. 하지만 이를 알리는 어떤 흔적도 이곳 포크라니치나야 거리에는 남아 있지 않았다.

개척리는 한인들의 영원한 안식처가 아니었다. 러시아 당국은 1911년 봄, 장티푸스 근절이라는 명분을 내세워 한인 마을을 강제로 철거시키고 러시아 기병단의 병영지로 삼아 버렸다. 한인들은 이곳을 떠나 러시아 당국이 지정한 시의 서북편 변두리인 개척리에서 북쪽으로 언덕을 넘어 5정가량 되는 곳으로 옮겨 가야 했다. 그곳이 바로 이미 서술한 신개척리, 새로운 한인의 마을이란 뜻의 신한촌이다. 개척리에서 신한촌까지는 걸어서 30분 정도가 걸리는 거리였다.

옛 개척리 마을이 있었던 운동장 앞 바닷가는 놀이기구와 술집이 가득 찬 블라디보스토크 시민들의 대표적인 휴식 장소가 되어 있었다. 우리 답사팀도 저녁 식사 후 이곳을 찾았다. 답사팀의 건강을 위하여, 연해주 한인들의 발전을 위하여 "건배". 짧고 우렁찬 건배 소리가 듣기 좋았나 보다. 옆자리의 러시아 청년들이 우리 쪽을 보면서 건배를 따라 했다. 물론 안주는 태평양에서 잡은 무지하게 큰 바닷가재였다.

해는 졌지만 아직 밖엔 낮 기운이 남아 있었다. 우리가 맥주를 마셨던 아무르만은 100여 년 전 개척리를 일군 한인들이 미역을 땄던 고단한 삶터였다. 신채호, 장지연, 이상설, 유인석, 이범윤, 최봉준, 안중근이 거닐며 조국의 독립을 꿈꾸던 해변이었다. 끝없이 펼쳐진 아무르만을 바라보면서 독립 영웅들은 무슨 생각을 했을까?

아무르만의 일몰

현재의 개척리 모습

아르세니예프 향토 박물관

오케얀스카야를 따라 금각만 쪽으로 가면 금각만에 접한 지점에 큰 광장이 있다. 광장 조금 못미처 2층 석조 건물이 일본 총영사관 건물(아드미랄라 포키나 거리 18번지)이었다. 일본의 상징인 국화 문양이 선명하게 남아 있었다. 그 건물의 반대편이 1930년 초에 건립된 고려사범대학 건물(오케얀스카야 프로스펙트 18번지)이었다. 회청색 외벽의 3층 건물이었는데, 현재는 파제예프 공공 도서관 건물로 사용된다. 그 도서관의 주인공 파제예프는 볼세비키 혁명기 러시아의 문호이다.

한국인의 교육에 대한 열정은 오늘만이 아님을 고려사범대학은 보여주었다. 마주 보며 서 있는 일본 영사관과 고려사범대학은 무언의 경쟁을 하고 있는 모습이었다. 우리가 일본으로부터 주권을 회복할 수 있었던 것은, 이러한 교육의 힘이 아니었을까? 오늘 10대 경제 강국을 이룬

것도 물론 교육의 힘이었다.

혁명전사 광장이라 불리는 블라디보스토크 중앙 광장에는 적군이 블라디보스토크에서 승리하여 러시아 내전(1917~1922)을 종결지은 것을 기념해 세운 승리 기념물이 서 있다. 전쟁이 끊이질 않았던 나라, 나는 러시아 수도 모스크바에서도 거대한 규모의 전쟁기념관을 본 적이 있다.

러시아는 1860년 베이징 조약으로 청으로부터 빼앗은 연해주에 블라디보스토크라는 항구도시를 세웠다. 블라디보스토크는 '블라디(Vladi, 정복하다)'와 '보스토크(Vostok, 동쪽)'의 합성어로 '동방을 정복하다'라는 뜻이다. 이름에서 알 수 있는 것처럼 러시아의 태평양 진출 야욕이 묻어 있는 도시다. 극동함대 사령부 앞에 정박 중인 대형 군함과, 제2차 세계대전 중 독일 군함 10척을 격침시켰다는 잠수함 박물관은 그 야욕의 단편이었다.

블라디보스토크에서 가장 높은 독수리 전망대를 찾았다. 아름다운 금각만이 한눈에 내려다보였다. 전망대에서 본 블라디보스토크는 너무도 아름다웠다. 사슴뿔처럼 3각형의 형태를 띤 '황금의 뿔'이라 불리는 금각만을 끼고 들어선 형형색색의 건물들은 네바강을 끼고 만들어진 제정 러시아의 수도 상트페테르부르크를 연상시켰다. 멀리 아무르만과 우수리만이 보였다. 아! 아름다운 블라디보스토크. 그곳을 배경으로 신혼부부들의 웨딩 촬영이 한창이었다.

중앙 광장 옆 하얀색 건물인 주청사를 조금 지나면 붉은 벽돌로 지은 아르세니예프 향토 박물관이 나온다. 이 박물관은 우리들이 쉽게 볼 수 없는 발해 유물과 독립운동 관련 자료가 있는 박물관으로 알려져 있어 기대가 컸다. 박물관의 이름에서 짐작해 볼 수 있듯이 탐험가 아르세니예프를 기념하기 위해 지어진 이곳에는 연해주와 블라디보스토크의 역

독수리 전망대에서 내려다본 블라디보스토크와 금각만

아르세니예프 향토 박물관

사와 자연을 알려 주는 유물이 전시되어 있었다. 시베리아 소수민족의 옷이나 일용품, 맘모스의 이빨, 곰과 호랑이의 박제, 각종 광물들, 시베리아 철도 개통 당시 기관차에 썼던 전조등, 건설할 때 죄수들이 신었던 족쇄 같은 것도 볼 수 있었다.

발해 관련 유물은 기와 몇 점이 전부였고, 쉬꼬또보에서 활동하던 한인 독립군 부대 사진 한 장만이 전시되어 있을 뿐이었다. 발해의 흔적과 연해주에서 독립에 헌신했던 많은 사람들을 만나 보고 싶었는데, 아쉬움이 남는다.

그런데 여느 박물관과는 달리 연해주 지역에서 생산된 석탄, 아연, 수정 등이 전시되어 있었다. 이 광물들을 캤던 광부의 다수는 한인들이었다. 그들은 광산에서 번 돈을 독립자금으로 제공하였다. 콧등이 시려 왔다. 독립은 누구 하나의 힘으로만 된 것이 아니었다. 독립 영웅들만의 몫은 더더욱 아니었다. 묵묵히 광산에서 채굴하던 한인 광부들도, 이미 보았던 고려사범대학의 선생도, 1937년 중앙아시아로 끌려갔던 지신허, 안치혜 마을의 농부도 한몫을 했던 것이다.

독립운동사에서 독립 영웅들이 활동할 수 있는 기반을 만들었던 하부구조인 민중들을 놓치면 안 된다. 우리 독립운동사는 그 기반이 되었던 민중들을 너무 무시해 왔다. 아르세니예프 향토 박물관에서 만난 한인 광인들이 낸 너무도 소중한 독립 자금을 새삼 떠올린 이유다.

블라디보스토크 역

아르세니예프 향토 박물관 가까이에 시베리아 횡단철도의 출발지 블라디보스토크 역이 있다. 시베리아 횡단철도는 극동 지역의 군사적 목적과 대 중국 무역 등을 위해 1891년 착공, 1905년 개통된 세계에서 가장 긴 철도다. 러시아 수도 모스크바에서 동쪽 끝 블라디보스토크까지의 거리는 자그마치 9,288킬로미터였다. 블라디보스토크에서 모스크바까지는 지금도 7박 8일이 걸린다고 하니 감이 잡히지 않는다. 몇 년 전 올랐던 파리 에펠탑에 새겨진 '서울 8,991킬로미터'를 본 적이 있다. 시베리아 횡단철도는 서울에서 파리보다도 더 긴 철도였다.

엄청난 인간의 역사(役事)로 완성된 이곳에서, 필자는 이 역사(驛舍)를 들고 나갔던 수많은 독립 영웅들을 떠올려 보았다. 1907년 용정으로 망명하여 해외 최초의 근대 학교인 서전서숙을 운영하던 이상설이 이준과 함께 헤이그 특사의 칙명을 받고 모스크바를 거쳐 헤이그로 갔던 출발역도 이곳이었고, 1909년 10월 21일 안중근이 이토 히로부미를 격살하기 위해 하얼빈으로 출발한 곳도 바로 블라디보스토크 역이었다. 이곳을 들고 났던 독립 영웅은 이상설, 이준, 안중근만은 아니었을 것이다. 이름을 셀 수 없을 만큼 수많은 독립군과 독립투사들이 이용했던 그 기나긴 철도는 독립의 꿈을 실어 날랐던 꿈의 길이었다.

시베리아 횡단철도는 독립의 꿈을 실어 날랐던 길만은 아니었다. 1937년 중앙아시아 강제 이주의 슬픈 시련의 길이기도 했다. 독립군의 꿈을 나르고 우리 동포들을 중앙아시아로 실어 날랐던 그 철길이 남북의 철도와 연결되어 동서의 물류가 유통되는 새로운 철의 실크로드로 열릴 수는 없을까? 유럽과 대한민국을 연결하는 철의 실크로드가 만들어진다면, 중앙아시아 강제 이주의 루트는 새로운 꿈과 희망의 길로 다시 태어날 수 있을 텐데…… 연해주 고려인의 애환이 깃들어 있는 블라디보스토크 역에 서서, 나는 새로운 꿈을 꾸어 본다. 그 꿈이 이루어진다면 독립 영웅들도, 중앙아시아 강제 이주를 당했던 수많은 고려인들

블라디보스토크 역
이상설이 이준과 함께 헤이그로 출발한 곳도 블라디보스토크 역이었다.

도 기뻐하겠지.

블라디보스토크 역에서 금각만 쪽은 여객 터미널이었다. 많은 배들이 정박 중이었다. 필자가 두 번째 오면서 타고 온 동춘호도 그곳에 정박하고 있었다.

그러나 오늘 동춘호는 더 이상 볼 수 없다. 동춘호 운항이 취소된 후 2009년부터 동해와 블라디보스토크는 이스턴 드림호가 다니기 때문이다.

9288이라고 새긴 동판

블라디보스토크항에 정박 중인 동춘호

블라디보스토크항에 정박 중인 이스턴 드림호

1 김알렉산드라 스탄케비치(1885~1918) 연해주 우수리스크에서 1885년 태어났다. 블라디보스토크의 니콜리스크 사범학교를 졸업하고 시넬리니코프의 초등학교 교원이 되었다. 1917년 러시아사회민주노동당(러시아 공산당 전신인 볼셰비키)에 입당하였다가 하바롭스크 시당 비서로 선출되었으며, 그해 열린 제3차 극동 볼셰비키 당 대회에서 극동인민위원회의 외무위원에 임명되었다. 이듬해 4월 이동휘·김립·박애·오성묵 등이 하바롭스크에서 한인사회당을 결성하자, 이에 참여하였다. 그해 9월 일본군과 백군(白軍)의 공격을 받고 아무르강에서 체포되어 처형되었다. 현재 하바롭스크의 마르크스가(街) 24번지에 그녀의 기념비가 세워져 있다.

2 한인사회당(韓人社會黨) 1918년 하바롭스크에서 조직한 한국 최초의 사회주의 정당. 위원장 이동휘, 부위원장 박애, 선전부장 전일, 비서부장 박진순, 정치부장 이한업, 교통부장 김립 등으로 구성되었다. 1920년 일본군대가 시베리아에 출병, 블라디보스토크의 독립 인사를 무차별 살해하자(4월 참변) 한인사회당 역시 많은 희생을 치르고 활동이 정지되었다. 그 후 대한민국 임시정부의 전면 개편을 주장하다 거부되자 1921년 1월 고려공산당으로 개명하였다.

3 노인단(老人團) 시베리아에서 조직된 한국인 독립운동 단체. 1919년 블라디보스토크 신한촌에 본부를 두고 50여 명의 노인이 모여 조직한 단체로 단장에 김치보가 취임하였다. 그해 5월 일본 천황에게 공한을 보내어 한국 침략을 규탄하였고, 8월에는 강우규를 서울에 보내어 총독 사이토 마코토를 저격하게 하였으나 실패하였다. 1920년 4월에 해체되었다.

4 4월 참변(四月慘變) 1917년 러시아에서 볼셰비키 혁명이 일어나자 1918년 일본은 시베리아 거주민들을 보호한다는 구실을 들어 시베리아 출병을 단행하였다. 그러나 일본은 적군(赤軍)의 집요한 공격으로 궁지에 빠지게 되었다. 1920년 3월 우수리스크에서 적군의 공격으로 다수의 일본인이 학살되자, 일본군은 4월 신한촌을 기습하여 한인학교와 주요 건물을 불태우고 한국인을 학살했다. 이를 4월 참변이라 부른다. 이때 연해주에서 활동하고 있는 최재형, 김이직, 엄주필, 황경섭 등 한국인 지도자들이 사살되고 블라디보스토크에서 50여 명, 우수리스크에서 70여 명이 체포되었다.

5 대동공보(大東共報) 1908년 6월 블라디보스토크에서 교포들의 친목단체인 국민회의 기관지로 창간되어 주 2회 발간하였다. 사장은 차석보였지만 소련인 변호사 미하일로프의 이름을 빌려 발행되었다. 대동공보는 교민 사회뿐 아니라 시베리아를 비롯하여 미주와 하와이, 상하이 등 국외로 발송되었고 국내에도 몰래 우송되었다. 운영난에 빠졌다가 1910년 최재형을 사장에 추대, 『대동신보』로 바꾸고 새 출발을 시도했으나, 그해 9월 10일 러시아 총독의 명령에 의해 정간되었다.

2장

이상설과 최재형의 혼이 서린 우수리스크

1. 중앙아시아 강제 이주의 출발지

라즈돌리노예 역

중앙아시아 강제 이주의 첫 출발지는 블라디보스토크에서 우수리스크로 가는 길목에 위치한 라즈돌리노예 역이다. 우리가 찾은 라즈돌리노예 역은 우리의 시골 역보다 조그맣고 더 한적했다. 주변에 드문드문 자리한 집들도 숲에 파묻혀, 이곳에 역이 세워진 까닭이 오히려 궁금할 정도였다. 역사를 기웃거렸지만 기차를 타고 내리는 손님은 거의 눈에 띄지 않았다. 라즈돌리노예 역은 1937년 연해주 고려인들의 한이 서린 장소다. 17만 명의 연해주 고려인의 강제 이주가 시작된 첫 출발역이기 때문이다.

중앙아시아로의 강제 이주는 9월 9일부터 12월 4일 사이에 2차로 나누어 진행되었다. 1차 때는 국경 지역 거주 한인들이, 2차 때는 내지 거주 한인들이 대상이었다. 3개월에 걸친 소련의 만행에, 17만 한인들은 아무런 영문도 모른 채 끌려갔다. 40여 일 만에 도착한 중앙아시아. 그들을 기다리고 있는 것은 집 한 채 없는 황량한 허허벌판이었다. 생존을 위해 고려인들은 땅굴을 파야 했다. 극동대학교 한국학 대학에서 만난 뻬올레타의 할아버지와 그 가족도 124대의 수송열차 속에 내동댕이쳐져, 그곳 허허벌판에 땅굴을 팠을 것이다.

중앙아시아 강제 이주의 만행과 관련된 1937년 9월 11일 공산당 중앙위원회 서기장 스탈린의 명령서가 최근 공개되었다. 명령번호 1428-326. 그것은 17만 고려인의 운명을 바꾸어 버린 잔인한 명령서였다.

라즈돌리노예 역 철도

명령번호 1428-326

고려인의 운명을 바꿔 버린 소비에트 사회주의 연방공화국 인민위원회 및 중앙위원회 명의의 잔인한 명령번호 1428-326의 내용은 다음과 같다.

소비에트 사회주의 연방공화국 인민위원회 및 중앙위원회는 아래와 같이 명한다. 일본의 간첩행위가 극동지방에 침투하는 것을 저지하기 위해 다음과 같은 조치를 취한다.

1. 연해주 극동 국경 지역에 거주하는 모든 한인들을 카자흐스탄과 아랄해, 발하쉬 호수 및 우즈베키스탄 공화국으로 이주시킨다.
1. 지체 없이 추방을 시작하여 1938년 1월 1일까지 추방작업을 종결한다.
1. 한인들이 재산, 농기구 및 가축을 갖고 이주하는 것을 허락한다.
1. 이주자들이 남기고 가는 동산, 부동산 및 파종된 종자에 대해서 보상이 이루어질 것이다.
1. 추방 시 발생하는 무질서를 방지하기 위하여 조치를 취해야 한다.
1. 카자흐스탄 공화국, 우즈베키스탄 공화국 인민위원회는 한인들의 거주지역과 주거지를 결정하고, 이주자들이 경제적 적응을 할 수 있도록 협조하는 등 필요한 조치를 취해야 한다.
1. 국가철도는 한인들을 극동 지역에서 카자흐스탄과 우즈베키스탄으로 옮기는 데 있어 적시에 기차 편을 제공한다.
1. 이주경로, 출발하는 이주자 수, 도착하는 이주자 수, 그리고 해외로 이주하는 이주자 수를 10일마다 전보로 보고해야 한다.
1. 한인들이 이주해 가는 지역 경비를 강화하기 위하여 국경수비대를

3,000명으로 증원한다.

1. 인민위원회는 한인들이 비운 곳에 국경수비대가 주둔할 수 있도록 허
락한다.

1937년 9월 11일 공산당 중앙위원회 서기장 스탈린

1937년 9월 9일 라즈돌리노예 역에서부터 시작된 중앙아시아 강제
이주는 블라디보스토크 역 등 연해주 곳곳의 역에서 12월 4일까지 이
어졌다. 이는 그들의 표현처럼 강제 추방이었고, 범죄행위였다. 고려인들
이 떠난 마을은 국경수비대 군인과 군속 가족들로 채워졌다. 블라디보
스토크와 우수리스크에서 고려인들을 보지 못했던 것은 이 때문이었다.

소련의 역사 왜곡

왜 스탈린은 우호적이었던 17만 고려인을 한 명도 남기지 않고 중앙
아시아로 강제 이주시키는 만행을 저질렀을까? 명령번호 1428-326에
나타난 것처럼 일본의 간첩행위가 극동지방에 침투하는 것을 저지하기
위해서였을까? 조선인의 일본 스파이 노릇을 우려해서였다는 스탈린의
변명은 어딘지 궁색해 보인다. 그 변명 때문에 여러 가지 설이 난무한 것
은 아닐까? 고려인들이 개척한 연해주의 농토와 재산을 몰수하기 위해
서라는 설, 개척 정신이 강한 고려인을 이주시켜 중앙아시아의 척박한
땅을 개척하기 위해서였다는 설 등 말이다. 어떤 이유에서든 중앙아시
아 강제 이주는 소련의 국가적 범죄행위였다. 타살, 정신적 고통, 잃어버
린 재산에 대한 물질적 보상 문제 등이 걸려 있어서일까? 어제 본 신한
촌 기념비에도 1937년의 만행은 아예 언급조차 없었다.

1937년 9월, 추수를 앞둔 연해주의 고려인들은 갑자기 2박 3일 치의 식량만 챙겨서 라즈돌리노예 역으로 모이라는 명령을 받았다. 강제 이주에 반대할 우려가 있는 2,800명의 한인 지도자들은 이미 사전 검거되거나 살해된 뒤였다. 왜 모이는지, 어디로 가는지 알지도 못한 채 17만 고려인들은 기차에 올랐다. 세간을 단속하고 대문의 자물쇠까지 단단히 채우고 왔던 그들은 곧 돌아와 추수를 할 수 있을 줄 알았다. 하지만 그것으로 끝이었다. 기차로 40여 일이 걸려 끌려간 그곳은 6,000킬로미터나 떨어진 머나먼 중앙아시아의 황무지였다. 굶주림과 추위 속에 2만여 명의 고려인들이 죽었다.

이것은 시작에 불과했다. 강제 이주 후에는 적성민족(敵性民族)이라는 낙인이 찍혀 교육과 취업, 정치적 진출, 여행과 거주 이전에 관한 모든 자유가 박탈되는 등 마치 적국의 포로와 같은 차별 대우가 이어졌다. 한인 억압 정책은 1956년 탈스탈린 정책이 시행된 후 일부 제한이 완화되기는 했지만, 러시아 정부의 공식 인정과 복권은 1993년에 이르러서였다. 나를 더 분노하게 만든 것은 러시아의 역사 왜곡이었다. 중앙아시아에 내팽개친 고려인들을, 소련 정부가 집도 주고 땅도 주면서 정착을 도와주었다고 가르치고 있었다. 한때 세계 최강 러시아도 그들의 치부를 거짓말로 은폐하였다. 역사 왜곡은 일본만의 전유물이 아니었다.

토굴을 파고 살아남아야 했던 악조건 속에서 고려인들은 특유의 끈기와 근면함으로 벼농사를 성공시키고 척박한 사막을 옥토로 바꾸어 놓았다. 그리고 중앙아시아 언어나 문화보다는 러시아 언어나 문화에 충실했다. 러시아 언어를 배우고 문화를 익혔던 것은 한인들의 생존 방식이었다. 이러한 생존 방식은 중앙아시아 국가들이 소련으로부터 분리 독립되면서 또다시 어려움에 직면하게 된 원인이 되었다. 민족주의를 앞

세운 독립국가들의 배타적 소수민족 탄압 정책 때문이었다. 중앙아시아 어를 모르는 고려인들은 시민권마저 인정받지 못한 채 또다시 국제 미아가 되어 버렸다. 어렵사리 자리 잡은 이국땅에서도, 모든 재산을 남겨 놓고 떠나왔던 연해주에서도, 광복을 위해 싸웠던 조국에서도 그들은 안식처를 찾지 못하고 방황하고 있다.

80년 전, 라즈돌리노예 역에서 일어난 엄청난 사건을 아는지 모르는지 기적을 울리며 기차가 들어오고 있었다. 역사의 흔적은 묻힐 수 있지만, 역사의 진실은 결코 묻힐 수 없음을, 필자는 라즈돌리노예 역을 떠나오면서 새삼 곱씹고 있었다.

중앙아시아 강제 이주지 언덕에 세워진 정착 기념비(카자흐스탄 우스토베이)

2. 국외 독립운동의 선구자 이상설

헤이그 특사로만 알려진 이상설

블라디보스토크에서 북쪽으로 112킬로미터 떨어진 곳에 우수리스크가 있다. 우수리스크는 과거 발해의 5경 15부 중 하나인 솔빈부가 위치했던 곳이다. 발해 멸망 후 중국의 영토가 되었다가 1860년 베이징 조약으로 러시아 영토가 되면서 한인들이 이주하기 시작했다. 아무르만으로 흘러 들어가는 수이푼강(현재 라즈돌리노예강)과 그 지류를 가로지른 대평원 지역으로 많은 한인 마을이 조성되어 있었다. 수이푼강의 비옥한 농토는 이 지역의 조선 농민들을 살찌웠을 뿐 아니라 독립운동의 밑거름이 되었다. 헤이그 특사 이상설(李相卨, 1870~1917)이 주로 활동한 무대도 이곳 우수리스크다.

이상설은 1907년 헤이그 특사와 1914년에 결성된 대한광복군 정부의 대통령으로 우리에게 잘 알려진 인물이다. 역사 교사인 내가 아는 것은 그 정도였다. 그런데 내가 알고 있는 헤이그 특사로서의 이상설이 전부가 아니었다.

이상설은 1870년 충북 진천에서 태어나, 1894년 조선 왕조 마지막 과거시험에 급제했다. 의정부 참찬이던 1905년 을사 5적의 처단을 주장하는 상소를 다섯 차례 올렸지만 받아들여지지 않자, 관직을 버리고 국권회복 운동에 앞장섰다. 당시 『대한매일신보』에는 '이상설의 상소를 읽고(讀李參贊疏)'라는 제목으로 "순사지의(殉社之義)로서 임금께 고한 대충대의(大忠大義)의 사람은 오직 이참찬, 즉 이상설뿐이다"라는 글이 실렸다.

이상설이 1906년 이동녕[1] 등과 조국을 떠나 블라디보스토크를 거쳐 간도 용정에 도착해서 세운 최초의 민족 학교가 서전서숙(瑞甸書塾)이다. 서전서숙은 신학문을 가르치고 항일 민족교육을 실시했지만, 헤이그 특사 사건 이후 일제의 탄압으로 다음 해에 문을 닫을 수밖에 없었다.

이상설은 서전서숙의 설립자로보다 고종의 밀지를 받고 이준, 이위종과 헤이그에 파견된 특사로 더 잘 알려져 있다. 1907년 제정 러시아 황제 니콜라이 2세의 발의로 네덜란드 수도 헤이그에서 제2회 만국평화회의가 개최되자, 고종은 이상설, 이준, 이위종을 특사로 파견했다. 그들은 대한제국의 현실과 국권회복 문제를 제기하고자 했으나, 을사늑약을 각국 정부가 승인하였으므로 외교권이 없는 대한제국 대표의 참석과 발언은 허용되지 않았다. 회의장에는 들어가지 못했지만 대한제국의 정당한 주장을 담은 「공고사(控告詞)」를 만국평화회의와 각국 위원에게 보내 한국이 처한 현실을 호소했다. 그러나 이상설 등의 노력은 열강의 이해관계로 말미암아 실패로 돌아가고 말았다.

설상가상으로 이준마저 지병과 스트레스를 견디지 못하고 순국했다. 이준을 헤이그 외곽의 니우 에이컨다위넌(Nieuw Eykenduynen) 공원묘지에 안장한 이상설은 영국, 프랑스, 미국, 러시아 등을 순방하면서 일제의 침략상을 폭로하고 대한제국의 영세중립을 역설했다.

일제는 이상설이 헤이그 특사를 사칭했다고 하여 재판에 회부, 피고 없는 궐석재판을 열어 사형에 처하고, 이미 순국한 이준과 이위종에게는 종신형을 선고했다. 돌아갈 조국을 잃어버린 이상설, 그러나 그는 결코 독립운동의 끈을 놓지 않았다. 다시 블라디보스토크로 돌아와 러시아와 만주 국경 홍개호(싱카이호) 부근에 한인을 이주시키고 최초의 독립운동 기지로 알려진 한흥동(韓興洞)을 건설했다. 좀 더 효과적인 항일전을 수행하기 위해 1910년에는 유인석, 이범윤 등과 연해주 의병을 규합

이상설(1870~1917)

『만국평화회의보』에 실린 헤이그 특사 3인

하여 13도 의군을 편성하고 도총재에 유인석을 선임했다. 그들은 고종
을 망명시켜 연해주에 망명정부를 세우려는 계획도 추진했다.

1910년 국권이 피탈되자 연해주와 간도의 한인들을 규합하여 블라
디보스토크에서 성명회를 조직하고 한일병합 반대운동을 전개했다. 또
한 일제의 침략을 규탄하고 한민족의 독립 결의를 밝히는 선언서를 미
국, 러시아, 중국 등에 보냈다. 그러던 중 일제와 러시아의 교섭으로 같
은 해에 러시아 관헌에 체포되어 니콜리스크(현 우수리스크)로 추방되었으
나, 다음 해 블라디보스토크로 돌아와 최재형, 이종호 등과 권업회를 조
직하고 『권업신문』을 간행했다.

1914년 이동휘, 이동녕 등과 함께 중국과 러시아령 안에서 규합한 동
지들과 함께 최초의 망명 정부인 대한광복군 정부를 세워 대통령에 선
임되었다. 1915년 상하이에서 박은식, 신규식 등과 신한혁명당[2]을 조직
하여 활동하던 중 1917년 망명지인 연해주 니콜리스크에서 병으로 죽

었다. 향년 47세. 궐석재판에서 사형 선고를 받은 지 꼭 10년 만이었다. 그는 죽으면서 "동지들은 합세하여 조국 광복을 기필코 이룩하라. 나는 조국의 광복을 이룩하지 못하고 세상을 떠나니 어찌 고혼(孤魂)인들 조국에 갈 수 있으랴. 내 몸과 내 유품, 유고(遺稿)는 모두 불태워 강물에 흘려보내고 제사도 지내지 말라"는 유언을 남겼다고 한다. 유언에 따라 화장된 그의 육신은 수이푼강에 뿌려졌다.

이상설이 어떤 인물인지는 안중근이 뤼순[旅順, 여순] 감옥에서 했던 말에도 잘 나타난다. "내가 가장 존경하는 분은 이상설이다. 이범윤 같은 의병장 1만이 모여도 이 한 분에 미치지 못한다."

수이푼 강변의 이상설 유허비

수이푼 강변에는 광복회와 고려학술문화재단이 2001년 세운 이상설 유허비가 서 있다. 유허비는 폭 1미터, 높이 2.5미터의 직사각형 기둥 모양의 화강암으로 만들었는데, 정면 하단에는 이상설의 업적이, 상단에는 태극문양이 새겨져 있다.

보제 이상설 선생은 1870년 한국 충청북도 진천에서 탄생하여 1917년 연해주 우수리스크에서 서거한 한국 독립운동의 지도자이다. 1907년 7월에는 광무 황제의 밀지를 받고 헤이그 만국평화회의에 이준, 이위종을 대동하고 사행하여 한국 독립을 주창하다. 이어 연해주에서 성명회와 권업회를 조직하여 조국 독립운동에 헌신 중 순국하다. 그 유언에 따라 화장하고 그 재를 이곳 수이푼강에 뿌리다. 광복회와 고려학술문화재단은 2001년 10월 18일 러시아 정부의 협조를 얻어 이 비를 세우다.

그의 시신은 남아 있지 않다. 그의 비명이 무덤을 뜻하는 비석이 아니라 흔적을 뜻하는 '유허비'로 남은 이유다. 독립된 지 20여 년이 지난 1966년, 후손들이 나서 수이푼 강변의 모래 한 줌을 퍼 와, 그를 기리기 위해 충청북도 진천에 지은 사당인 숭렬사 뒤 부인 무덤에 합장했다.

수이푼강은 그 사연을 알고나 있는지 무심히 흘러가고, 제복 입은 러시아 군인들이 한가로이 낚시를 즐기고 있었다. 이상설이 꿈꾸었던 세상도 이런 일상의 행복을 즐기는 세상은 아니었을까?

수이푼 강변의 이상설 유허비

자결로 저항한 이범진

　이상설과 이별하면서 이위종(1887~?)의 삶이 궁금했다. 헤이그 특사 중 한 분인 이준은 이역만리 헤이그에서 순국했지만, 통역을 맡았던 이위종의 삶에 대해서는 알려진 바가 거의 없다. 이번 답사를 통해 의외의 사실을 알게 되었다. 이위종은 러시아 공사를 지낸 이범진의 아들이고, 간도관리사이자 항일 의병장이었던 이범윤의 조카였다.

　이위종의 아버지 이범진은 친러파로 알려져 있다. 그는 아관파천을 주도하며 한국의 이권을 러시아에 넘긴 부정적 인물로 서술되기도 했다. 그러나 이범진은 러시아 상트페테르부르크에서 조국의 독립을 갈구하며 전 재산을 독립운동에 헌납하고 자결로 일본에 저항한 항일투사다. 고등학교 교과서의 서술은 단순히 그를 아관파천을 단행한 친러파로만 묘사할 뿐, 새로 발견된 자료를 통해 입증된 독립운동가로서의 면모는 다루지 않고 있다.

　1907년은 대한제국 역사에서 잊지 못할 시련의 한 해였다. 이준 열사의 순국 소식과 고종의 강제 퇴위, 대한제국의 마지막 힘이었던 군대 해산은 연해주 각처의 한인들을 더욱 격분시켰다. 이 무렵 이범진의 재정적 후원으로 블라디보스토크에서 간행된 한국인이 만든 최초의 신문이 『해조신문』이다.

　간도관리사 이범윤은 이범진의 동생이다. 이범진은 이범윤과 여러 차례 편지를 주고받으면서 연해주의 상황을 예의주시하였다. 1908년 4월 연추를 중심으로 동의회라는 의병단체가 조직된다는 소식을 듣고, 이범진은 그의 아들 이위종과 이위종의 장인인 놀켄 남작(바레리안 카를로프 놀켄)을 파견했다. 이때 이범진은 이위종 편에 군자금으로 1만 루블을 보낸다.

이범진 공사 순국비(상트페테르부르크)

국권이 피탈되자 울분을 참지 못한 이범진은 1911년 1월 13일 자결했다. 그는 고종 황제에게 "우리의 조국 한국은 이미 죽었습니다. 전하께서는 모든 권리를 빼앗겼습니다. 소인은 적에게 복수할 수도, 적을 응징할 수도 없는 무력한 상황에 처해 있습니다. 소인은 자살 이외에는 아무것도 할 수 없습니다. 소인은 오늘 생을 마감합니다"라는 유서를 남겼다. 비통함과 절망이 담긴 유서였다.

주권을 빼앗긴 상태에서 이범진이 택한 마지막 저항은 자결이었지만, 자결로만 끝난 것은 아니었다. 그는 모든 재산을 독립운동에 헌납했다. 자신은 비록 자결해도 조국은 반드시 독립하기를 열망했던 것이다. 그는 미주 국민회에 5,000루블, 미주 무관학교에 3,000루블, 미주 신문사에 1,500루블, 하와이에 1,000루블, 블라디보스토크 청년회에 2,000루블, 블라디보스토크 신문사에 1,000루블을 헌납했다. 이범진이 블라디보스토크에 남긴 3,000루블 중 1,000루불은 신한촌에 세워진 한민학교의 건축비로 사용되었다.

이범진의 자결 소식이 전해지자 연해주 지역의 한인들은 최봉준[3]의 발기로 1911년 2월 8일 이 지역 동포가 참여한 가운데 추도회를 개최했다. 1917년 블라디보스토크에서 간행된 '애국혼'은 「이범진 공」이라는 글에 '생명을 충성으로 버리고, 재산을 의(義)로 씀'이란 부제를 붙여 그를 높이 평가했다.

스물한 살의 헤이그 특사 이위종

헤이그 특사 사건을 가르칠 때마다, 그 이후 이위종의 활동이 늘 궁금했다. 이준 열사가 헤이그에서 순국했다는 것은 다 아는 사실이고, 이상설은 궐석재판에서 사형을 언도받은 후 블라디보스토크로 돌아와 연해주 독립운동에서 선구적 활동을 펼쳤다. 그러나 이위종에 대해서는 학생들의 질문이 쏟아질 때마다 곤혹스러운 적이 한두 번이 아니었다. 이위종이 다시 주목을 받게 된 것은 헤이그 특사 파견 100주년을 기념, 이달의 독립운동가(2008년 6월)로 선정되고부터였다.

이위종은 1887년 서울에서 태어났다. 할아버지는 포도대장을 지낸 이경하, 아버지는 대한제국에서 아관파천 전후에 농상공부대신과 법무대신을 지낸 후 주미 공사, 주러시아 공사 등을 지낸 이범진이다. 할아버지가 포도대장이었고, 아버지가 각료와 외교관을 지낸 집안이었으니 이위종의 어린 시절은 부족함이 없었다. 11살 때 주미 공사로 부임하는 아버지를 따라 미국으로 건너가 어린 시절을 보냈고, 뒤에는 유럽 주재 공사로 임명된 부친을 따라 러시아와 프랑스에서 교육을 받았다. 이런 연유로 이위종은 영어, 불어, 러시아어 등 3개 언어에 능통한 국제적인 감각을 지닌, 당시로서는 보기 드문 외교관이 될 수 있었다. 이위종은 21세의 나이에 헤이그 특사로 임명되었다.

이위종은 부친의 유지에 따라 모든 재산을 독립운동에 기부한 뒤, 상트페테르부르크와 블라디보스토크를 오가면서 권업회 등 항일 활동을 전개했다.

이위종(1884~?)

그의 최후는 잘 알려져 있지 않다. 그의 몰(沒) 연도를 쓰지 못하는 이유다. 다만 그의 독립운동과 러시아 혁명의 발발로 단란한 가정이 극심한 곤경에 처했다는 것, 러시아 혁명 당시 러시아 내전에 가담한 그가 모스크바에서 한국의 독립을 위해 연설했다는 것 정도만 알려져 있다. 최근에는 1920년대 중반까지 생존해 있었고, 소련 한인 적군부대의 사령관으로 시베리아 일대에서 활동했다는 사실도 밝혀졌다. 그는 이 무렵에 전사한 것으로 추측된다.

3. 연해주 독립운동의 대부 최재형

한국의 체 게바라

연해주 한인 사회의 지도자요, 연해주 독립운동의 대부로 불리는 최재형(1858~1920)의 옛집이 우수리스크에 있다. 연해주가 한말과 일제하 국외 독립운동의 중심이었다면, 최재형은 연해주 독립운동의 대부다.

최재형은 아직도 낯선 인물이다. 30년 넘게 한국사를 가르쳐 온 필자마저도, 최재형을 알게 된 것은 불과 몇 년 전이었다. 근현대사 고등학교 교과서 6권 중 1권에서만 그의 이름을 언급하고 있을 뿐이다. 볼셰비키 연추 지역 책임자라는 빨간 딱지의 경력이 오늘 그를 낯설게 만들었다면, 그건 전적으로 우리 책임이다.

최재형은 이번 연해주 독립운동지 답사에서 필자가 만난 가장 감동적인 인물이다. 노비의 자식으로 태어난 그를 조국은 연해주로 내몰았지만, 그는 결코 조국을 배반하지 않았다. 러시아 선장의 보호를 받고 성장한 최재형은 군납을 통해 연해주 최대의 거부로 성장한 후 모든 재산을 조국의 독립에 헌납했다. 구한말 의병조직인 동의회 총재, 대동공보 사장, 대양보 사장, 권업회 총재, 대한국민의회 명예회장 등의 직함이 러시아 연해주 사회에서 그가 지녔던 위상을 상징적으로 보여 준다.

최재형은 일제에겐 눈엣가시 같은 존재였다. 일제는 1920년 4월 참변 당시 최재형을 체포하여 총살

최재형(1858~1920)

최재형(왼쪽)과 형제들

시켰다. 그들은 연해주 항일운동의 중심인물은 제거할 수 있었을지언정 최재형의 숭고한 조국애마저 빼앗을 수는 없었다.

정부는 1962년 그의 공적을 기려 건국훈장 독립장을 수여했다. 2004년에는 '9월의 독립운동가'로 선정, 그의 뜨거운 조국애를 기리기도 했다. 2008년은 최재형이 극적으로 부활된 한 해였다. KBS 시사교양 프로그램인 〈한국사 전〉에서는 '잊혀진 기록, 독립활동의 대부 최재형'이라는 이름으로 그의 잊힌 삶을 영상으로 복원했고, 소설가 이수광은 『대륙의 영혼 최재형』이라는 제목의 소설에서 최재형을 한국의 체 게바라로 소개했다. 연해주 독립운동 전문가인 박환 교수는 『시베리아 한인 민족운동의 대부 최재형』이라는 책을 써 노비에서 시베리아 항일운동의 대부로 성장한 그의 삶을 조명했다. 다큐멘터리도, 소설도, 전문서적도 그를 연해주 독립운동의 대부로 칭송하는 데 인색하지 않았다. 그런데도 최재형은 여전히 낯선 인물이다.

드라마 같은 어린 시절

최재형은 1860년 8월 15일 함경북도 경원에서 노비 최형백의 둘째 아들이자 막내로 태어났다. 그가 아홉 살이 되던 해, 최형백은 기근과 주인의 탄압을 피해 자식들을 데리고 러시아 국경을 넘어 연해주 지신허에 둥지를 틀었다. 최재형은 2년간 형수 밑에 살면서 식충이로 갖은 구박을 받았다. 견디다 못한 그는 열한 살 때 집을 뛰쳐나와 어느 날 포시예트 항구에서 잠이 들었다.

최재형의 가출은 러시아 선장의 눈에 띄어 드라마 같은 운명이 시작되는 계기가 되었다. 선장 부부는 총명한 최재형을 끔찍이 사랑했다. 그는 선장의 배려로 6년 동안 아시아, 아프리카 등지를 누비면서 세계를 온몸으로 체험했고, 러시아 수도 상트페테르부르크까지 방문했다. 능숙한 러시아어와 세계 곳곳을 누비면서 쌓은 경험은 최재형을 조선 최초의 근대인으로 만들었다. 동시대의 조선인 중 최재형만 한 경험을 가진 근대 지식인은 없었다.

1877년 선원 생활을 접고 블라디보스토크로 돌아온 최재형은 선장의 소개로 무역회사에 취직했다. 무역회사에서 근무한 3년 동안 그는 또 다른 사업 수완을 닦았고, 적지 않은 재산도 모으게 되었다. 그후 최재형이 아버지와 형을 찾아 크라스키노 연추 마을을 찾아온 것은 1881년, 그가 집을 뛰쳐나간 지 10년 만이었다.

권업회 회장으로 선출되다

1880년, 러시아는 조선 국경까지 자동차 도로를 건설하기 시작했다. 이 도로는 블라디보스토크에서 라즈돌리노예, 바라바쉬, 크라스키노를 거쳐 두만강의 국경 도시 하산까지 연결되었다. 우리 일행이 블라디보스토크에서 크라스키노로 갔던 그 길은 한인 노동력에 의해 건설된 도로였다. 1882년 러시아어를 자유자재로 구사하던 최재형은 통역자로 건설국에 취직했다. 도로 공사에 참여한 한인 노동자들이 러시아어에 서

툴러 각종 불이익을 당하는 모습을 목격하고는 한인 건설 노동자들을 변호하는 데 앞장서게 되었다.

1890년부터 두만강을 건너오는 한인들이 증가하자 러시아 정부는 국경 지역의 이주민들을 관리하기 시작했다. 1893년에는 크라스키노 연추 마을을 중심으로 첫 한인 자치기관을 설치하고 최재형을 한인 자치기관장인 도헌(읍장)으로 임명했다. 도헌 시절인 1894년, 그는 상트페테르부르크에서 열린 니콜라이 2세의 대관식에도 참석했다.

전 세계를 누비며 근대문명을 습득한 최재형은 조선인 학교 설립과 동포들의 교육 지원에 총력을 기울였다. 그는 연추에 고등소학교(6년제)를 설립해 우수한 성적의 학생들을 골라 블라디보스토크, 우수리스크, 이르쿠츠크 등으로 유학을 보냈다.

한인 지식인을 양성하기 위해 더 많은 자금이 필요했던 최재형은 러시아 군대에 무기와 양식, 옷가지 등을 공급하면서 자금력을 키웠고, 이 돈으로 연해주 한인의 민족운동과 의병활동을 지원했다. 그는 1919년 설립된 대한민국 임시정부의 초대 재무총장에 임명될 만큼 자금 조달력과 애국심을 인정받았다.

민족의식이 투철했던 그는 언론 활동에도 관심을 쏟았다. 러시아 한인 신문으로 1908년 11월 18일 창간되었다가 재정문제로 3개월도 채우지 못하고 폐간 위기에 놓인 『대동공보』를 재발간했다. 그러다 일본의 조선 강점에 맞추어 1910년 9월 1일 러시아 당국에 의해 폐간되자 안창호, 이종호 등과 더불어 『대양보』 발간을 추진했고, 1911년에는 직접 사장이 되었다. 이 신문은 1911년 6월 5일 창간호를 낸 후 권업회가 창립되자, 권업회의 기관지로 발전했다.

최재형은 한인 사회 실업을 권장하기 위해 조직된 초대 권업회 회장에 선출됐다. 표면적인 목적은 일자리 권장과 교육 보급이었지만, 일본의 눈을 피해 만든 독립운동 단체였다. 1911년 300명이던 회원은 3년여 만에 8,579명으로 늘어났다.

의병조직부터 빨치산 운동까지

1905년 을사늑약 이후 국내에서 의병운동이 활발히 전개되면서 최재형은 이범윤과 함께 의병을 조직해 대일투쟁을 전개했다. 1908년 의병조직인 동의회를 조직하고 총재로서 국내진공작전을 주도했다. 최재형이 조직한 동의회는 안중근, 엄인섭 등의 지휘하에 1908년 7월 두만강 연안 신아산 부근 홍의동을 공격하는 등 국내진공작전을 전개하여 큰 성과를 올렸다. 1908년 러시아 국경수비대 비밀 첩보보고서를 보면 "최재형이 무기와 의복 구입비 1만 루블을 지원했다"는 기록이 남아 있다.

최재형과 안중근의 관계도 빼놓을 수 없다. 안중근의 이토 히로부미 암살은 단독으로 이루어진 것이 아니었다. 그의 뒤에 최재형이 있었다. 최재형의 막내딸 올가의 회고록에 보면 "동의회 일원이었던 안중근 의사는 아버지와 함께 거사를 계획하고 실행에 앞서 우리 집에 머물면서 사격 연습을 했다"고 증언했다. 안중근의 미망인이 최재형의 부인 최엘레나 뻬뜨로브나를 찾아온 것은 1922년의 일이었다. 최엘리나 뻬뜨로브나는 안중근의 아내에게 이 사건에 대해 설명해 주면서 거사를 준비한 사람들이 마을을 떠나 사격 훈련을 했다고 전했다.

1917년 볼셰비키 혁명이 일어나자 연추 집행위원회 의장으로 선출된 최재형은 빨치산을 조직하고 연해주 해방운동을 전개했다. 그는 한인 빨치산 부대 조직과 특별임무를 띠고 비밀리에 무기를 공급하는 활동을 했다. 1920년 4월 4일 밤부터 5일 새벽까지 연해주 일대에 주둔한 일본군은 연해주 지역에서 활동하고 있는 빨치산에 대한 대대적인 토벌작전을 개시했다. 이를 4월 참변이라 부른다. 최재형도 4월 참변의 화를 비켜갈 수 없었다. 막내딸 최올가가 본 최재형의 최후는 다음과 같다.

> 거리는 벌써 어두워졌다. 저녁 식사 후 아버지는 어머니와 우리 모두를 불러 모아 놓고 말씀하셨다. '내가 떠나면 일본인들은 어머니와 너희들 모두를 체포하고 때리고, 고문하고, 나를 배반할 것을 요구할 것이다. 나는 이미 늙었으며 많이 살았다. 나는 죽을 수 있다. 그러나 너희들은 살아야 한다. 나 혼자 죽는 편이 더 낫다.' 우리는 모두 울었다. 그리고 다시 한 번 그와 작별을 하고 잠을 잤다. 그러나 그는 분명히 잠을 잘 수 없었다. 이른 아침 아직 밝기 전에 그는 우리 방의 창문을 열었다. 이 소리에 나는 잠을 깼다. 5분쯤 뒤에 우리 방으로 통하는 문이 열렸는데, 현관에 무기를 든 일본 군인들이 나타났다. 우리는 무슨 일인지 깨닫고 벌떡 일어나서 옷을 걸쳐 입고 현관 계단을 통해 거리로 뛰어나갔다. 그리고 손을 뒤로 묶인 아버지의 등만을 보았다. 이것이 1920년 4월 5일 아침이었다.
>
> 이정은, 「최재형의 생애와 독립운동」(국회도서관 학술지, 1996)

최재형이 체포된 다음 날 총소리가 울렸다. 연해주 독립운동의 대부 최재형이 총살을 당한 것이다. 그의 나이 예순둘이었다.

최재형의 순국은 1920년 5월 7일 자 『동아일보』를 통해 국내에도 알려졌다.

우수리스크의 최재형 집

　최재형이 가출 10여 년 만인 1881년에 무역회사를 그만두고 정착한 곳이 연추 마을이다. 연추 마을에서 언제까지 살았는지는 확인할 수 없다. 답사팀이 크라스키노를 답사하고 자루비노 항구로 가는 도중 점심 식사를 위해 들렀던 슬라비얀카 해안 마을에도 그의 집이 있다. 1917년 볼셰비키 혁명이 일어나고 연추 집행위원회 의장으로 선출된 최재형이 빨치산을 조직해 연해주 해방운동을 벌이면서 신변 보호와 가족의 안전을 위해 몇 번의 이사를 했던 것으로 추정된다.

　우수리스크 볼로다르스카야 38번지, 이곳이 그가 마지막으로 거주했던 집이다. 그는 이 빨간 벽돌집에서 체포되어 이튿날 총살되었다. 그 집 어디에도 최재형의 집임을 알리는 표지는 없었는데, 현재 러시아인이 살고 있어 들어가 볼 수도 없었다. 집 안으로 들어가 보지 못한 안타까움을 카메라에 담기 위해 연신 셔터를 눌러 댔다.

　한동안 최재형 집을 떠나지 못하고 집 주변을 서성거렸다. 죄송스러움 때문이었다. 1919년 대한민국 임시정부의 재무총장으로 추대된 최재형은 1962년 건국훈장을 추서 받고, 사학자들의 주목을 받았다. 그러나 최재형의 이름이 독립운동사에 공식적으로 올랐다고 해도 친러 개화파였던 그는 서재필이나 유길준만큼 개화기의 상징적 인물은 되지 못했다.

기념관으로 공사 중인 최재형의 옛집

최재형 기념관 내부

최재형 기념비와 흉상

함께 활동했던 이상설, 안중근, 홍범도만큼 우리에게 잘 알려진 인물도 아니었다. 공산국가가 되어 버린 소련에 대한 군사 정권의 적대감이나, 최재형 관련 자료가 러시아에 남아 접근이 불가능했던 것도 한 이유였을 것이다. 그런데 노비 출신의 최재형이 양반 출신인 서재필이나 유길준, 안중근에 비해 교육 수준이 낮았다는 것도 독립운동사에서 제자리를 찾지 못하는 이유가 아닐까?

1962년 정부는 그의 공적을 기려 건국훈장 독립장을 추서하고, 2004년에는 9월의 독립운동가로 선정했다. 최근 그의 일생을 다룬 다큐멘터리가 방영되었다. 그를 소재로 한 소설과 책도 나왔다. 당연한 관심이고 평가라고 생각한다. 이제 최재형은 그의 활동만으로 평가받아야 한다. 그에게 합당한 독립운동사의 위치를 찾아 주어야 한다.

우수리스크에 있는 최재형이 마지막 살았던 옛집은 3·1운동 및 대한민국임시정부 수립 100주년을 맞아 최재형 기념관으로 변신했다(2019. 3). 대한민국 국가보훈처가 러시아 집주인으로부터 집을 사들여 기념관으로 만들었기 때문이다. 백번 잘한 일이다. 기념관은 최재형의 삶과 독립운동으로 구성되어 있고, 입구에는 최재형의 애칭인 '페치카(난로)'가 놓여 있다. 그는 한인에게 한없이 따뜻한 대부였고, 그래서 얻은 별명이 페치카였다. 기념관 입구에는 기념비와 최재형 흉상도 최근 세워졌다(2019. 8).

4. 우정 마을에서 만난 홍범도의 손녀딸

미하일로프카 우정 마을

우수리스크 시내를 벗어나 30여 분을 달리자 멀리 울긋불긋 아름다운 색깔의 우정 마을이 나타났다. 우정 마을은 고려인 러시아 이주 140주년을 기념해 1998년 대한주택건설협회가 세운 것을 2004년 동북아평화연대가 이어받아 만들고 있는 '고려인 정착촌'이다. 계획대로라면 빨간 지붕의 예쁜 집들이 1,000여 채 들어서 있어야 하지만, IMF 위기를 거치면서 경제적 지원이 끊겨 현재는 33채만 있다.

마을 입구에는 천하대장군과 지하여장군이 서 있다. 장승이 서 있다는 것은 이곳이 한민족이 사는 동네라는 표시다. 조그마한 마을이지만 '우정로', '아리랑로', '새마을로'라고 쓰인 간판도 있다. 마을의 다른 쪽 입구 길목에 '한·러 우정공원'이란 글씨와 러시아 국기와 태극기가 나란히 새겨진 비석이 서 있고, 발걸음을 조금 더 옮기자 우정 마을 건설 기념비가 눈에 들어왔다. 비에는 2000년부터 남한의 재외동포 재단과 대한주택건설협회가 우즈베키스탄을 비롯한 중앙아시아에서 돌아오는 고려인들의 정착을 돕기 위해 마을을 세웠다는 내용이 새겨져 있다. 33채의 집 중 고려인이 27채, 러시아인이 3채, 한국인이 2채를 분양받아 살고 있었다. 남은 한 채는 '문화마당 솔빈'이라는 현판이 붙은 마을회관이었다. '솔빈'은 발해의 지방 행정구역인 5경 15부 가운데 하나였던 솔빈부에서 따온 것이다.

발해가 698년부터 926년까지 존속했으니, 이곳 우수리스크는 1,300년 전부터 우리 조상들이 뿌리를 내리고 살았던 지역임을 알 수 있다. 한말과 일제 강점기에 한반도를 떠나 이곳에 터전을 마련한 한일들이 1937년 중앙아시아로 강제 이주되었다가 1990년 소련 해체 이후 되돌아와 새로운 둥지를 틀고 있으니, 여기에는 우리 조상들의 영광과 설움 그리고 한이 어우러져 있는 셈이다. '한인 이주 140년 기념관'에는 연해주의 역사와 연해주에서 활동했던 안중근, 최재형, 이상설, 신채호, 홍범도, 이동휘, 이동녕 등 항일독립운동가들의 사진이 간단한 설명과 함께 걸려 있다.

기념관을 나와 마을 이곳저곳을 기웃거렸다. 집집마다 채소를 기르는 비닐하우스가 있고 청국장 제조 공장도 있었다. 한국의 농촌 풍경과 다를 바가 없었지만 어딘지 허전했다. 원래 계획대로라면 중앙아시아에서 되돌아온 고려인으로 북적거려야 할 텐데, 마을은 너무도 한적했다. IMF 금융 위기를 거치면서 경제적 지원이 끊겼기 때문이었지만, 일설에는 한인들의 영향력이 커지는 것을 원치 않는 러시아 당국의 견제란 말도 들린다.

카자흐스탄, 우즈베키스탄 등지에서 이곳을 고향으로 여겨 돌아온 수많은 고려인들의 슬픈 이야기를 들었다. 러시아로 돌아온 많은 고려인은 무국적 또는 외국 국적 신분이었다. 그래서 러시아인이 누리는 연금이나 의료혜택 등 기초적인 사회보장조차 받지 못한단다. 할아버지, 아버지가 살았던 연해주를 고향이라 생각해 귀향했지만, 이곳 연해주는 아직 그들의 보금자리는 아니었다. 가득 차야 할 우정 마을도 텅 비어 있었다. 우정 마을의 현실은 희망이면서 아픔이었다. 우즈베키스탄의 고려인 시인 김준의 시 「난 조선 사람이다」가 떠올랐다.

백두산 말기에 먹지 못해
먼 북쪽으로 쫓겨난 할아버지 손자
난, 조선 사람이다

구르지아의 나나보다도
카자크의 아빠보다도
러시아의 마마보다도
조선의 어머니가
내 심장에 깊더라
난 조선 사람이다
난 고려인이다

카자크의 아빠보다도
러시아의 마마보다도
조선의 어머니가 내 심장에 깊더라
난 조선 사람이다

2007년 7월 발간된 『재소 고려인의 노래를 찾아서』라는 책을 기획 감수한 시인 김준태는 이 책의 출간 의미를 밝히면서 카자흐스탄 고려인 3세 시인 리 스따니스라브의 시 한 편을 소개했다.

우리의 이름은 없어졌다
우리의 짧은 성(姓)씨만 남았다
그러나 옛날부터 우리의

매운 음식은 남아 있고

할아버지한테 옛날이야기를 물어보니

침묵만 지킬 뿐 대답이 없다.

　고려인들은 매운 음식을 먹는 한민족이지만 속 시원한 옛날이야기를 들을 수 없어 한만 쌓여 간다는 뜻으로 풀이된다. 이들의 수난은 언제 끝날 것인가? 경제 대국으로 부상했다는 고려인의 조국, 대한민국의 역할이 무엇인지를 이 시는 묻고 있다.

　연해주에 정착한 이들 모두가 생계가 어려웠던 것만은 아니었다. 조국의 독립을 쟁취하기 위해 모든 재산과 목숨을 바친 독립 영웅들은 또 얼마나 많은가? 그들에게 진 빚을 갚기 위해서도 세계 10대 경제 대국이 된 대한민국이 발 벗고 나서야 한다. 물론 러시아도 협조해야 한다. 80년 전 옛 소련 당국이 저지른 중앙아시아 강제 이주는 생명과 전 재산을 앗아 간 범법 행위였다. 그들도 한인들에게 지은 역사적인 빚을 갚을 차례가 아닌가?

　1,000채의 집으로 가득 찬 우정 마을을 꿈꿔 본다. 여기저기 우정 마을이 더 생겨나는 꿈이라면 더 좋을 것이다. 국제 미아가 되어 버린 중앙아시아의 고려인들, 할아버지와 아버지가 땅을 일구며 살았던 연해주를 고향으로 알고 귀향을 희망하는 고려인들이 우정 마을에 넘쳐난다면 얼마나 좋을까?

우정 마을 전경

홍범도의 외손녀딸 김알라

　우정 마을 답사는 원래 일정에 없던 일이었다. 그런데 한국을 출발하기 전, 우수리스크에 독립전쟁의 영웅 홍범도의 외손녀딸이 살고 있다는 소식을 들었다. 만나 뵙고 싶었다. 그분을 만나면 홍범도 장군의 흔적을 느낄 수 있을 거라는 막연한 생각도 들었고, 우리가 알지 못하는 홍범도 장군의 이야기도 들을 수 있을 것 같아서였다. 고려인 김재형 본부장의 도움으로 홍범도 외손녀딸을 만날 수 있었다.

　약속된 시간에 김알라 여사가 나타났다. 예순여섯이라는 나이에 비해 그녀의 풍채는 당당했고 건강했다. 말 한마디에도 힘이 넘쳐흘렀다. 홍범도 장군을 만나 뵌 느낌이었다. 그녀와의 인터뷰는 한국말만으로 충분할 정도로 한국어에 유창했다. 2008년 8월 3일 우수리스크 우정 마을에서 만난 김알라 여사와의 1시간에 걸친 인터뷰 내용을 간추려 본다.

노성태 : 안녕하세요? 우리는 광주에서 온 역사 교사들입니다. 홍범도 장군에 대해 여쭤 보고, 또 얼굴도 뵙고 싶어 왔습니다.

김알라 : 감사합니다. 멀리서 오시느라 수고 많으셨습니다. 사흘 전에 김재형 선생으로부터 연락을 받았습니다.

노성태 : 얼마 전에 광주에 다녀오셨지요. 뉴스에 나와서 알았습니다. 눈 치료를 받으셨다구요. 건강하신지요(김알라 할머니는 지난 6월 광주에 있는 이연 안과 초청을 받고 광주를 방문하여 무료 시술을 받은 바 있다).

김알라 : 너무도 감사합니다. 한국에서 불러 주셔서 구경도 잘하고 제 눈도 고쳤습니다. 제가 눈을 다쳐 잘 안 보였는데, 지금은 잘 보입니다. 그래서 여기저기 잘 다닙니다.

노성태 : 광주가 처음이었을 텐데, 광주는 어땠나요?

김알라 : 좋았습니다. 정말 좋았습니다. 밤에 시내를 다니면서 홍범도 손녀라고 자랑하고 다녔습니다. 마음이 그렇게 뿌듯했고 좋았습니다. 정말 뿌듯했습니다. 동포들이 너무나도 따뜻하게 환대해 주었습니다. 다시 한 번 감사드립니다.

노성태 : 홍범도 장군께서 그렇게 독립운동을 하셨기 때문에 지금 우리들이 다 잘 살고 있죠. 당연히 할머니께서 받으셔야 하는 환대라고 생각합니다. 늦었습니다만, 할머니 성함이 어떻게 되시는지요.

감알라 : 김알라입니다. 김알라.

노성태 : 지금 정정해 보이시는데 연세가 어떻게 되셨나요?

홍범도의 외손녀딸 김알라

김알라 : 예순여섯입니다. 고려 나이로 예순일곱이지요. 내 마흔두 해(1942년)에 태어났습니다. 내가 태어나고 그 이듬해인 1943년 마흔세 해 때 홍범도 할아버지가 돌아가셨습니다. 카자흐스탄, 내가 태어난 곳에 모셨지요.

노성태 : 그럼 할머니는 카자흐스탄에서 태어나셨군요.

김알라 : 그렇습니다. 카자흐스탄 크질오르다에서 태어났지요. 지금 할아버지는 크질오르다에 묻혀 있습니다.

노성태 : 홍범도 장군의 자녀분은 어떤지 궁금합니다.

김알라 : 딸만 셋을 두었습니다. 내 어머니는 셋째이고, 그리고 나는 다섯 딸 중 막내이지요. 직계 아들은 없습니다.

노성태 : 그럼, 할머니의 자매는 다섯이군요. 큰 이모나 둘째 이모의 자녀들

은 생사를 알고 계시는지요.

김알라 : 알지 못합니다. 1987년 어머님이 돌아가시고, 이후 두 이모 모두 돌아가셨습니다. 지금 그 형제에 대해서는 잘 알지 못합니다.

노성태 : 언제 우수리스크로 오셨나요?

김알라 : 1960년, 열여덟 살에 카자흐스탄에서 왔습니다. 우수리스크에서 대학 5년제를 나왔고, 스바스코에서 농장을 운영하였는데, 농장에서 중요한 일을 하였습니다. 지금은 러시아 정부로부터 연금을 받고 살고 있습니다. 딸이 둘 있는데, 큰딸은 모스크바에 있고, 둘째는 소치에서 중국 등 여러 사람이 오는 곳에서 레스토랑 매니저를 하고 있습니다.

노성태 : 홍범도 장군은 어떤 분이셨는지 궁금합니다.

김알라 : 제가 한 살에 돌아가셔서 저의 기억엔 없습니다. 1937년 강제 이주 이전까지 부인, 자식들과 함께 우수리스크에서 살았습니다. 1937년에 카자흐스탄으로 갔습니다. 저는 어렸을 때부터 '날으는 홍범도, 뛰는 홍범도'라는 이야기를 많이 들었습니다. (홍범도가) 레닌을 만났을 때 레닌이 '너를 도와줄 일이 뭐 있는가' 하자 '나는 아무것도 필요 없다. 다만 너의 군대를 빌려 달라. 나는 일본 군대를 무찌르겠다'라고 대답했다고 합니다. 1918년부터 1922년까지 4년 동안 독립군 활동을 했습니다. 일본 사람들이 홍범도를 잡으면 돈을 많이 주겠다고 현상금을 걸었습니다. 할아버지가 돌아가실 때 소련과 북한에서 2개의 관이 왔습니다.

노성태 : 홍범도 장군은 어떻게 돌아가셨나요?

김알라 : 1941년 독일과의 전쟁에서 '나를 보내라'고 러시아 정부에 당부를 했는데, 그런데 나이 때문에 보내 주지 않았습니다. 71세를 어떻게 보냅니까. 안 보내 주니까 화가 나서, 화병이 나서 73세에 돌아가셨습니다. 돌아가실 때까지 크질오르다 극장의 수위(홍범도 장군은 돌아가시기 직전 정미공장에서 일했다)를 하면서 당신 손으로 벌어서 제 밥을 스스로 해결하고 돌아가셨습니다.

노성태 : 대한독립군 최고의 장군의 마지막 모습이 극장 수위였다니 가슴이 아픕니다. 송구스러운 질문입니다만, 극장 수위를 할 수밖에 없을 정도로 힘이 드셨는지요.

김알라 : 저도 가슴이 아픕니다. 처음에는 연금자로서의 서류를 집어넣어, 러시아 정부로부터 연금을 받았습니다. 그런데 전쟁(제2차 세계대전)이 터지면서 모아진 서류가 분실되어 연금 혜택을 받지 못했습니다. 돌아가실 때까지 생활이 어려우니깐 극장 수위를 하셨습니다.

노성태 : 아, 그렇군요. 홍범도 장군이 한국에서 훈장 받은 것을 알고 있는지요?

김알라 : 몰랐습니다. 왜 우리 엄마가 살았을 때 주시지, 몰랐습니다(1962년 건국훈장 추서).

노성태 : 어떻게 홍범도의 외손녀라고 알려지게 되었나요?

김알라 : 고려인 김재형 본부장이 나를 찾아왔고, 그래서 제1차 고국방문단 때 다녀오게 되었습니다.

김알라 여사와 대담 중인 필자

김알라 여사와 함께

노성태 : 나중에 광주 오시면 다시 뵙고 싶습니다. 김알라 할머니 건강하게
오래 사십시오. 마지막으로 하고 싶으신 말씀이라도…….

김알라 : 이렇게 먼 곳에서 찾아 주어 감사합니다. 광주에서 오셨다고 하니
깐 더 반갑습니다. 조국에서 챙겨 주시니 고마울 따름입니다. 선생
님들도 건강하십시오.

고국에서 선생님이 찾아왔다면서 연신 웃음을 잃지 않으신 김알라 할머니와 기념사진을 찍었다. 한국에서 준비해 간 태극기와 홍삼, 김, 사탕, 스타킹 등을 선물로 전달하면서 헤어졌다. 할머니가 먼저 차를 타고 떠났다. 시야에서 사라질 때까지, 나는 김알라 할머니를 오랜 시간 바라보았다. 마음속으로는 홍범도 장군을 바라보고 있었는지도 모른다.

5. 우수리스크의 독립 유적지

4월 참변 추모비

수이푼강 근처에 러시아 정부에서 세운 4월 참변 추모비가 서 있다. 1920년 4월 4일부터 5일까지 일본군의 습격을 받아 순국한 240명의 러시아인과 한인들을 추모하기 위하여 세운 비로, 여기에는 러시아어로 다음과 같이 새겨져 있다.

> 승리를 위하여 수많은 사람이 죽었다. 이들의 업적은 영원하리라. 여기는 1920년 4월 4일과 5일 사이에 연해주에서 소비에트 권력을 위한 투쟁에서 간섭자들과의 전투에서 숫적인 열세 상태로 말미암아 240명의 빨치산이 산화한 장소다.

연해주는 해외의 여느 한인 사회보다 사회주의 혁명의 영향을 많이 받았다. 친볼셰비키 성향의 이동휘, 김립 등은 1917년에 러시아 10월 혁명의 성공에 고무되어, 러시아 혁명에 대한 옹호와 협조가 곧 조선 독립의 길이라고 생각했다. 그들은 최초의 한인 사회주의자였던 김알렉산드라 스탄케비치 등의 도움을 받아 1918년 하바롭스크에서 한인사회당을 조직했다. 그러나 창당 직후 일본군의 시베리아 출병으로 적군파가 물러나고 백군파가 장악하자, 한인사회당의 활동은 위축되었다.

이동휘와 김립 등은 3·1운동이 일어나자 모스크바에 대표단을 파견하는 한편 상해 대한민국 임시정부와 블라디보스토크에서 조직된 대한국민의회를 통합할 때 주도적으로 참여해 이동휘가 국무총리, 김립이

국무원 비서장에 임명되었다. 이동
휘는 1920년 중반 소련의 지원을
통한 무장투쟁을 전개하기 위해 대
한민국 임시정부의 외교론에 대한
비판 여론을 내세워 전면 개편을
주장했다. 이것이 거부되자 1921년
초 대한민국 임시정부를 탈퇴하고
고려공산당을 조직했다.

4월 참변 추모비

　이처럼 1920년 연해주는 다른
어느 지역보다 사회주의 혁명이 크
게 영향을 미친 곳이었다. 따라서
볼셰비키 혁명 전선에서 크게 활
약하던 한인들은 혁명을 반대하는
일본군과 충돌할 수밖에 없었다.
1920년 4월, 시베리아에 침투한 일
본군은 방화, 파괴, 학살 등의 만행
을 저질렀다. 이것이 '4월 참변'이다.
당시에 우수리스크의 한인 70여 명
이 체포되고 최재형과 김이직, 엄주
필 등 대표적인 한인 지도자들이
총살되었다. 그리하여 한인 사회의

김알렉산드라 스탄케비치(1885~1918)

독립 역량은 크게 쇠퇴할 수밖에 없었다.
　쇠고랑 철망에 둘러싸인 채 서 있는 4월 참변 추모비는 어딘지 쓸쓸
해 보였다.

대한국민의회와 고려교육전문학교

　우수리스크가 대한민국 임시정부의 잉태지라는 사실을 아는 사람은 많지 않다. 3·1운동 이후 가장 먼저 세워진 임시정부는 우수리스크에 본부를 둔 대한국민의회였다.

　1918년 러시아 혁명에 자극받은 한인들은 우수리스크에서 전로한족회중앙총회를 조직했다. 그 후 제1차 세계대전이 종결되고 국제 정세가 새롭게 전개되자 이에 대처하기 위해 전로한족회중앙총회는 1919년 3월 17일 대한국민의회로 개편했다. 대한국민의회는 최고의결기관인 총회와 이를 대행할 의회, 독립군의 조직과 훈련을 담당할 선전부, 독립군 자금 모금을 담당할 재무부, 무기 조달을 담당할 외교부 등의 집행부를 둠으로써 사법, 행정 기능까지 갖췄다. 의장에 문창범[4], 부의장에 김철훈을 선출하고, 별도의 행정부를 조직해 대통령에 손병희, 부통령에 박영효, 국무총리에 이승만을 추대했다. 대한국민의회에 이어 상해와 한성에서 각각 임시정부가 결성되어 세 단체의 통합 논의가 진행되었다. 그 통합을 주도한 것은 대한국민의회와 상해 임시정부였다.

　답사팀은 3·1운동 이후 대한민국 임시정부를 잉태한 대한국민의회의 흔적을 더듬고 있다. 대한국민의회의 모태가 되었던 전로한족회중앙총회 대표자 모임을 개최했던 본부는 지금의 치체리나 31번지에 있었다고 알려졌다. 그러나 이곳에서는 흔적을 찾을 수 없었다. 우리에게는 중요한 역사지만, 그 공간에서 오늘을 살고 있는 러시아인의 삶과는 무관한 역사이기 때문이다. 대한민국의 모체로 대한민국 임시정부를 잉태했던 대한국민의회의 현장은 이처럼 그냥 방치되고 있었다. 대한국민의회 흔적뿐만 아니라 연해주에 남은 독립운동의 현장 대부분이 우리의 보호와 관심 밖에서 사라지거나 방치되고 있다.

아게예바 75번지에 고려교육전문학교가 옛 모습을 간직한 채 서 있다. 1918년 전로한족회중앙총회가 4만 루블을 모아 만들었던 학교다. 1920년 일본군에 의한 4월 참변으로 잠시 폐쇄되었다가 1926년 고려교육전문학교로 정식 개교하여 1936년까지 교원 244명을 배출했다.

이 학교의 교사로 여러 인물이 활동했는데, 그중에 단편「낙동강」의 작가 조명희[5]가 유명하다. 현재 고려교육전문학교 건물은 우수리스크 사범대학 물리 수학부 건물로 사용되고 있다. 우수리스크의 고려교육전문학교는 블라디보스토크의 오케얀스카야 18번지의 사범대학과 함께 연해주에 세워진 두 개의 사범대학 중 하나였다.

전로한족중앙총회 결성 장소

1 이동녕(李東寧, 1869~1940) 충남 천안 출생. 을사조약 체결 후 만주로 망명, 북간
도 용정에서 이상설과 서전서숙을 설립하고 신교육에 힘썼으며, 1907년 안창호
등과 신민회를 조직하고 청년학우회 총무로 활약하였다. 1911년 블라디보스토크
로 가서 권업회를 조직하고, 『대동공보』, 『해조신문』을 발행하였으며, 1919년 임시
정부에 참여하여 의정원 의장과 내무총장을 역임했다. 1924년 국무총리가 되어
군무총장을 겸직하고, 1926년 국무령, 1927년 주석이 되었다. 1929년 김구 등과
한국독립당을 창당하였으며, 1939년 김구와 전시 내각을 구성, 조국 광복을 위하
여 싸우다가 사천성(쓰촨성)에서 병사하였다.

2 신한혁명당(新韓革命黨) 1915년 북경의 성낙형, 유동열과 상하이의 박은식, 신규식
등 동제사 간부와 이상설, 유홍렬 등이 만나 결성한 단체. 본부장에는 이상설이
추대되었고, 외교는 성낙형, 교통은 유동열, 재정은 이춘일, 상하이 지부장은 신규
식, 감독은 박은식, 장춘 지부장은 이동휘가 맡았다. 이들은 중국·독일과 우호관
계를 통해 조선의 독립을 쟁취하여 공화제 정부를 세우고자 하였다. 구체적인 활
동 방침으로는 첫째, 일본과 중국 사이에 전쟁이 일어날 경우 중국을 지원하기 위
해 안봉선 철도를 파괴하고, 둘째, 고종으로부터 위임을 받아 중국 정부와 중한의
방조약이라는 밀약을 맺는 것이었다. 그러나 중국의 원세개(위안스카이)가 일본의
요구를 수락한 데다, 고종의 밀명을 받기 위해 서울에 잠입했던 당원이 체포되면
서 활동은 중단되었다.

3 최봉준(崔鳳俊, 1859~1917) 일제 강점기의 독립운동가. 한국과 시베리아를 오가며
소(牛) 무역을 하여 거부가 되었다. 1905년 을사늑약이 체결되자 시베리아에 한국
국민회를 조직, 1908년 2월 『해조신문』을 창간하여 항일정신과 민족정기를 고취
하였다. 또한 한국국민회의 기관지 『대동공보』의 운영자금을 맡았고, 안중근 의거
후에는 그의 변호비와 유족의 생계비를 위하여 많은 금액을 희사하였다. 1910년
8월 국권이 상실될 위기에 처하자 이상설 등이 시베리아 신한촌에서 한인들을 규
합하여 조직한 성명회의 선언서에 서명하고, 조선독립의 당위성과 열강의 조선독
립을 지지하는 극동정책 실시를 호소하는 데 동참하였다.

4 문창범(文昌範, 1870~1934) 독립운동가. 함경북도 경원 출생. 1917년 블라디보스
토크에서 결성된 전로한족회중앙총회의 회장에 선출되었다. 1919년 2월 대한국민
의회로 개편되자 의장에 추대되었다. 1919년 4월 상하이에서 대한민국 임시정부
수립 당시 국민의회 대표로 참가하여, 초대 교통총장이 되었다가 5월 25일 개각
때 사임하였다. 임시정부의 개혁 문제를 둘러싸고 열린 국민대표대회에서 창조파
가 만들려고 했던 국민위원회에 고문으로 추대되기도 했다.

5 조명희(趙明熙, 1894~1938) 소설가. 충청북도 진천 출생으로 일본 동양대학 철학
과에서 공부하고, 1923년 귀국 후 기자 생활을 거쳐 28년 소련으로 들어가 주로
교원 생활을 하였다. 1936년 하바롭스크에서 소련 작가동맹 극동지구 상무로서
일하였으며, 소련에서 생애를 마쳤다. 1925년에는 조선프롤레타리아예술가동맹의
창건에 참가하였다. 고향을 빼앗긴 주인공의 투쟁과 죽음을 그린 대표작 「낙동강」
은 혁명적 낭만주의가 넘치는 수작으로 평가된다.

1. 13도 의군 창의대장 유인석

13도 의군 결성지 암밤비

  연해주 최초의 한인 마을인 지신허를 둘러보고, 연추(煙秋)에 들러 국내진공작전을 펼쳤던 연추의병의 흔적과 단지동맹[1]을 맺은 안중근을 만나기 위해 블라디보스토크를 나섰다. 가는 길에 1910년 7월 결성된 13도 의군[2]의 결성지, 암밤비도 둘러볼 참이다.

  연해주는 1910년 7월 8일 도총재 유인석, 창의군 총재 이범윤, 장의군 총재 이남기, 훈련대장 이상설을 중심으로 13도 의군이 결성된 지역이다. 13도 의군이 대한민국 독립운동사에서 중요한 것은 이범윤[3], 유인석, 홍범도 의병 등 연해주 의병이 단일 부대로 통합했기 때문이다.

  1909년 10월 26일에 일어난 안중근 의거는 13도 의군의 결성을 고무했다. 13도 의군의 결성 장소에 대해서는 아직도 논란이 계속되고 있다.

학계에서는 창의대장 유인석의 연보에 나오는 재구(梓溝)를 '자피거우'의 음역으로 보아 크라스키노 부근의 한인 마을 자피거우를 결성 장소로 상정해 왔다. 그런데 최근 13도 의군의 결성 장소를 밝혀 줄 결정적인 문건이 발견되었다. 다음은 1910년 10월 2일 블라디보스토크의 방위 책임자가 연해주 군사총독에게 보낸 편지다.

> 한인들은 3파로 나뉘어 일본에 반대하는 적대적인 활동을 하고 있다. 그들의 중심에 블라디보스토크에 살고 있는 이범윤, 니콜스크 우수리스크(우수리스크는 1935년 이전까지는 니콜스크 우수리스크, 1935년부터 1957년까지는 보로시로브르 그리고 그 이후 오늘까지는 우수리스크로 불린다)와 블라디보스토크에서 활동하는 홍범도, 그리고 유인석이 있다. 이들 3인의 부대는 국내외에서 활동하고 있다. 그들은 지난 7월 8일 야유쉬카(암밤비 마을)에서 150명의 빨치산이 참여한 가운데 대회를 열었다. 나중에 니콜스크 우수리스크에서 나온 편지를 본 결과 이들은 군대 조직인 창의소를 발기하였다. 13도 창의대장에 유인석, 회장에 이범윤, 부대대장에 이남기, 훈련대장에 이상설을 선출하였다. 7월 8일 회의에서는 작은 부대들과 일본을 반대하는 모든 부대들을 합쳤다. 그전에는 지금까지 이범윤, 홍범도, 유인석이 지도자로 활동했으며, 상호 간에 연대성이 없었다. 앞서 언급한 유인석의 작전 계획은 국내의 여러 항구에 불을 지르고 북쪽 지방에서 빨치산 활동을 재개하며, 각도에 항일전단을 살포하고 모든 일에 한국인의 단결을 호소하는 것이다.
>
> 박환, 『러시아 한인 유적 답사기』(국학자료원, 2008)에서 재인용

이 보고서를 통해 13도 의군의 설립 장소가 암밤비라는 것을 알 수

있다. 13도 의군 결성 장소에 참석했던 유인석의 아들 유해동도 "블라디보스토크에서 70리 떨어진 곳"이라고 증언했다. 중심인물인 이범윤, 홍범도 라즈돌리노예와 가까운 블라디보스토크와 우수리스크 일대에서 활동하고 있었다. 암밤비촌이 라즈돌리노예 근처에 있었다는 것은 정태수가 편역한 『소련 한족사』를 통해서도 확인된다. "한인 무장 유격대들은 라즈돌리노예에서 조직되었다. 시두고우, 산두고우, 에르트고우, 암밤비촌들의 한인 농민들이 이곳으로 왔다." 문제는 암밤비촌의 정확한 위치다.

유인석과 「처변삼사」

블라디보스토크를 출발한 지 1시간 정도 지나자 암바강이 나왔다. 이 강 좌우의 낮은 평지에 마을이 있었다. 이곳 어느 곳인가에 13도 의군이 결성된 암밤비 마을이 있었을 것 같다. 암밤비가 어디인지는 학계에서도 정확하게 확인하지 못했고, 현지 가이드 중에도 아는 이가 없다. 그러나 이 언저리 어느 곳에서 1910년 7월 8일 150명의 의병들이 모여 뜻을 모으고 잃어버린 주권을 되찾기 위한 통합 부대를 결성했음은 분명하다.

한국 의병사의 시작과 끝을 장식한 유인석 의병장은 어떤 인물인가?

충청북도 제천시 봉양읍 공전리에 자양영당(紫陽影堂)이 있다. 이곳은 조선 후기에 주리론을 크게 일으킨 화서 이항로 학맥의 적통이 뻗어 있는 곳이다. 그 수제자 유중교가 1889년 가을에 장담 마을(지금의 공전리)에 들어와 자양서사를 열면서 이곳은 위정척사를 신봉하는 지식인들의 중심지가 되었다. 1893년 유중교가 세상을 뜨자, 그 뒤를 이어 위정척사

제천의병 기념탑

의 영수가 된 분이 의암 유인석(1842~1915)이다. 을미년에 명성황후가 시해되고 단발령이 선포되자, 유인석은 수백 명의 유생들을 집결시켜, 망국의 상황에 전국의 지성인들이 어떻게 처신해야 하는지를 밝힌 강령 3조의 통문을 발한다. 그 통문이 유명한 「처변삼사(處變三事)」다.

유인석이 통문으로 발한 「처변삼사」란 무엇인가?

첫째는 거의소청(擧義掃淸)이다. 의병을 일으켜 왜적을 소탕하라.
둘째는 거지수구(去之守舊)다. 이 땅을 떠나 망명지를 택해서라도 본래의 우리 모습을 지켜라.
셋째는 자정치명(自靖致命)이다. 목숨을 끊어서 자결을 하든가, 완전히 세상과 절연하고 고결하게 은거하면서 살라.

「처변삼사」에는 한말 지식인들의 올연한 각오가 배어 있다. 결단을 촉구한 유인석의 통문은 당시 지식인에게 커다란 반향을 일으켰다. 물론 유인석은 거의소청을 택했다. 곧바로 격문을 발하고 제천의병을 조직했

다. 이 창의에 호응한 자 삼천 명을
넘었다.

유인석이 이끈 제천의병은 1896
년 1월 5일 충주성을 함락했다. 어
렵지 않게 함락했지만 버티기는 어
려웠다. 다시 제천으로 퇴각하여
장기 항전에 대비했다. 제천 시내
화산동 교육청 남산 자리가 제천의
병이 주둔한 곳이다. 그 뒤에 있는
아후산에 유인석의 지휘소가 있었
다. 이렇게 되자 일본군은 맹공세를
펼쳤다. 매켄지(Frederick Arthur Mck-

유인석(1842~1915)

enzie)는 『대한제국의 비극(Tragedy of Korea)』에서 제천의 모습을 "다 불타
고 지도상에 없는 마을이 되었다"라고 기록하고 있다.

유인석은 정예부대를 추려 평북 초산에서 재격백관문(再檄百官文)을
발하고 두만강을 건넜다. 훗날 우당 이회영이 서간도에 해외 독립기지를
구축한 것도 유인석의 길을 따른 것이다. 국내 의병이 두만강을 건넜던
그 기나긴 행군은 우리 의병사의 일대 사건이었다. 간도, 연해주 지역의
독립군 기지 건설이라는 민족사적 과업과 연결이 될 수 있는 최초의 행
군이었기 때문이다. 평안도, 함경도에서 유인석 부대를 도운 이가 홍범
도였다. 연해주에서 다시 만난 이들은 13도 의군을 결성했다.

라즈돌리노예의 암밤비에서 결성된 13도 의군은 우리나라 최후의 의
병부대다. 13도 의군은 국내의 여러 항구를 불태우고, 북쪽에서 의병 활
동을 전개하며, 각도에 항일 전단을 살포해 한국인들의 단결을 호소하

는 작전을 전개할 계획이었다. 작전은 성공하지 못했지만, 그 정신은 독립군들의 독립전쟁으로 계승되었다.

암밤비에서 13도 의군을 조직한 유인석은 1910년 7월 연해주 지역에 사는 모든 한인에게 민족적 조직인 창의소(군사조직)가 결성되었다는 것과 13도 의군 책임자로 유인석·이범윤·이남기·이상설 등이 선출되었음을 알리고, 협조를 구하기 위해 호소문을 발표했다. 유인석은 일본과의 결전에 필요한 군자금과 식량 등을 지원하고 창의소 회원으로 가입할 것을 호소하면서 이렇게 끝을 맺었다.

> 일본인들이 수천 명의 선량한 우리 동포들을 살육하고 있는데 우리는 이대로 손을 놓고 앉아 있을 수 있겠는가 생각해 보라. 군자금을 낸 사람은 모두 책에 기록될 것이며, 이들의 후손들은 언젠가 포상 받게 될 것이다. 1910년 7월.
>
> 박환, 『러시아 한인 유적 답사기』(국학자료원, 2008)에서 재인용

한말 의병의 시작과 끝을 장식한 유인석을 보면서, 지식인들의 도덕적 의무를 다시금 생각했다. 나라가 위기 상황에 몰리면 돈 많은 자나 양반 행세하는 자들이 먼저 도망가기에 바쁠 것이라고 생각했다. 물론 도망가기에 급급한 자도 있었다. 그러나 한말의 위기 상황을 살펴보면 당대의 돈 많은 양반이나 권문가의 지식인들은 '노블레스 오블리주(noblesse oblige)'라고 일컫는 도덕적 의무를 결코 외면하지 않았다. 아무리 조선왕조에 대한 부정적 시각이 있다고 하더라도, 그들이 받은 유교 교육의 긍정적 성과마저 부인해서는 안 된다. 을미사변을 계기로 발발한 거족적 의병 봉기를 주도한 이들은 대부분 보수적 성격의 유림이고

양반이었다. 조선왕조가 무너질 조짐을 보일 무렵, 제일 덕을 많이 보고 살아온 사람들이 왕조의 존속을 위해 솔선수범해 목숨을 버리는 등 의로운 행동에 나섰다. 이는 세계사에서도 유례를 찾아보기 어렵다. 쓰시마섬에서 만난 최익현이나, 요동반도에서 만난 이회영, 청산리 대첩지에서 만난 김좌진을 통해 이를 확인할 수 있었다. 그리고 또 유인석을 본다. 무너져 가는 조선을 목숨을 던져 붙잡으려고 한 사람들은 너무도 많았다.

블라디보스토크에서 크라스키노까지 가는 길에는 변변한 휴게소 하나 없었다. 마을이 있었음직한 곳은 대부분 폐허로 변했고, 논과 밭은 잡초가 무성하여 논이었는지조차 가늠하기 어려웠다. 가끔 러시아 군인들이 주둔하는 군부대가 보이고, 군부대 옆으로 군인 가족이 사는 러시아 마을이 나타나기도 했다. 블라디보스토크에서 3시간 정도 크라스키노 쪽으로 달리자 주유소와 조그마한 상점이 딸린 휴게소 마을이 나타났다. 블라디보스토크에서 162킬로미터 떨어진 바라바슈였다.

2. 50만 고려인 역사의 첫 장을 연 지신허

지신허 마을 옛터

바라바슈에서 휴식을 취한 답사팀은 다시 크라스키노를 향했다. 길을 달리다 보니 좌측으로 자루비노 항구로 들어가는 길이 나왔다. 큰길에서 30분 정도 떨어진 항구는 속초에서 출발한 동춘호가 일주일에 3번씩 들르는 곳이다. 자루비노 항구가 붐비게 된 것은 백두산 관광 때문이었다. 크라스키노를 지나면 바로 중국 땅 훈춘[琿春, 혼춘]이다. 백두산으로 가는 출발지인 연길(延吉)은 훈춘에서 가깝다. 자루비노 항구에 들른 동춘호는 슬라비얀카를 거쳐 블라디보스토크로 간다.

자루비노항을 지나 오른쪽으로 비노그라드노예(Vinogradnoe)강을 알리는 이정표가 나타났다. 이 강의 이전 명칭이 중국 발음의 '더진헤'인데 이를 한자로 쓰면 지신하(地新河)가 된다. 지신허 마을 입구에 도착한 것이다.

지신허 마을로 가자고 하자, 가이드는 난색을 표했다. 차가 들어갈 수 없고, 4킬로미터가 넘는 거리인 데다 여름이라 길이 험해 왕복 3시간이 넘게 걸린다는 것이다. 그리고 배 시간에 늦을 수도 있다고 했다.

그렇다고 지신허를 눈앞에 두고 포기할 수는 없었다. 가이드의 말처럼 길은 매우 험했다. 8월 오후의 작열하는 태양은 무척이나 뜨거웠고, 전날 내린 비로 길은 진흙탕이었다. 차가 다닐 수 있게 큰길이 나 있었지만 군데군데 깊고 큰 웅덩이의 연속이었다. 내 키를 훨씬 넘는 풀이 앞길을 가로막았다. 운동화가 흠뻑 물에 잠기고, 옷은 땀으로 범벅이 되었다. 답사팀에 허락된 시간은 세 시간, 속력을 내보지만 좀처럼 속도가

나지 않았다. 2킬로미터쯤 들어가
니 농가가 나타났다. 갑자기 들이닥
친 20여 명의 인기척에 놀랐는지
닭, 젖소, 거위들이 푸드덕거리며
한꺼번에 울어 대자 러시아인 농부
가 밖으로 나왔다. 지신허가 어디냐
고 한국말로 물었는데, 농부는 무
엇을 물어보는지 이미 알고 저쪽을
가리켰다. 2킬로미터의 진흙길을
더 가야 했다.

지신허 마을 옛터 비

답사팀을 힘들게 한 것은 진흙길
만이 아니었다. 어디서 날아왔는지 피를 빨아먹는 파리인 등에가 달라
붙었다. 뙤약볕에 흘러내리는 땀내를 맡은 모양이었다. 멀리 왼쪽 산록
에 지신허 옛터 비가 보이자 답사팀은 환호성을 질렀다. 지프차도 들어
오기 어려운 험한 길을 헤치고 목적지에 도착했다는 기쁨의 외침이었
다. 8월의 햇살을 받아 벌겋게 익은 얼굴로 우리는 모두 들떠 있었다.

어렵게 찾은 지신허 옛터, 이곳에서 터를 잡고 살던 한인들을 마주하
였다. 그 한인들이 터를 잡자 독립 영웅들이 뒤를 따랐다. 이곳에서 태
어나기도 했다. 답사팀이 1시간 이상 걸어온 그 들판은 애국지사들을 먹
이고 재운 땅이었다. 지신허가 생겨나고 이후 많은 한인 마을들이 생겨
났다. 마을들이 있었기에 연해주는 독립운동의 기지가 될 수 있었다.

먼저 사진을 찍고 주변을 둘러보았다. 지신허 옛터 비가 서 있는 뒤쪽
으로 야트막한 야산이 있고, 앞은 허허벌판이었다. 배산임수의 지형이
다. 그 벌판 사이로 답사팀이 올라온 길이 나 있고, 그 길을 따라 작은

강이 흘렀다. 지신허강이라 불리던 비노그라드노예강이다. 뒷산 구릉은 집터였을 것이다. 연자방아도 우물도 있을 텐데, 확인할 시간이 없었다.

주위를 둘러보고 옛터 비를 살펴보았다. 50만 고려인의 발원지 지신 허에 '지신허 마을 옛터 비'를 세운 이는 음악가 서태지다. '지신허 마을 옛터'라는 제목의 기념비에는 이렇게 새겨져 있다.

이곳은 연해주 하산 지역 비노그라드노예에 있던 지신허라고 하는 옛 마을로서 1863년 함경도 농민 13세대가 두만강을 건너와 정착한 극동아 시아 최초의 한인 마을로 현재는 옛터만 남아 있다. 그러나 1937년까지 1,700여 명의 한인들이 모여 살던 큰 마을이었으며, 현재 50만에 이르는 CIS 지역 거주 한인들의 발원지가 되는 곳이다. 이에 우리는 이 비를 세 워 한인 거주 140주년을 기념하고 한국과 러시아의 친선 우호를 돈독히 하며 우리 민족의 무궁한 발전을 기원하는 바이다.

2004년 5월 9일 한인 러시아 이주 140주년 기념사업회가 세웠고, 대 한민국 음악인 서태지가 헌정했다고 적혀 있었다. CIS(Commonwealth of Independent States)는 러시아가 주도하는 우즈베키스탄과 카자흐스탄 등 옛 소련에서 독립한 국가들의 연합체를 말한다.

음악에 문외한인 필자는 음악인 서태지에 대해 별로 아는 바가 없다. 우리 음악사에서 서태지의 음악이 새로운 길을 열었다는 것, 〈교실 이데 아〉, 〈발해를 꿈꾸며〉 등을 불렀다는 정도만 알고 있었다. 그가 50만 고 려인 역사의 첫 장을 열었던 지신허 마을을 잊지 않고 기리기 위해 '지 신허 마을 옛터'라는 기념비를 세웠다. 쉽지만 누구도 할 수 없는 큰일 을 해냈다고 생각한다. 민족의 아픔을 희망으로 풀어내는 역사의식이 투철한 음악인이라는 생각이 들었다. 서태지가 한참 동안 마음속에 남아 있었던 것은 민족에 대한 그의 따뜻한 마음 때문이었다. '지신허 마을 옛터 비' 앞에서 영향력 있는 인물들의 역사의식이 얼마나 중요한지를 체험했다. 그런 인물들을 키워 내는 것이 교단을 지키는 교사들의 역사적 책무임을 가슴에 새기는 계기도 되었다.

되돌아 나오는 길은 마음이 홀가분했다. 몸은 만신창이가 된 듯 피곤했지만 마을을 찾아 확인했다는 데서 느끼는 희열 때문이었다. 함께 간 김 선생의 발톱에 피멍이 들었다. 그 옛날 한인들이 처음 이곳에 들어올 때는 이보다 더 험난한 길이었을 것이다.

『나의 문화유산답사기』로 유명한 유홍준 교수는 감은사탑에 대해 누가 물으면 처음부터 끝까지 "아! 감은사, 감은사 탑이여…… 아! 감은사, 감은사 탑이여!"라고 적고 싶다고 했다. 감동을 더 이상 설명하기 어렵다는 뜻이렷다. 그 글에 동감한다. 누가 지신허에 다녀온 소감을 묻는다면 이렇게 대답하련다. '아! 지신허, 지신허…… 아! 지신허.'

지신허에서 탐방대원들과 함께

1868년의 지신허 마을

초기 지신허의 모습은 어떠했을까? 1867~1869년에 동시베리아 총독의 파견으로 남부 연해주 지역을 답사한 프르제발스키((N. M. Przhevalskii, 1839~1888)는 1868년 지신허 마을을 방문하고서 귀중한 기록을 남겼다.

…… 이 마을은 노보고로드 항구로부터 약 19km 떨어져 있는, 비옥하고 경치가 좋은 분지에 위치하고 있다. 만으로부터 시작해 내륙으로 뻗어 있는 산들이 이곳 분지에 이르러서는 마치 두 개의 병풍을 두른 듯한 지형을 이룬다. 분지의 길이는 약 16km며, 폭은 1km~1.6km다. 활 모양으로 구불구불하게 굽이치며 빠르게 흘러가는 지신허강은 분지 한가운데를 가로지르고 있는데, 양쪽을 거의 같은 크기로 갈라놓아 농사에 편리하고 비옥한 농토를 만들어 놓고 있다. …… 약 11km에 걸쳐 길게 늘어져 있는 지신허 마을의 집들은 100보 내지 300보씩 떨어져 있다. 한인들의 집은 흙벽과 문종이를 발라 막은 창문, 난로(아궁이)와 판자침상, 초가지붕 등 외형으로나 내부 구조로나 중국인의 집과 조금도 다르지 않았다. …… 집과 집 사이에는 한인들이 공들여 가꾼 마당이 있다. 들판에서의 농사는 암소와 황소를 부려서 하지만 조잡한 형태의 쟁기를 사용한다. 농작물로는 수수를 가장 많이 파종한다. 그리고 자가 식량으로서만이 아니라 중국인들에게 팔기 위해서다. 주식으로 콩, 강낭콩, 보리를 파종하고, 양은 적지만 옥수수, 감자, 메밀, 대마, 담배를 심으며 야채밭에는 오이, 호박, 무, 상추, 고추 등을 심는다.

반병율, 「러시아의 한인 발자취를 찾아서」 ① 지신허 마을,

『신동아』 2003년 6월호에서 재인용

조선 정부에서 파견한 관리로 1882년경 지신허 마을을 찾은 김광훈과 신선욱은 다음과 같이 묘사했다.

> 큰 산이 솟아 있는 아래에 한 마을이 있는데 마을 이름은 지신허다. 남북으로 수십 리이고 동서로 사오 리인데 집들이 즐비하다. 그 가운데 양인초소가 있고 서학서숙(西學書塾)이 있는데, 가르치는 사람이 서양인이고 우리 아이들이 수업을 받고 있다. 이들은 서양 말과 서양 글을 할 줄 알았다.
>
> 반병율,「러시아의 한인 발자취를 찾아서」① 지신허 마을,
>
> 『신동아』 2003년 6월호에서 재인용

지신허 마을의 주민 수는 국경지대인 6진 지역 농민들이 대거 월경해 넘어오면서 빠르게 늘어났다. 1863년 13가구에서 1864년 가을에는 30가구 140명으로, 1865년에는 65가구 343명으로, 1866년에는 100여 가구로 크게 증가했다. 1867년에는 500명, 1868년에는 900명이 국경을 넘었다. 이들 가운데 일부는 지신허로부터 서쪽으로 14킬로미터가량 떨어져 있는 연추 마을로 이주했다.

1869년, 6진 지역에 몰아친 대흉년으로 그 이전까지 간헐적으로 이루어진 이주와는 달리 폭발적인 대이동이 이루어졌다. 1869년 9월 말에서 10월 초까지 1,850명의 농민(남자 1,300명, 여자 550명)이 다양한 경로를 통해 지신허로 이주해 왔다.

물밀듯이 몰려드는 이주민을 모두 수용할 수는 없었다. 러시아 당국 역시 전혀 예기치 못한 사태였다. 이주민들을 다른 지방으로 이주시켜 정착케 하는 것이 최선책이었다. 1869년에는 지신허를 개척했던 최운보

가 지신허 빈민 35가구를 이끌고 추풍(秋豊, 수이푼)으로 이주하는 등 연해주 일대에 한인 마을이 늘어났다.

지신허 한인 마을 삽화
이사벨라 버드 비숍의 『조선과 그 이웃 나라들』에서

3. 안중근 단지동맹비

핫산 전망대

지신허에서 크라스키노까지는 15킬로미터다. 옛날 한인들이 거주할 때는 크라스키노가 아니라 연추 마을이었지만 지금 연추는 없다. 1937년 중앙아시아 강제 이주 이후 이곳에 러시아인들이 거주하기 시작하면서 마을 이름이 크라스키노로 바뀌었기 때문이다. 우리의 읍 단위 정도의 조그마한 국경 도시 크라스키노는 러시아인들에겐 변방 중의 변방이지만, 필자에게는 매우 의미 있는 역사의 현장이다.

이곳 연추는 발해 역사까지 거슬러 오르지 않아도 한말 독립운동의 중심지로 우리 역사에 기록되어 있다. 국내진공작전을 펼친 의병부대 동의회가 활동한 장소이고, 연해주 독립운동의 대부 최재형과 이종호[4]가 살았던 마을이며, 안중근이 단지동맹이라 불린 동의단지회를 결성한 현장도 이곳 연추였다.

국경도시답게 시내 곳곳에는 군 막사가 자리 잡고 있었다. 도착하자마자 핫산 전망대로 향했다. 정상에는 핫산전투승전기념탑이 서 있다. 기념비 위로 총을 메고 깃발을 든 전사 동상이 서 있는데, 이런 모습은 전쟁 국가인 러시아의 기념탑에 자주 등장한다.

전망대에 오르자 크라스키노가 한눈에 들어왔다. 멀리 남쪽으로 포시예트항이 보였다. 그 포시예트항을 안은 만이 탐험대만이다. 탐험대만이라는 명칭은 최근 붙여진 이름이다. 1,000여 년 전 이곳은 발해의 동경용원부 소속이었다. 이 때문에 발해의 후손들은 이 만을 동경성만(東鏡省灣)이라 부른다. 도읍을 뜻하는 경(京) 자에서 거울 경(鏡) 자로 바뀌

핫산전투승전기념탑

었을 뿐이다.

핫산 전망대에서 멀리 바라보는 동경성만은 잔잔하기 그지없었다. 마치 거울 같았다. 잔잔한 거울 같은 동경성만을 따라 국경도시 핫산까지 길이 뻗어 있다. 그 길을 따라 연추 의병부대가 1개 사단이 넘는 일제 국경수비대의 경계망을 뚫고 국내진공작전을 전개했던 것이다. 그중 안중근 부대도 있었다. 1908년 7월 7일 안중근이 이끄는 의병부대는 두만강 연안 신아산 부근 홍의동을 공격했다. 일본군과 첫 교전을 벌여 경흥군 수비대 병사 2명과 헌병 1명을 사살하며 승리를 거두었는데, 회령 남쪽에서 벌어진 영산 전투에서는 중과부적으로 일본군에 패했다. 영산 전투에서 패장이 된 안중근은 우덕순 등과 함께 12일 동안 겨우 두 번 요기만 하고도 구사일생으로 두만강을 넘었다. 동경성만을 끼고 연결된 그 길은 안중근에게는 한이 서린 길이었다.

핫산으로 가는 길 오른쪽에 훈춘으로 가는 길이 나 있다. 현재 그 길은 중국과 한국을 잇는 새로운 실크로드다. 크라스키노에서 두만강 국경까지는 60킬로미터지만, 크라스키노에서 중국 국경까지는 40킬로미터가 채 안 되었다. 속초에서 출발한 동춘호가 블라디보스토크보다 더 많은 손님을 싣고 내리는 곳이 자루비노 항구다. 이곳이 붐비는 이유는 백두산 관광도 한몫을 했지만, 보따리장수들이 중국으로 가는 교역로이기 때문이기도 하다.

핫산 전망대 바로 밑이 크라스키노 시가지다. 조그맣고 아름다운 크라스키노 시가지에서 연추하를 따라 오른쪽으로 10여 킬로미터쯤 떨어진 곳에 연추 마을이 있었다. 최재형과 이종호의 집이 있었고, 동의회가 주둔하고 훈련했으며, 안중근이 단지동맹을 맺은 그 마을 말이다. 마을 입구에 자리 잡은 한국 모 기업의 알로에 농장부터 연추 마을까지 거대한 농지가 펼쳐져 있다. 농지를 가로질러 연추하(煙秋河)라는 조그마한 강이 흐른다. 그 강이 적셔 준 토지에서 난 생산물이 굶주림을 피해 이주했던 한인들의 배를 채웠고, 독립운동의 물적 기반이 되었다.

핫산 전망대에서 본 크라스키노 전경

최재형이 살았던 상연추 마을

최재형 등이 동의회를 조직한 상연추 마을은 하연추를 지나 새로 조성된 러시아인 마을 추카노프카에서 10여 킬로미터 떨어진 곳에 있었다. 추카노프카 마을에서 계곡 쪽으로 들어갈수록 넓은 들이 부채꼴처럼 펼쳐져 있다. 들의 뒤쪽은 중국과 국경을 맞댄 산이었다.

길이 끊기는 곳 좌측에서 마을의 흔적을 볼 수 있는데, 이곳이 상연추 마을이다. 이곳 어딘가에 대한민국 임시정부의 초대 재무총장으로 선임된 최재형의 집이 있어 안중근, 홍범도, 이범윤, 이위종 등 수많은 애국지사들의 발길이 끊이지 않았을 것이다. 안중근 의사가 거사를 감행하기 전 사격 연습을 한곳도 최재형의 집이었다.

연추 마을의 역사는 '지신허 마을 옛터 비'에서 살핀 것처럼, 1863년 한인 이주민이 지신허에 최초로 정착하면서 시작되었다. 몰려드는 이주민을 더는 감당할 수 없게 되자, 일부가 연추로 이주했던 것이다. 지신허와 연추는 15킬로미터 거리에 있다. 연추 마을이 새로운 정착지로 알려지면서 1867년에는 150가구가 조선에서 이주해 왔다. 기사년(己巳, 1869년) 대흉년을 당해 지신허로 이주했던 최재형 집안도 이곳 연추 마을에 둥지를 틀었다. 가출 12년 만인 1881년 최재형이 돌아온 곳도 부모님이 살고 있던 연추 마을이었다.

연추 마을로 이주한 사람들은 대체로 안정된 생활을 했다. 마을 앞에 펼쳐진 드넓은 농토가 삶의 기반이었다. 10킬로미터 이상 펼쳐진 드넓은 농토는 국경을 넘어온 이주민에게는 희망의 땅이었다. 이주민 중 가장 성공한 인물이 앞서 수차례 언급한 최재형이다. 그러나 성공한 사람이 최재형만은 아니었음을 이사벨라 버드 비숍(Isabella Bird Bishop, 1831~1904)의 기록을 통해 짐작할 수 있다. 비숍은 1894년 1월부터 1897년 3월 사이에 조선을 4차례 방문했다. 이 기간 어느 해 겨울, 일본 나가사키[長崎]에서 블라디보스토크를 거쳐 포시에트와 연추를 둘러보고 두만강 하류까지 여행을 한 비숍은 영국으로 돌아가 1897년 11월 『조선과 그 이웃 나라들(Korea and her neighbors)』을 펴냈다. 비숍은 이 책 19장에 '시베리아에 사는 조선의 이주민들'이라는 제목으로 조선 이주민에 관한 이야기를 실었다. 이에 따르면 연추 주변의 모든 농민은 조선 사람으로 부유한 편이었다. 이주민 중에는 러시아 군대에 밀과 곡식을 납품해서 재산을 축적한 사람도 있었다고 한다.

연추 마을에 들른 비숍은 그곳을 다음과 같이 묘사했다.

> 최상류층 가족이 거주하는 조선식 가옥이 이 마을 전체에 산재되어 있었다. 가장 큰 마을 중의 하나는 140가구가 750에이커 땅을 소유하고 있다. 조선에서 흔히 볼 수 있는 연약하고 의심 많으며 위축된 농민들의 특징이 이곳에서는 솔직함과 독립심을 가진 모습으로 변화되어 있었다.
>
> 비숍,『조선과 그 이웃 나라들』(집문당, 2000)에서 재인용

비숍이 방문했던 1894~1897년의 연추 마을은 한인들이 이주한 지 30여 년 만에 연해주 최고의 부자 마을로 성장했던 것 같다. 1893년 연추 마을을 중심으로 첫 한인 자치기관이 만들어지고, 최재형이 도헌으로 임명된 것만 봐도 알 수 있다. 그러나 최재형의 집터가 어디인지는 알 수 없었다.

이 마을에 살던 한인들 역시 1937년에 중앙아시아행을 피할 수는 없었다. 80년의 세월은 모든 흔적을 앗아 가 버렸다. 우리들의 무관심이 우리의 역사를, 흔적을 삼켜 버린 것이다.

동의회와 연추의병훈련소

항일 독립운동을 기술한 여러 책과 자료들을 보면 연해주 크라스키노 일대를 연추 마을이라고 일컬으면서, 독립운동사에서 큰 의미를 부여하고 있다. 1908년 7월 이곳에서 훈련받은 의병 수백 명이 최초로 국내진공작전을 펼쳤기 때문에 연추 마을은 한말 의병의 중심지 또는 본영 등으로 평가받고 있다. 다음은 2008년 1월 1일 자『대전일보』에 실린 글이다.

> 국가보훈처와 독립기념관 한국독립운동사연구소도『독립운동의 발자취를 찾아서, 연해주·유럽편』의 책자를 펴내면서 연추 마을을 '한말 의병운동의 중심지'라고 평했다. 이 책자에는 연추 마을에서 최재형·이범윤·이위종·안중근 등을 중심으로 한말 의병조직인 동의회가 결성됐으며, 안중근 등의 단지동맹이 결성된 곳으로 추정되는 최재형의 집과, 1910년대 연해주 독립운동의 지도자이자 재정 후원자인 이종호의 집 역시 이곳이며, 의병장 유인석도 여기에 머물렀다고 기술하고 있다.

1908년 3월 연해주 지역의 최재형과 러시아 공사였던 이범진은 간도 관리사였던 이범윤 등과 함께 동의회 결성에 관해 논의했다. 동의회 발기인들은 1908년 4월 연추 최재형의 집에서 회의를 개최하고, 동의회 조직을 결의했다. 총회 결과 총장에 최재형, 부총장에 이범윤, 회장에 이위종, 부회장에 엄인섭, 평의원에 안중근이 선출되었다. 이들은 동의회를 널리 알리기 위해 블라디보스토크에서 간행되던『해조신문』에 '동의회 취지서'를 게재했다.

동의회 소속 의병이 어느 정도였는지는 정확히 알 수 없다. 1908년 7월

안중근, 엄인섭 등이 전개한 국내
진공작전에 300여 명이 참여했고,
훈련 장소로 추정되는 곳에 막사가
7동이었음이 규모를 짐작케 해 주
는 단서다.

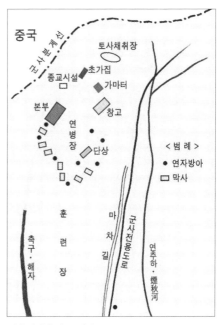

연추의병훈련소 개략도

안중근과 엄인섭의 지휘로 두만
강을 건너 국내진공작전을 벌였던
의병들은 어디서 숙식하고 훈련했
을까? 의병부대가 존재했고 작전을
전개했다면 의병들의 훈련소가 분
명히 있었을 것이다. 최근까지도 연
추 마을 어딘가에 있었을 것으로
짐작만 할 뿐 정확한 위치는 알 수
없었다. 1937년 스탈린이 연해주 한인들을 강제 이주시키는 바람에 한
인들의 발길이 끊긴 지 수십 년이 지난 데다가 광복 후에는 적성국이라
는 현실적인 한계로 접근이 어려웠기 때문이다. 또 러시아 입국이 비교
적 자유로워진 최근까지도 연추 마을은 국경 지역이란 이유로 접근이
차단되어 있었다.

연추의병훈련소가 세상에 모습을 드러낼 수 있었던 것은 이곳에서 수
년 동안 사업을 벌이고 있는 두만강개발유한공사 오명환(吳明煥) 회장 덕
분이다. 오 회장이 연추의병훈련소를 발견하게 된 데는, 어린 나이에 크
라스키노에서 우즈베키스탄으로 강제 이주당한 후 다시 크라스키노로
귀향한 한 고려인의 증언이 중요한 계기가 되었다. 그 고려인은 "연추상
리에 창의군이 있었으며, 이들을 위해 쌀가마를 실은 마차가 하루에도

수십 번 왕래했다"고 증언했다.

연추 마을은 상연추, 중연추, 하연추로 나뉘어 있다. 현재 상연추, 중연추는 민가가 없는 폐허 상태다. 하연추는 러시아인들의 마을인 추카노프카란 마을로 변했다. 추카노프카는 크라스키노에서 훈춘 방향으로 2킬로미터쯤 가면 나오는 다리를 지나자마자 오른쪽으로 난 길을 따라 6킬로미터쯤 들어간 지점에 있다. 고려인이 말하는 연추상리는 상연추를 말한다. 상연추는 추카노프카 마을에서 4킬로미터 정도 더 떨어져 있다. 오명환 회장은 고려인의 증언을 토대로 상연추에서 의병훈련소일 가능성이 큰 한인 집단거주지의 흔적을 찾아냈다. 어른 키보다 더 자란 수풀 속에서 깨진 기왓장 하나를 발견한 것이다. 잡초를 제거하자 곳곳에서 기왓장이 나오고 이곳저곳에서 연자방아도 드러났다. 집터의 규모를 짐작케 하는 돌의 행렬도 찾아냈다.

오 회장이 찾아낸 연추의병훈련소는 2008년 1월 1일자 『대전일보』에 '연추의병훈련소(상)'라는 제목으로 소개되었다. 기사에 나온 연추의병훈련소 개략도를 보면 제일 위쪽이 본부로 동의회 회장이었던 최재형이나 총대장 이범윤의 지휘소가 있었고, 아래쪽은 막사로 추정되는 집 7채가 연병장을 중앙에 놓고 일정한 간격을 두고 줄지어 있었다. 연병장 아래쪽으로는 훈련장이 자리했다. 훈련장 남쪽으로는 의병들을 위해 식량을 실어 나르던, 고려인이 증언한 마찻길이 지금도 남아 있다. 비록 잡초로 뒤덮여 있지만, 당시에는 하연추에서 중연추를 거쳐 상연추에 이르는 한인들의 통행로로서, 훈련소가 운영될 때는 일종의 군용도로 역할을 했을 것이다.

연추의병훈련소의 연병장으로 추정되는 곳에 온갖 풍상을 겪은 듯 버드나무 한 그루가 곁줄기가 꺾인 채 외롭게 서 있다. 국경지대인 이곳은 시야를 확보하기 위해 겨울철이 되면 들불을 놓아 수풀을 제거한다. 이 버드나무의 수령이 얼마인지는 알 수 없지만 100년은 족히 넘어 보인다. 몇십 번이나 놓았을 들불에도 버드나무가 살아남은 것은 이곳을 찾는 모든 이에게 연추의병의 전설을 전해 주기 위해서는 아닐까? 조국의 독립을 염원하면서 훈련받던 의병의 의지와 함성, 국내진공작전의 실패와 좌절의 애환을 버드나무는 간직하고 있을 것이다.

연추의병훈련소에 홀로 남은 버드나무

단지동맹비

1908년 7월 두만강을 건너 단행한 안중근의 국내진공작전은 실패로 돌아갔다. 그는 잠시 주춤했다. 참패라는 고배를 마신 후 마음을 다스릴 시간이 필요했다. 흑룡강(黑龍江, 헤이룽강) 상류 수천여 리를 시찰한 후 다시 연추 마을로 돌아왔다. 1909년 정월이었다.

연추 마을로 돌아온 안중근은 1909년 2월 7일 김기룡, 백규삼 등 11명의 동지와 함께 왼손 약지를 끊어 피로써 '대한독립'을 맹세하는 단지동맹(斷指同盟, 동의단지회)을 결성했다. 그리고 안중근은 이토 히로부미를, 김기룡 등은 이완용 등을 암살하기로 하늘에 맹세하고 제사를 지냈다.

안중근은 본디 무장투쟁론자가 아니었다. 1905년 더 큰 세상을 구경하고자 상해로 간 안중근은 그곳에서 안면이 있는 프랑스인 곽원량(르각) 신부를 만나 애국계몽에 대한 신념을 얻는다. 1906년 고향으로 돌아온 그는 가재를 털어 삼흥학교와 돈의학교를 세우고 교육 사업에 전념한다.

안중근의 삶에 큰 변화가 일어난 것은 1907년 아버지의 친구인 김진사를 만나고부터다. 김진사는 긴급한 시국에 촌구석에서 교육 사업에 전념하는 것은 허망한 일이라고 설파하면서, 100만 조선인이 있는 큰 세상, 즉 연해주·간도 지역으로 나아가 더욱 현실적인 투쟁을 해야 한다고 설득했다. 안중근이 김진사를 만난 1907년은 을사늑약 이후 헤이그 특사 사건, 군대해산, 고종 퇴위 등 시국이 급박하게 돌아가던 해였다.

안중근은 주저 없이 두만강 너머 북간도 권하촌(훈춘시 경신진)으로 건너가 의병 항쟁의 결심을 굳힌다. 그러고 나서 찾아간 곳이 연추였다. 연추에서 최재형, 이범윤 등과 동의회를 조직해 1908년 7월 의병을 이끌고 두만강을 건너 국내진공작전을 전개했다. 그러나 결과는 참패였다. 뭔가 더 효율적인 투쟁 방법이 필요했다. 고심 끝에 내린 결단이 단지동맹의 결성이었고, 훗날 이토 히로부미 처단이라는 민족사의 대사건으로 이어졌다.

안중근은 단지동맹 결성에 대해 다음과 같이 언급했다.

"우리들이 전후에 전혀 아무 일도 이루지 못했으니 남의 비웃음을 면하기 어려울 것이오. 뿐만 아니라 만일 특별한 단체가 없으면 어떤 일이고 간에 목적을 달성하기가 어려울 것인즉, 오늘 우리들은 손가락을 끊어 맹서를 같이 지어 증거를 보인 다음에, 마음과 몸을 하나로 묶어 나

단지동맹비

라를 위해 몸을 바쳐, 기어이 목적을 달성하는 것이 어떻소." 하자, 모두 그대로 따르겠다 하여, 마침내 열두 사람이 각각 왼편 약지(藥指)를 끊어, 그 피로써 태극기 앞면에 글자 넉 자를 크게 쓰니 대한독립이었다.

안중근, 『안중근 의사 자서전』(범우사, 2000), 89~90쪽

　동지 12명이 약지를 끊어 피로써 대한독립을 쓰고 하늘에 맹세했는데, 이때 그들이 쓴 '대한독립' 네 글자는 블라디보스토크 한인촌에서 간행된 『권업신문』 1914년 8월 23일 자에 게재되어 한인들의 민족의식을 크게 고취시켰다.

　2011년 새로 조성된 단지동맹비는 크라스키노에서 2~3킬로미터 떨어진 ㈜유니베라(옛 남양알로에) 현지 지사 입구의 대로변에 서 있다. 2001년 세운 원래의 단지동맹비 외에 안 의사의 단지(斷指) 손도장을 새긴 검은색 기념비 2기와 화강암 조형석 15기가 추가 배치되어 공원으로 조성되어 있다. 4미터 정도의 큰 비석에는 "1909년 3월 5일 12명이 모이다"라는 비문이, 작은 비석에는 "2011년 8월 4일 12명을 기억하다"라는 비문

대한독립 혈서 엽서

이, 2001년 처음 세워진 불꽃 모양의 기념비에는 '단지동맹유지'라는 제목으로 다음과 같은 글이 새겨져 있다.

1909년 2월 7일 안중근 의사를 비롯한 결사동지 김기용, 백규삼, 황병길, 조응순, 강순기, 강창두, 정원주, 박봉석, 유치홍, 김백춘, 김천화 등 12인은 이곳 크라스키노(연추 하리) 마을에서 조국의 독립과 동양의 평화를 위하여 단지동맹하다. 이들은 태극기를 펼쳐 놓고 각기 왼손 무명지를 잘라 생동하는 선혈로 대한독립이라 쓰고 대한국 만세를 삼창하다. 광복회와 고려학술문화재단은 2001년 10월 19일 러시아정부의 협조를 얻어 이 비를 세우다.

비문에 나오는 12명 회원 중 김천화는 갈화천으로 확인되지만 정원주, 박봉석, 유치홍, 김백춘 등 4명은 가명으로, 실명이 확인되지 않고 있다.

단지동맹 기념비가 애초부터 이곳 ㈜유니베라 지사 입구 대로변에 있었던 것은 아니었다. 현 위치는 세 번째 장소였다. 왜 두 번이나 기념비를 옮길 수밖에 없었는지도 기록으로 남기고 싶다.

크라스키노에서 핫산 쪽으로 가다 보면 삼거리가 나온다. 왼쪽은 녹둔도를 거쳐 핫산으로 가는 길이고, 오른쪽은 중국 훈춘으로 이어지는 도로다. 훈춘 방향으로 따라가다가 마을을 벗어나면 다리가 나온다. 이

단지동맹비가 세워졌던 원래 터 　　　　훼손된 단지동맹비문

다리 밑으로 흐르는 하천이 연추하다. 이 다리 100m가량 못미처 왼쪽
으로 콘크리트로 만든 군 막사가 있고, 그 맞은편에 직사각형으로 블록
을 깔아 놓은 곳이 있다. 이곳이 2001년 단지동맹비가 건립된 첫 장소
다. 그러나 그곳에는 블록의 흔적과 단지동맹 기념비를 이전한다는 다
음과 같은 안내문만 남아 있다.

　　　현 위치에 있었던 안중근 의사 단지동맹 기념비는 훼손의 심각성과
　　　관리의 어려움 등으로 인하여 2006년 11월 23일 영농회사인 유비콤 농
　　　장(주 알로에)으로 일시 이전 보관하게 되었으며, 추후 보수는 물론 환경
　　　조성 등 새로운 설계를 마치고 현 위치로부터 약 1km 북쪽 추카노프카
　　　천변 유비콤 정문 맞은편에 이전할 계획입니다.

2001년 처음 세워진 단지동맹비가 2006년 남양알로에 제1공장 입구
로 옮겨진 사연이다. 남양알로에 제1공장 앞으로 옮겨진 단지동맹 기념
비, 2008년 필자가 처음 만난 기념비였다. "야, 여기다!" 일행 중 한 명이
외쳤다. 반가움의 외침이었다.

단지동맹 기념비의 외형은 타오르는 불꽃을 닮았다. 일행 중 누구는 핏방울의 모습이라고 우겼다. 언뜻 보니 애국심이란 자양분을 듬뿍 품은 씨앗으로도 보인다. '불꽃', '핏방울', '씨앗', 어떤 모습도 맞는 해석일 것이다. 해석이야 어떻든 조국을 위해 한 몸 불사르는 희생도 마다하지 않겠다는 굳은 의지를 형상화한 것만은 분명했다.

필자 일행이 단지동맹비를 찾은 날, 하루 종일 비가 내렸다. 우산을 받쳐 든 채 긴 묵념을 올렸다. 묵념 중에 하얼빈 의거 장면과 뤼순 감옥의 독방에 수감 중인 안 의사의 모습이 함께 겹쳐 눈앞에 어른거렸다.

비석 앞면은 한글, 뒷면은 러시아어로 되어 있었다. 검은 바탕에 음각으로 새겨진 기념비문은 상처투성이였다. 러시아어는 아예 글자가 뭉개져 판독이 불가능한 곳이 7~8군데나 되었다. 특히 한국(Koreya)이라는 단어가 집중적으로 훼손된 것으로 보아 아이들의 장난이 아닌 의도적인 것으로 보였다.

하지만 남양알로에 제1공장 입구의 두 번째 장소는 러시아 국경수비대 담당 통제구역에 속한 지역으로, 한국인들의 참배에 어려움이 많았다. 그래서 2011년 8월 ㈜유니베라의 배려로 다시 옮긴 장소가 회사 입구의 대로변에 위치하고 있는, 오늘 우리들이 만나 볼 수 있는 기념비다.

남의 나라 땅에서 단지동맹을 기념하고 기리는 기념비가 이리저리 쫓겨 다니는 모습이 내내 안타까웠다. 안타까운 점은 또 있다. 단지동맹이 결성된 장소를 정확히 모른다는 점이다. 기념비문에는 "12인은 이곳 크라스키노(연추 하리) 마을에서 단지하다"라고 되어 있다. 그런데 연추 상리의 최재형 집이나 연추의병 훈련소의 어느 막사가 아닐까 하는 의견을 제시하는 학자들도 많다. 제 위치를 찾아내는 것도 우리의 임무다.

1 단지동맹(斷指同盟) 1908년 국내진공작전 실패 후 안중근은 의병 항쟁의 한계를 느끼고 1909년 2월 '특공대'로서의 비밀결사인 동의단지회를 조직하였다. 연추 하리에서 안중근을 맹주로 김기룡, 강순기, 정원주, 박봉석, 유치홍, 조응순, 황병길, 백규삼, 김백춘, 김천화, 강창두 등 12명이 모여 왼손 무명지를 끊고 태극기 앞에서 조국을 위해 목숨을 바칠 것을 맹약하며 '대한독립' 네 자를 혈서하였다. 동의단지회를 단지동맹이라고 부른다.

2 13도 의군(十三道義軍) 1910년 7월. 러시아령 블라디보스토크시 외곽인 암밤비에서 결성되었다. 이범윤은 창의군 총재, 경성의병 출신의 이남기가 장의군 총재로 각기 선임되었으며, 유인석이 도총재로 추대되었다. 13도 의군의 결성은 각기 달리 활동해 오던 의병 부대가 하나의 단일 부대로 통합되었다는 점에 의미가 있다. 그러나 결성 뒤 곧이어 국권 피탈과 일제의 러시아에 대한 압력 등으로 주요 인사들이 체포되면서 블라디보스토크에서의 항일운동은 위축되었고, 13도 의군도 해체되고 만다.

3 이범윤(李範允, 1856~1940) 1903년 간도관리사가 되어 간도 지방의 한인 보호에 힘쓰다 1908년 동의회를 조직, 두만강을 건너 국내진공작전을 시도하였다. 1910년 블라디보스토크에서 결성된 13도 의군의 창의군 총재가 되었고, 국권이 피탈되자 성명회를 조직하였다. 1911년 블라디보스토크에서 권업회를 조직하고, 총재로 추대되었으며, 1912년 이후에도 국내진공작전을 벌여 회령 등지에서 일본군을 공격, 항일운동을 계속하였다. 북로군정서와 연합하여 청산리 전투에서 큰 전과를 올린 후 일본군의 추격을 피해 러시아령 자유시(스보보드니)로 이동하였다. 1925년 신민부가 조직되자 참의원 원장으로 추대되었다.

4 이종호(李鍾浩, 1885~1932) 1909년 안중근의 이토 히로부미 격살에 연루된 혐의로 체포되어 3개월간 복역했다. 안창호 등과 함께 북만주에 독립운동 근거지를 설치하여 무관을 양성할 계획을 세웠으나 자금 관계로 뜻을 이루지 못하고 다시 연해주 지역으로 망명했다. 1911년 권업회를 설립하여 『권업신문』을 발행하고, 블라디보스토크의 한민학교 설립에 공헌했다. 1917년 상하이로 갔다가 일본 경찰에 붙잡혀, 고향인 명천에서 1년간 거주 제한을 받았다.

2부
만주 답사

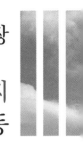

4장

독립군 최초의 승전지
봉오동

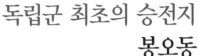

1. 훈춘에서 떠올린 간도·자유시 참변

조작된 훈춘사건의 비극

크라스키노에서 40킬로미터 떨어진 중국의 국경도시 훈춘[琿春, 혼춘]까지는 몇 시간이 걸렸다. 러시아 출국과 중국 입국의 까다로움 때문이었다.

국경도시 훈춘은 조그마한 소읍이다. 이곳은 역사 교사인 필자에게는 훈춘사건이 일어난 잔인한 도시로 각인되어 있다. 봉오동 전투에서 대패한 일본은 1920년 10월 2일 마적단을 매수해 훈춘 일본 영사관을 습격하게 한 뒤 이를 한국인에게 뒤집어씌우고, 군대를 출병시켜 1만여 명의 한인들을 무차별하게 학살했다. 이것이 간도참변[1]이다.

봉오동 전투의 참패는 일본군에게 큰 충격이었다. 그동안 풍문으로만 여겨 무시해 온 조선독립군의 실체와 그 역량을 확인했기 때문이다. 일본은 얕잡아 보고 덤볐다가 호되게 당한 봉오동의 패배를 만회하기 위해 간도 지역에서 독립군 토벌작전을 대대적으로 벌였다. 이는 관동군의 위신이 걸린 문제였는데, 그때까지만 해도 북간도 지역은 중국의 영토였다. 그곳에서 토벌작전을 벌이려면 명분이 필요했다. 중국인들은 조선인들의 항일투쟁을 내심 지원했기 때문에 독립군에게 관대했다. 그래서 일본이 조작한 사건이 바로 '훈춘사건'이다.

1920년 10월 2일 새벽 4시 일본군에게 매수된 장강호를 두목으로 하는 마적단이 훈춘을 습격했다. 마적단은 상가를 약탈하고 훈춘의 일본 영사관에 불을 지른 후 오전 8시에 퇴각했다. 마적단의 약탈과 방화로 일본인 13명이 사망했다. 일본은 이 사건을 불량한 조선인이 저질렀다고 누명을 씌웠다. 재만 일본인의 생명과 재산을 보호한다는 구실로 1920년 10월 2일 훈춘사건을 조작한 바로 그날, 함경도 나남에 주둔하던 일본군 제19사단의 혼성 연대를 출동시켰다. 그러고는 북쪽에서 북만주 파견군을, 서쪽에서 단동(丹東, 단둥)에 본부를 둔 관동군[2]을, 동쪽에서는 시베리아에 파견된 포조군을 들여보내 간도를 완전히 포위했다. 이른바 참빗작전이었다. 일본이 참빗작전을 사용한 것은 이것이 처음은 아니었다. 1909년 남한 최대의 의병 항쟁지인 호남 의병을 진압하기 위해 전개했던 이른바 남한대토벌 작전도 참빗작전이었다.

간도참변 당시의 참상이 어느 정도였는지는 사학자이자 독립운동가이며 대한민국 임시정부 2대 대통령을 지낸 박은식의 『한국독립운동지혈사』를 통해 확인해 볼 수 있다.

세계 민족이 나라를 위하여 몸을 던진 자가 얼마일까마는 어찌 우리 겨레의 남녀노소가 참혹하게 도륙을 당한 것과 같으랴? …… 이른바 일본 장교가 많은 병졸을 거느리고 각처에 있는 촌락의 사람 사는 집, 교회당, 학교 및 양곡 수만 석을 불 질러 잿더미로 만들었으며, 남녀노소를 총으로 죽이고 칼로 죽이고 몽둥이로 죽이고 묶어 죽이고 쳐서 죽이고 밟아 죽이고 깔아 죽였으며, 생으로 매장하기도 하고 불에 태우기도 하고 솥에 삶기도 하고 찢어발기기도 하고 코를 꿰기도 하고 갈비뼈를 발라내기도 하고 배를 따기도 하고 머리를 자르기도 하고 눈알을 뽑기도 하고 혀를 자르기도 하고 허리를 부러뜨리기도 하고 사지에 못을 박기도 하고 수족을 자르기도 하여, 인간으로서는 차마 할 수 없는 짓을 저네들은 오락의 일로 삼았다. 우리 동포들은 할아비와 손자가 함께 죽기도 하고 아비와 아들이 함께 도륙당하였으며, 그 지아비를 죽여서 그 지어미에게 보였고 그 아우를 죽여서 그 형에게 보였으며, 상인(喪人)이 혼백상자를 끌어안고 도망하다가 형제가 함께 죽임을 당하기도 하였고, 산모가 포대기에 아기를 싸안고 달아나다가 모자가 함께 목숨을 잃기도 하였도다.

박은식, 『한국독립운동지혈사』(소명출판사, 2008), 394~395쪽

글을 쓰면서도 손이 떨린다. 그들은 인간이기를 포기한 백정이었다. 솥에 삶고, 눈을 뽑고, 사지에 못을 박은 인간이 인류 역사에 또 있었던가? 늙은이, 어린아이들이 무슨 죄가 있단 말인가? 그들이 죄가 있다면 지켜 줄 나라가 없다는 것, 그것뿐이었다. 나라가 망한 것은 그들의 잘못이 아니었다. 그럼에도 그들은 그들의 잘못이 아님에도 불구하고, 나라를 되찾기 위해 싸웠던 독립군들을 도왔다. 이것이 몽둥이로 맞고, 머리가 잘려 죽임을 당했던 이유였다. 그렇게 죽은 조선인은 만 명이 넘는다. 훈춘사건이 이들을 잔인하게 죽인 단초였다.

독립군의 좌절, 자유시 참변

간도의 조선족 민간인들이 무차별 학살을 당하던 그때 독립군은 청산리에서 대승을 거두었다. 승리의 기쁨도 잠시, 청산리 대첩은 그만큼의 대가를 요구했다. 전투에서 크게 패한 일본군은 대대적인 독립군 토벌작전을 펼쳤다. 일본과의 외교 문제로 난처해진 중국 정부도 이에 협조했다. 간도에서의 탄압을 견딜 수 없었던 독립군들은 새로운 거점을 마련해야 했다.

그 무렵 러시아에서는 볼셰비키 혁명이 성공을 구가하고 있었다. 적군은 제야(Zeya)강 일대에서 백군을 몰아내고 알렉세예프시를 스보보드니, 즉 자유시로 고쳐 해방구의 상징으로 삼았다. 독립군은 볼셰비키 적군과 연합하여 새로운 독립기지를 건설할 수 있으리라는 희망을 안고 자유시로 달려갔다.

1920년 말 소련과 만주 국경에 위치한 밀산부에 독립군 4,000여 명이 집결했다. 이들은 10여 개의 단체를 통합하여 대한독립군단을 편성하고 서일(徐一, 1881~1921)을 총재, 홍범도와 김좌진을 부총재로 전열을 재정비한 뒤 일본군의 세력이 미치지 않는 소련의 영토 자유시로 이동했다. 자유시는 지금도 블라디보스토크에서 열차를 타고 이틀이 걸린다. 독립군들은 이곳에 도착하는 데 얼마나 걸렸을까? 그들에게 자유시로의 이동은 간도의 시련을 희망으로 바꾸는 힘찬 행군이었을 것이다.

자유시에서는 군 지휘권을 둘러싼 상해파 공산당과 이르쿠츠크파 공산당이 날카롭게 대립하고 있었다. 독립군도 어느 쪽을 지지하느냐에 따라 분열되었다. 독립군 중 다수는 상해파 공산당을 지지했지만, 이르쿠츠크파 공산당이 소련의 지지를 바탕으로 지휘권 장악을 시도했다. 소련 정부는 독립군에게 무장을 해제하고 소련군의 지휘 아래 들어올

자유시 참변 당시의 물탑

것을 요구했다. 상해파 지도부가 이를 거부하면서 양측은 제야강 일대에서 치열한 전투를 벌였다. 조국을 찾으려고 항일투쟁을 하던 동포끼리 타향에서 피 흘리며 싸우는 참극이 벌어진 것이다. 제야강을 핏빛으로 물들인 자유시 참변은 300여 명의 사상자를 낸 독립군 최대의 참극이었다.

자유시 참변은 고려공산당 조직인 상해파와 이르쿠츠크파의 주도권 쟁탈 과정에서 빚어진 참극이지만, 단순한 공산당 내부의 분열로만 볼수는 없다. 볼셰비키 지도부는 한인부대가 통일된 지도 체제를 이루었다면 별다른 문제를 제기하지 않았을 수도 있다. 자유시 참변의 본질은 지도자들의 탐욕과 무지 그리고 권력욕이었다. 지도부가 통합하고 소통했더라면 참극은 피해 갈 수 있었을 것이다. 또 봉오동, 청산리 대첩의 여세를 몰아 더 큰 성과를 거두었을지도 모른다.

자유시 참변은 우리 독립운동 역사상 최대의 비극이었다. 1920년 봉오동, 청산리 전투의 영웅들이 꿈꿔 온 독립의 꿈은 거기서 끝났다. 많은 독립군이 제야강을 핏빛으로 물들이며 불귀의 객이 되었고, 포로로 잡힌 독립군들은 시베리아 벌목 현장으로 끌려갔다. 이로써 1920년 이후 우리의 독립전쟁은 다시 긴 휴면기로 들어갈 수밖에 없었다. 홍범도 등 독립 영웅들도 역사의 무대에서 사라져 버렸다.

훈춘사건이 시작된 일본 영사관 건물에는 지금 훈춘시 공안국이 들어서 있다. 그네들은 이 건물에서 시작된 훈춘사건이 한인들에게 어떤 고통과 시련을 주었는지 알지 못한다. 자신들의 역사가 아니기 때문이다. 필자는 영사관 건물을 쉬이 떠나지 못하고 맴돌았다. 그 건물에서 잉태된 사건이 우리 민족을 얼마나 큰 불행에 빠뜨렸는지를 잘 알고 있기 때문이었다.

2. 댐이 되어 버린 봉오골

봉오동 전투

1919년 3·1운동 이후 간도를 비롯한 만주와 연해주에서는 수많은 독립군 부대가 편성되었다. 독립군들은 주로 압록강과 두만강을 건너 일제의 식민 통치 기관을 습격해 일본군과 치열한 전투를 벌였다. 삼수, 갑산, 북청 등지에서 '날으는 홍범도'로 용맹을 떨쳤던 의병장 홍범도는 이무렵 만주 왕청(汪淸, 왕청)에서 새로운 독립군 부대인 대한독립군을 창설했다.

봉오동 전투의 승리는 홍범도 부대가 단독으로 이루어 낸 것이 아니었다. 홍범도는 일본군의 추격을 미리 간파하고 안무[3]의 대한국민회군[4], 최진동[5]의 군무도독부[6]와 함께 연합부대를 결성해 이에 대비했다. 이 연합부대가 대한북로독군부로, 두만강을 건너 독립군을 추격해 온 야스가와 지로(安川三郎) 소좌가 거느린 일본군 제19사단을 참패시킨 주역이었다.

봉오동 전투는 발발 사흘 전인 1920년 6월 4일에 있었던 화룡현 삼둔자(三屯子, 지금의 간평) 전투에서 비롯되었다. 이날 새벽 30명 정도의 독립군 소부대가 삼둔자를 출발하여 두만강을 건너 함경북도 종성 강양동에 진입, 일제 헌병 순찰소대를 격파하고 돌아왔다. 통상 있었던 국내 진공작전이었다. 이에 분개한 남양수비대장 니이미(新美) 중위가 1개 중대 병력을 거느리고 두만강을 건너 삼둔자까지 뒤쫓았지만, 독립군을 발견하지 못하자 그 분풀이로 애꿎은 우리 동포들을 무차별 살육했다. 이 소식을 들은 독립군은 삼둔자 서남쪽 범지골 산기슭에 잠복해 있다가,

돌아가는 일본군을 섬멸했다.

　이렇게 되자 함경북도 종성군 나남에 주둔하고 있던 일본군 제19사단은 독이 바짝 올랐다. 그들은 삼둔자 전투 참패를 설욕하고, 독립군을 토벌하기 위해 야스가와(安川) 소좌가 이끄는 '월강 추격대대'를 편성했다. 야스가와 부대는 상부의 작전 명령에 따라 고려령을 향해 봉오동 입구로 추격해 왔다. 홍범도, 최진동 등이 이끈 연합독립군 부대인 대한북로독군부는 일본군 추격대의 진로를 정확히 예측하고 봉오동 주민을 대피시킨 뒤 험준한 사방 고지에 독립군을 매복 배치하여 일본군 추격대를 유인, 포위하여 일망타진한다는 작전을 세웠다. 일본군 추격대는 독립군의 매복 상황을 알지 못한 채 이화일이 이끄는 독립군 유인부대와 접전을 벌이고, 7일 오후 1시경 독립군의 포위망으로 들어왔다. 작전은 적중했다.

　'탕!' 사격 개시를 알리는 홍범도의 신호탄과 함께 매복 중이던 독립군들이 일제히 불을 뿜었다. 뜻밖의 기습 공격을 받은 일본군은 필사적으로 돌격했지만 지형적으로 유리한 지대를 차지한 독립군의 맹렬한 집중 사격에 일본군 월강추격대대는 참패했다. 통쾌한 승리였다. 그동안 일제에게 당한 치욕을 한순간에 씻은 쾌거였다.

　이 전투가 끝난 후 대한민국 임시정부에서는 일본군 전사 157명, 중상 200여 명, 독립군 전사 4명, 부상 2명이라고 발표했다. 독립군의 압승이었다. 도올 김용옥은 〈한국독립운동사〉 제4부 '청산이여 말하라'에서, 봉오동 전투에 참여한 일본군이 283명, 전사한 일본군은 46명으로 추정했다. 『만주지역 한인 유적 답사기』의 저자인 박환 교수도 임시정부 군무부 자료를 인용하면서, 숫자에 대해서는 앞으로 정밀한 검토가 요망된다는 의견을 덧붙였다. 저수지 밑에 세워진 '봉오골 반일 전적지'에는

"일군 150명을 살상하고, 10여 명을 부상 입혔다"라고 기록되어 있다. 일본군 전사자 157명은 분명 과장된 숫자로 보인다.

그 당시 국민들의 사기를 높이기 위해 대한민국 임시정부에서 전사자를 부풀려 발표한 것은 충분히 이해할 수 있다. 물론 역사 기술은 정직해야 하고 정확해야 하므로, 당시 출동한 야스가와 소좌가 거느린 일군 19사단 소속 부대와 아라요시 중위의 남양경비대의 규모가 어느 정도인지를 살펴보는 것도 중요하다.

봉오동 전적지

한국독립운동사상 일본 정규군과 싸워 최초로 승리한 봉오동 전적지는 두만강과 마주한 중국의 국경도시 도문(圖們, 투먼)에서 왕청으로 가는 길목에 있다. 봉오동은 행정구역상 길림성 도문시에 속하지만 산으로 둘러싸인 골짜기 동네다. 봉오동 전투의 주역으로 군무도독부를 이끌었던 최진동이 살던 마을도 봉오골인데, 봉오골은 지금 없다. 봉오댐을 건설하면서 수몰되었기 때문이다.

댐에 오르자 봉오동 전투의 현장인 봉오골이 한눈에 들어온다. 고려령의 험준한 줄기가 사방을 병풍처럼 둘러쳐 수십 리를 뻗어 있다. 댐이 건설된 이 일대가 하촌이었고, 왼쪽에 우뚝 솟은 산이 초모정자산, 그 반대쪽 고개가 고려령이다. 그 아래에 중촌 마을이 있었고, 치열한 전투가 벌어졌던 상촌은 댐 상류 산 밑이었다.

답사팀이 도착할 때는 8월 초순, 댐은 물로 가득 차 있었다. 댐의 수면과 산이 만나는 선이 바로 골짜기 선이었다. 그 부근에서 100여 년 전 골짜기가 떠나갈 정도의 함성이 터져 나왔을 것이다. "와! 이겼다. 와! 이겼다." 그때의 함성은 골짜기에 메아리로 남아 봉오골 독립 영웅들을 찾아오는 후손들의 귓가에 다시 울렸다.

봉오동 전투를 기념하는 '봉오골 반일 전적지' 기념비가 댐 아래 서 있다. 이 전적지비를 세운 날은 1993년 6월 7일인데, 이는 73년 전 6월 7일 봉오동 전투가 시작된 날이다. 기념비에 새겨진 글은 다음과 같다.

> 1920년 6월 7일 반일명장 홍범도를 사령으로, 최진동을 부장으로 한 조선민족 독립운동 대한북로독군부(반일독립군)는 협산 벽곡 봉오골에서 두만강을 건너 침입한 야스가와 소좌가 거느린 일군 19사단 소속부대, 아라요시 중위의 남양경비대와 싸워 세계를 진감한 반일 무장투쟁의 첫 봉화를 지폈다. 반일독립군은 빈틈없이 매복진을 쳐 놓고 있다가 오후 1시경 일군이 기여들자 삼면 고지에서 일제히 불벼락을 퍼부었다. 이 맹격전에서 일군 150여 명을 살상하고 10여 명을 부상 입혔으며 보총 60여 자루와 기관총 3정 및 권총과 탄약 등 무기를 로획하였다. 연변한인 무장 투쟁에서 거둔 이 승첩은 일본 침략사의 기염을 여지없이 꺾어 놓았으며 인민 대중의 반일투지를 크게 북돋아 주었다. 우리는 이 전적지의 참뜻이 길이 이어지기를 기원하여 이 옥서를 새긴다.

나는 한글로 새겨진 비문을 읽으면서 국어사전에는 나오지만 몇 가지 이해하기 어려운 한자어를 접했다. 진감(울리어 흔듦), 기염(불꽃처럼 대단한 기세)이다. 격전(세찬 싸움)이라는 용어는 눈에 익었지만, 맹격전은 또 새로웠다. 로획은 '노획'의 북한어다. 아무래도 북한과 지리적으로 가깝기 때문에 이런 용어를 택한 듯했다. 남북의 용어를 통일하는 것도 앞으로 풀어 가야 할 숙제이다. '불벼락을 퍼부었다'는 문구를 읽으며 피식 웃음이 나왔다. 남북간에 긴장이 고조될 때마다 북쪽 아나운서가 하는 발언 아닌가.

2016년 여름, 봉오동 전적지를 다시 찾았다. 댐은 그대로였지만 바뀐 모습도 있었다. 2013년 도문시 인민정부에 의해 '봉오동 전적지비'가 원래 위치에 새 단장을 했다. 이전 기념비보다 몇 배나 더 큰 규모였지만 새겨진 글은 '일군 150여 명을 살상하고'의 '살상'을 '사살'로 바로잡았을 뿐 이전 비와 같았다.

그러나 2018년 다시 찾았을 때 봉오동 전적지비는 붉은 천으로 가려 있었고, 얼마 지나지 않아 전적지비의 글자는 아예 지워져 버리고 만다. 2019년, 다시 찾았지만 입장부터 불허되었다. 홍범도 장군에 대한, 봉오동 전투에 대한 평가에 뭔가 변화가 있는 듯싶었다. 러시아 국적을 지닌 홍범도에 대한 중국 정부의 불편함 때문인지, 봉오골에서 이루어진 이후 동북항일연군의 활동을 더 강조하기 위해서인지는 알 수 없지만, 새로운 동북공정을 보는 것 같아 떠나오는 발걸음이 내내 무거웠다.

봉오동 전적지를 나와 도문으로 향했다. 도문의 두만강변도 봉오동 전투의 격전지였다. 도문에서 두만강을 따라 6킬로미터쯤 가자 두만강 건너로 초소가 보였다. 봉오동 전투의 단초가 된 강양동 초소는 옛 모습 그대로 남아 있었다. 세월만큼 변한 것도 있었다. 100여 년 전에는 일본 헌병대 초소였는데, 지금은 간이역이 되어 건물 중앙 상단에 김일성 초상을 가슴에 안은 채 서 있었다. 새 역사로 옛 역사가 덧칠된 모습이었다.

조금 더 지나자 한글과 한문으로 쓴 간평(間坪) 마을 이정표가 나났다. 간평 마을, 옛날의 삼둔자다. 삼둔자 전투가 일어났던 현장은 간평에서 도문으로 가는 지름길이 난 조그마한 계곡이었다. 그 계곡이 봉오동 전투를 잉태했고, 이후 청산리 전투로 확대된 것이다. 현지인들도 그곳에서 일어난 삼둔자 전투에 대해서는 모르는 듯했다. 손녀딸을 유모차에 태우고 나온 간평 마을의 조선족 할아버지를 만났다. 삼둔자 전투에 대해 물었지만, 강양동 초소 습격 사건만 알 뿐 마을 뒷산 계곡에서 일어난 삼둔자 전투는 알지 못했다.

물에 잠긴 봉오동 골짜기

봉오동 댐

봉오동 반일 전적지 기념비(오른쪽이 새로 세운 비)

글자마저 지워진 봉오동 전적지비

붉은 천으로 가려진 봉오동 전적지비

강양동 초소

3. 봉오동 전투의 영웅 홍범도

평양 진위대 나팔수, 스님 되다

봉오동 현장에서 홍범도 장군이 어떤 인물인지 궁금했다. 필자가 아는 홍범도는 포수 출신의 의병대장, 봉오동 전투와 청산리 대첩의 영웅 정도였다. 그런데 봉오동 전투와 청산리 대첩 이후의 행적은 거의 알려져 있지 않고, 심지어는 일자무식으로 알려져 있다. 일자무식으로 독립군의 영웅이 되었으니 더욱 관심이 클 수밖에 없다.

'날으는 홍범도'라는 별명을 들을 정도로 무적의 용맹을 떨쳤던 홍범도가 잘 알려지지 않은 이유는 간단했다. 자유시 참변(1921년) 이후 소련으로 가버렸기 때문에 1921년 이후 그에 대한 정보는 차단되었다. 그를 둘러싸고 그릇된 인식이 상당 기간 지속된 데는 우파로서 광복 후 출세한 사람들이 자신을 빛내기 위해 홍범도의 찬란한 과거를 덮어버린 것도 한 이유였다. 역사는 정직해야 한다. 누구든 업적만으로 정당하게 평가받아야 한다. 여기에는 이념도 학벌도 끼어들어서는 안 된다. 홍범도는 대한민국 독립전쟁사상 가장 많이 싸웠고, 가장 많이 이겼으며, 가장 오래 투쟁했고, 일본군이 가장 무서워했던 독립전쟁의 영웅이다.

몇 년 전까지만 해도 홍범도가 어디서 태어나고 죽었는지조차 정확하게 알지 못했다. 소련 원동국립문서보관소에 보관된 『홍범도 일지』가 발견되고 나서야 그의 출생 연도가 밝혀졌다. 홍범도는 1868년 함경도가 아닌 평양에서 태어났다. 태어나자마자 어머니를 잃고, 아홉 살 때 아버지마저 여의었다. 열다섯 살까지 머슴살이를 하다가 1883년 평양 진위대 나팔수가 된다. 홍범도는 불우한 어린 시절을 보냈지만 그런 중에도 글을 깨쳤다. 평양 진위대 정식 군인이 되었다는 것은 교육을 받았다는 증거다. 글 모르는 자가 나팔수가 될 수 없기 때문이다.

나팔수에서 의병장으로 거듭나기까지 홍범도의 삶은 일반인에게 거의 알려져 있지 않다. 그는 평양 진위대 나팔수로 근무하던 중 군교들의 부정부패와 사병들에 대한 학대를 참지 못하고 탈영해 한때 황해도의 제지공장에서 직공으로 일

홍범도(1868~1943)

했다. 그러나 친일파였던 제지공장 주인을 임금 문제로 살해하고 금강산 신계사에 들어가 머리를 깎았다. 1887년 그가 스무 살 때 일이다. 그는 이곳에서 이순신 장군의 적손인 지담대사의 상좌로 수행하면서 글공부도 하고, 항일의식도 전수받았다.

승려로 생활하던 홍범도는 신계사 인근 암자의 비구니와 애틋한 사랑을 나눈다. 그 비구니가 홍범도와 결혼한 이옥녀다. 아내의 배가 점점 불러오자 금강산을 떠나 처가가 있는 함경도 삼수로 옮겨 간 홍범도는 그곳에서 출중한 사격술을 인정받아 산포수가 되었다. 이후 북청으로 거주지를 옮긴 그는 산포수 조직에 가입, 동료들에게 인정을 받아 대장에 뽑혔다. 1907년 의병장이 되어 의병 항쟁을 전개하기 전까지 삼수, 갑산, 북청 일대에서 산포수 생활을 했던 14년이 그에게는 가장 행복한 시기였을 것이다.

불우한 어린 시절, 평양 진위대 나팔수, 제지공장 직공, 신계사 스님,

함경도 포수 등이 의병장이 되기 전 홍범도의 모습이다.

홍범도는 일자무식?

"선생님, 홍범도는 정말 '낫 놓고 기역 자도 모르는 일자무식'인가요?" 수업 시간에 학생들이 가끔 묻는 질문이다. 홍범도가 왜 일자무식으로 알려졌는지 역사 교사인 필자도 잘 모른다. 그가 의병장이 되기 이전 함경도 삼수, 갑산의 오지에서 포수 생활을 한 것이 이런 이미지를 낳은 계기가 되었을 것이다. 또한 그는 청산리 대첩의 영웅 김좌진과 비교된다. 양반 가문 출신인 김좌진은 지식인 이미지인 데 반해, 어려서 부모를 잃고 머슴살이와 제지공장 직공으로 지내다가 의병장이 된 홍범도는 우익이 주체가 되는 독립운동사에서 적통이 될 수 없었다. 그리고 이미 살핀 것처럼 그는 1921년 자유시 참변 이후 소련 적군의 일원이 되었다. 그에 관한 정보 부족도 '낫 놓고 기역 자도 모른다'는 소문에 날개를 달았을 것이다.

홍범도는 무식한 의병장이 결코 아니었다. 홍범도가 어느 정도의 학식을 갖추었는지는 알 길이 없다. 그가 남긴 문집이나 글이 거의 없기 때문이다. 최근에 도올 김용옥이 블라디보스토크에 있는 극동 러시아 국립문서 보관소에서 홍범도가 쓴 한문 편지 한 장을 찾아냈다. 1910년 초 홍범도가 연해주에서 장백현 왕각으로 떠나기 직전 의병장 유인석에게 초서로 써 보낸 편지인데, 숙련되지 않으면 쓸 수 없는 대단한 명필이다.

도올이 해석한 홍범도의 편지를 소개한다.

이별한 후, 한 달 지났지만 우울한 가슴만 날로 깊어집니다.

삼가 묻나이다. 요즘 체후가 편안하십니까?

그리운 마음 사무치나이다. 생은 별 탈 없이 이전 모양으로 지냅니다.

단지 그간 해야 할 사무에 힘을 다하지 못했습니다.

이곳을 떠날 시간이 곧 닥치기에 우러러 말씀드립니다.

얼마가 되었든지 그동안 모은 영수증과 후원금을 보내드립니다.

조금이나마 우러러 도움 되기를 바랍니다.

여불비상. 경술 2월 16일

생 홍범도.

홍범도가 상당한 수준의 지식인이었음은 그가 말년에 남긴 글을 통해서도 확인할 수 있다. 1939년 제2차 세계대전이 일어나고 1940년 후반에 독일이 소련을 침공해 독·소 전쟁이 시작되자, 중앙아시아로 강제 이주당한 홍범도는 카자흐스탄 크질오르다에서 발간되던 『레닌기치』 1941년 11월 7일 자에 조국의 젊은이들이 전쟁에 용감하게 참여하도록 고무하는 글을 싣기도 했다. 1941년 일흔세 살 홍범도가 쓴 글 '원수를 갚다'의 마지막 부분을 소개한다.

…… 러시아 빨치산 세 동무는 고려인 빨치산들과 함께 다니며 용감하게 원수들을 무찔렀다. 바로 시월 중순이다. 빨치산들은 백파들과 K령 밑에서 큰 전쟁을 하였다. 그들은 거기에서 본때 있게 동지들의 원수를 갚았다. …… 나는 지금 늙었다. 그러나 나의 마음이 지금 파시스트들과 전쟁을 한다. 젊은이들! 모두 무기를 잡고 조국을 위하여 용감하게 나서라!

일흔세 살의 노인 홍범도의 기개는 여전히 하늘을 찌르고 있질 않은가? 그의 글은 매우 사실적이면서도 힘이 있다. 우수리스크에서 만난 홍범도의 외손녀 김알라 할머니는, 홍범도의 죽음에 대해 "1941년 독일과의 전쟁에 자신을 보내 달라고 러시아 당국에 당부했는데, 늙었다고 안 보내 주어 화병이 나서 돌아가셨다"는 흥미로운 증언을 해 주었다. 그는 죽는 날까지 변함없는 빨치산 대장이었다.

홍범도의 의병 활동

"총포 및 화약류를 판매하는 자는 관찰사의 허가를 얻어야만 한다." 1907년 일제가 공포한 '총포급화약류단속법'은 군대 해산에 이어 모든 한국인을 완전히 무장 해제하고, 무력 저항을 미연에 방지하는 것이 목적이었다. 홍범도는 일제의 이러한 요구를 거부하면서, 1907년 11월 15일 70여 명의 포수들과 함께 피로써 동지를 맹세하고 의병으로 나설 것을 천명했다. 홍범도 의병은 시간이 지날수록 광산 노동자, 해산 군인, 화전민 등이 합류하면서 전성기인 1908년에는 1,000여 명에 달하는 대규모 부대가 되었다.

그의 첫 의거는 1907년에 일진회 회원인 안산 면장 주도익을 총살한 것이다. 이는 홍범도 항일 운동의 시작을 알리는 신호탄이었다. 그는 평생을 의병장으로, 독립군 대장으로, 볼셰비키 혁명군으로 조국의 독립을 위해 일본군과 싸웠다.

홍범도 부대가 치른 최초의 전투는 1907년 11월 22일에 일어난 북청의 후치령 전투다. 후치령에서 포수들의 무기를 회수해 가던 일군 무기 수송대를 매복 끝에 섬멸하고, 같은 날 갑산에서 북청으로 이동하는 우편마차를 호위 중인 일본군을 공격했다. 이튿날에도 북청에서 혜산으로 이동하는 일본군을 공격해 무기를 노획했다.

후치령은 홍범도 의병의 본거지였다. 후치령 전투를 시작으로 홍범도 의병부대는 삼수, 갑산, 북청 등지의 험산 준령을 타고 유격전을 펼쳐, 친일파는 물론 이들을 추격해 오는 일본군 토벌대를 맞아 연전연승했다.

그러다가 1908년 3월 부장이던 차도선과 태양욱 등이 일제의 회유 공작에 말려들면서 홍범도 의병은 곤경에 빠진다. 홍범도의 간곡한 만류에도 차도선과 태양욱은 200여 명의 부하를 이끌고 3월 17일 일군에게 귀순해 버렸다. 설상가상으로 일본군은 홍범도를 유인하기 위해 그의 아내를 잡아다 모진 고문 끝에 숨지게 했다.

일본 토벌군의 추격과 차도선의 귀순 등으로 한때 홍범도 의병은 주춤했다. 그러나 의병부대의 재편성에 착수한 홍범도는 삼수, 갑산, 북청 일대를 돌아다니면서 산포수와 청년들을 의병에 가담시켰다. 그 결과 홍범도 의병부대는 1908년 5월 중순에 650여 명이 재결집해 다시 항일전을 펼칠 수 있었다. 1908년 5월부터 연해주로 근거지를 옮기는 12월까지 삼수, 갑산, 북청 등지를 오가며 각처에서 일본군을 격파했다. 뿐만 아니라 각 지방의 일진회 회원 등을 비롯한 친일파를 처단해 민족 반역자들에게 경종을 울렸다.

홍범도는 함경도 지역의 항일 의병을 주도하는 영웅이 되었고, 이 일대 주민들의 열렬한 추앙을 받았다. 이때 함경도 민중들이 부르던 노래가 〈날으는 홍범도가〉였다.

홍범도는 함경도의 전설적인 영웅이 되었다. 당황한 일제는 1908년 6월과 7월을 '홍범도 의병 대토벌' 기간으로 정하고, 토벌에 전력을 기울였다. 홍범도는 유격전술을 효과적으로 펼쳐 이들의 예봉을 피하면서 영웅적인 항전을 이어 갔다. 그러나 시간이 경과할수록 홍범도 의병부대는 전력이 소진되었다. 한 기록에 의하면, 홍범도 부대는 1907년 11월 15일 봉기 이후 탄약 고갈로 고통받던 1908년 9월까지 일본군과 약 37차례의 크고 작은 전투를 치렀다고 한다.

홍범도가 연해주로 건너간 것은 무기와 탄약을 구입하는 한편, 연해주 일대의 의병부대와 대한제국의 의병부대를 연결해 대규모 의병 항전을 수행하기 위해서였다. 그러나 목적은 쉽게 달성되지 않았다. 안중근, 엄인섭 등이 인솔한 연추 의병의 국내진공작전이 실패하면서 연해주 항일 의병의 분위기는 침체되었다. 1910년 3월, 부하들을 거느리고 간도로 옮겨 가면서 홍범도의 의병 항전은 종료되었다.

4. 극장 수위가 된 홍범도

카자흐스탄 크질오르다

일본의 공격을 피해 소련 영토로 옮겨 간 독립군은 자유시 참변으로 큰 피해를 입었다. 그러나 홍범도는 살아남았다. 1921년 자유시 참변 이후 홍범도는 휘하 병력 300명을 이끌고 이르쿠츠크 소련군 제5군단 합동민족여단에 편입, 대위가 되었다. 그는 1922년 1월 22일, 모스크바에서 개최된 극동인민대표자대회에 참석해 레닌에게 훈장과 권총을 받는 등 사회주의자로서 영광을 누리기도 했다. 이후 25군단 조선인 여단 독립대대 지휘관으로 승진했으나 고려인 배제 정책으로 1923년 군복을 벗었다. 군대를 떠나 그가 찾은 곳은 연해주 홍개호 주변의 협동농장이었다.

1937년 중앙아시아 강제 이주에서 독립군 영웅 홍범도도 자유로울 수는 없었다. 그가 끌려간 곳은 카자흐스탄 크질오르다였다. 그곳에서 보낸 그의 말년에 대해서는 알려진 것이 거의 없다. 그러던 중 김기철이 『레닌기치』 1989년 4월 11일 자에 '홍범도 장군의 전투 경로와 소련에서의 만년 생활'이라는 글을 기고하면서 크질오르다에서 보낸 홍범도의 말년 모습이 알려졌다. 홍범도가 크질오르다로 옮겨 간 것은 예순아홉 살 때였다. 처음 배치된 곳은 크질오르다에서 수십 킬로미터 떨어진 집단농장이었지만 집단농장 지도자들이 이민국과 교섭해 고령의 홍범도를 명단에서 빼내어 크질오르다에 남게 했다. 그는 연금으로 매월 80루블을 받았는데 유족이 생활하기에는 턱없이 부족한 돈이었다.

중앙아시아 강제 이주 이후 크질오르다는 고려인들의 서울이라고 불릴 만큼 중심지로 성장했다. 『선봉』 신문사를 비롯해 원동조선사범대학, 고려극장, 조선라디오 방송국 등 조선 문화 기관이 모두 이곳으로 몰려왔기 때문이다. 크질오르다는 한일들의 거주가 허용된 유일한 도시였다. 홍범도가 이곳에 남게 된 것은 행운이었다.

수위 홍범도가 관람한 연극 「홍범도」

홍범도에게 도움의 손길을 건넨 것은 고려극장이었다. 고려극장은 홍범도를 수위로 임명하고 매월 50루블을 주었다. 연금 80루블에 극장에서 받는 50루블을 합친 130루블은 홍범도 가족이 생계를 유지하는 데 적잖은 돈이었다.

홍범도를 고려극장 수위로 추천한 극작가이자 연출가인 태장춘은 홍범도의 회고를 청취해 1940년 희곡 「홍범도」를 쓰고, 1941년 1월 16일

크질오르다 고려극장(현재 문화회관)

에 무대에 올렸다. "연극이 마음에 드십니까?" 초연이 끝난 뒤 태장춘이 묻자 "너무 띄웠네. 띄웠어. 허나 연극을 아무리 잘 놀아도 백두산 포수의 백발백중인 총 재간이야 뵈어 주지 못하지"라며 너털웃음을 쳤다. 매일 극장을 가득 메운 한인들은 연극 「홍범도」를 보면서 강제 이주의 설움을 달랬다. 홍범도도 극장 뒷좌석에 앉아 이 연극을 관람했다고 한다. 이것이 홍범도 말년 모습이다.

크질오르다 홍범도 장군 묘역의 흉상

1941년 6월에 발생한 제2차 세계대전은 일흔세 살의 홍범도에게 마지막 시련을 안겨 주었다. 전쟁 중에 망실된 자료 때문에 연금이 중단되고, 1942년에 고려극장마저 우쉬베로 옮겨 갔기 때문이다. 극심한 생활고로 세상을 뜨기 직전까지 일했던 곳이 정미공장이었다.

홍범도의 죽음도 지금껏 베일에 가려져 있었다. 어떤 백과사전에는 시베리아에서 방황하다 사망했다고 기술되기도 했다. 그러나 홍범도 탄생 100주년을 기념해 홍범도 특집을 실은 『레닌기치』 1968년 8월 27일 자를 보면, 그가 죽기 직전까지 정미공장에서 일했다는 것을 확인할 수 있다. 평생을 조국의 독립을 위해 싸웠던 독립전쟁의 영웅 홍범도 장군은 1943년 10월 25일 눈을 감았다. 『레닌기치』 1943년 10월 27일 자에 부고가 실렸다.

"홍범도 동무가 여러 달 동안 병상에 계시다가 본월 25일 하오 8시에 별세하였기에 그의 친우들에게 부고함. 장례식은 1943년 10월 27일 하오 4시에 거행함. 크질오르다 정미공장 일꾼 일동."

카자흐스탄 크질오르다시 신분등록소에는 홍범도의 사망확인서가 남아 있다. 사망확인서에는 "공민: 홍범도, 사망 연월일: 1943년 10월 25일, 연령: 75세, 사망 원인: 노쇠"라고 쓰여 있다. 지금까지 극장 수위로 일하다가 사망한 것으로 알려져 있었지만 이제는 바로잡아야 한다. 그는 죽기 직전까지 생활고 때문에 '정미공장 직공'으로 일했다.

홍범도는 크질오르다 중앙 공동 묘역에 묻혀 있다. 1982년 『레닌기치』 기자를 중심으로 고려인들이 앞장서 지금의 중앙 묘역으로 이장했다. 현재 그의 무덤 앞에는 흉상이 새로 단장된 모습으로 서 있다.

홍범도 거리에서

홍범도가 말년을 보낸 크질오르다 스테프나야 거리의 옛집은 크질오르다의 역사기념물로 지정되어 있다. 그리고 생전에 거닐던 거리는 지금 '홍범도 거리'로 불리며 그를 기리고 있다. 홍범도 거리 표지판에는 "이 길은 원동에서 소련 주권을 위해 온 정열을 다해 투쟁한 전설적인 장군 홍범도의 이름을 따서 지었다"라고 카자흐어와 러시아어로 기록되어 있다. 그는 크질오르다의 전설로 남았다.

고려인 시인들의 홍범도 사랑은 각별했다. 1979년 『레닌기치』에 실린 리상희의 시 「홍범도 거리에서」를 소개한다.

> 홍범도 거리에서
> 언제나 이 거리를 걸을 때마다 그 어떤 감정에 휩싸이더니 오늘 따라 달빛마저 어스름하여 넘치는 생각을 걷잡을 수 없어라. 그 어떤 고적지를

찾아온 듯이 두리번두리번 살피기만 하니 지나간 오랜 일이 눈앞에 떠오르는 듯 머나먼 옛날의 전투하던 고장은 수천 리 먼 곳에 떨어져 있건만 장군의 이름 가진 거리가 있어 장군의 위훈은 여기에도 빛나더라. 밤은 깊어 조용하건만 기적소리 이따금 들려오누나. 장군의 구령소리인가 깊은 밤의 정적을 깨뜨리어라. 구척의 키를 바라보려고 높이 천공을 치받아 보니 뭉게뭉게 남쪽으로 날아가는 구름 떼 구레나룻 수염이 바람에 나부끼는 듯 장군의 면모가 눈앞에 떠오른다. 신출귀몰하는 기묘한 방법으로 번개같이 날고 뛰는 비상한 술책으로 삼수갑산의 우거진 밀림에서도 세찬 바람 부는 만주벌에서도 소비에트 원동의 혁명투쟁에서도 원수들의 간담을 써늘케 한 의병장군의 빛나는 그 위훈 만민은 우러르고 역사는 기억한다. 전적지마다에 전설이 있고 이 도시에도 장군의 이름 지닌 거리 있으니 이 거리를 거닐 때마다 그 이름 생각케 된다.

크질오르다 홍범도 거리 입구

1 간도참변(間島慘變) 1920년 봉오동, 청산리에서 한국 독립군에게 패한 일본군이 간도 일대에서 조선인을 대량으로 학살한 사건을 말한다. 이때 조선인 1만여 명이 학살되었고, 민가 2,500여 채와 학교 30여 채가 불태워졌다.

2 관동군(關東軍) 중국과 소련을 침략할 목적으로 1906~1945년에 중국 동북지방을 강점하고 있던 일본 육군 주력 부대의 하나다. 러일전쟁에서 승리한 일본은 러시아의 조차지인 요동반도를 인수하고 요동반도와 남만주 철도의 경비를 위해 관동군을 주둔시켰다. 관동군은 일본 군국주의의 중국 침략의 첨병이 되어 장작림(張作霖, 장쭤린) 폭살사건(1928), 만주사변(1931) 등을 일으켰고, 1932년 일본의 꼭두각시인 만주국을 세우는 데 주동적 역할을 했다. 1932년부터 관동군사령관이 주만 대사를 겸하면서 중국 동북지방 전역을 실질적으로 통치했다.

3 안무(安武, 1883~1924) 1914년 북간도에서 대한국민회를 조직하고 그 산하에 국민회군 400여 명을 무장시켜 부사령관이 되었다. 1920년 5월, 홍범도의 대한독립군, 최진동의 군무도독부군과 연합하여 대한북로독군부를 결성하고, 6월의 봉오동 전투에서 대승을 거두었다. 1921년 6월 자유시 참변으로 독립군이 소련군에 의해 무장 해제를 당하자, 이청천 등과 만주로 되돌아왔다. 1923년 2월 상하이에서 국민대표회의가 소집되자 국민회군 대표로 참석, 6월에 국민위원으로 선임되었다. 1924년 용정으로 돌아와 항일 무장투쟁을 계속하다, 9월 6일 일본 경찰의 습격을 받아 총상을 입고 체포되어 용정 자혜병원에서 치료 중 숨졌다.

4 대한국민회군(大韓國民會軍) 연길, 화룡, 왕청, 훈춘 등 4개 현에 거주하던 한국인의 자치단체인 대한국민회의 직할 부대로 1920년 초 길림성 연길의 지인향에서 창설된 항일 독립군 부대다. 안무가 사령관, 최익룡이 부관을 맡았다. 대한국민회군을 비롯한 대한북로독군부의 독립군 연합부대는 봉오동에 집결해 대규모 국내 진공을 계획하였으며, 1920년 6월 7일 이곳을 공격해 온 일본군 제19사단의 월강추격대대를 쳐부수고 큰 승리를 거두었다(봉오동 전투). 그리고 10월에는 화룡현의 이도구로 이동하여 청산리 대첩에 크게 기여하였다.

5 최진동(崔振東, 1883~1941) 함경북도 온성 출생으로 한일합병 후 만주로 망명, 1919년 도독부를 조직하고 사령관이 되어 청년들에게 군사훈련을 실시하였다. 그후 홍범도의 대한독립군, 대한국민회군과 연합하여 대한북로독군부를 결성하고 사령관에 취임, 1920년 봉오동 전투에서 일본군 제19사단 보병 부대와 교전하여 대승을 거두었다. 그 후 북간도, 시베리아 등지에서 수천 명의 무장 부대를 거느리고 항일운동을 계속하였다.

6 군무도독부(軍務都督府) 1919년 만주 왕청현에서 최진동이 조직한 독립군으로 도독부 또는 독군부라고도 한다. 1920년 안무의 국민회군, 홍범도의 대한독립군과 연합사령부를 구성, 봉오동에서 일본군에게 대승을 거두기도 했다. 1920년 10월 청산리 전투에 참전한 후 소련의 자유시로 이동하였다. 1921년 자유시에서 참변을 당한 후, 1923년 일부 병력을 이끌고 만주로 되돌아와 고려혁명군 조직에 참가하였다.

5장

김약연·윤동주의 얼이 서린
명동촌과 용정

1. 간도 대통령으로 불린 김약연

명동, 조선을 밝힌다

　명동촌(明東村)은 함경북도 회령에서 두만강을 건너 삼합, 오랑캐령을 넘어 용정으로 가는 길목에 있다. 회령에서 북으로 40리, 명동촌에서 용정까지는 30리 거리다. 또 함경북도 종성까지는 동쪽으로 약 50리 거리다.

　회령과 종성에 살던 김약연, 김하규, 문병규, 남종구 등 4대 가족 142명이 두만강을 건너 명동촌에 도착한 것은 1899년 2월 18일이었다. 이들을 이끈 이는 회령 출신의 김약연이다. 이듬해인 1900년, 윤하현(윤동주의 조부)의 일가 18명이 이곳으로 이주하면서 명동촌이 형성된다.

　명동촌으로 집단 이주한 5대 가족은 함경도에 살던 빈궁한 농민이 아니었다. 종성, 회령에 살던 재력 있고 학식이 뛰어난 유학자들었다. 김

김약연(1868~1942)

약연은 『맹자』에 정통했고, 김하규는 『주역』에 정통했으며, 남종구는 학문이 깊어 서울의 벼슬자리에 추천되었으나 거절한 인물로, 김약연의 은사였다.

명동촌 사람들의 이주 목적은 분명했다. 썩어 빠진 조선에서는 어찌할 수 없으므로 중국의 연변 땅으로 가서 조선 민족의 '밝은 사회'를 건설해 새 살림을 꾸리는 것이었다. 그들이 건설한 명동촌의 명동(明東)은 '동쪽 즉 조선을 밝힌다'는 의미다. 1899년부터 1905년까지 약 600만 평에 이르는 토지가 마련되면서, 명동을 중심으로 한 50리 안팎에 선바위골, 장재촌 등 10여 개의 마을이 형성되었다. 이들을 총칭해 명동촌이라 부른다.

실제로 이곳 명동촌은 일제 강점기 조국의 내일을 밝히는 등불이 되었다. 일제의 무자비한 탄압에도 수많은 독립 영웅들을 배출했다. 그 중심에 간도 대통령으로 불린 김약연과 명동학교가 있었다.

명동촌을 소개하면서 빼놓을 수 없는 곳이 있다. 마을 입구에 버티고 서 있는 선바위다. 선바위는 정말 대단했다. 어찌나 큰지 그 모습이 멀리서도 잘 보여 용정이나 명동촌을 오가는 이의 이정표가 되었다. 선바위가 유명한 것은 안중근 때문이기도 했다. 이토 히로부미를 처단하기 위해 사격 연습을 한 곳이 바로 이곳 선바위였다. 선바위는 명동학교 학생들이 몇 번이나 소풍을 온 추억의 장소이기도 했다.

선바위

간도 대통령으로 불린 김약연

1910년대와 20년대 초, 반일운동의 중심 기지였던 명동촌을 더 유명하게 한 이가 '간도 대통령'으로 불린 김약연이다.

김약연은 여덟 살 때부터 10여 년 동안 남종구의 문하에서 한학을 배웠다. 1899년 함경북도 회령에서 김하규 등과 함께 간도의 명동으로 이주, 임야 수백 정보를 개간하여 한인 집단부락을 건설했다. 1908년 명동서숙을 세워 숙감이 되고, 이듬해 기독교에 입교하여 명동교회를 세웠다. 1910년 3월 명동서숙을 명동학교로 바꾸고 교장으로 취임했다. 훗날 이 학교는 문익환, 윤동주, 송몽규, 나운규 등을 배출했다. 1911년에는 명동여학교를 설립해 여성교육에 힘썼으며, 1918년에는 교포들의 단결과 권익 향상을 위해 간민회[1]를 조직했다.

1919년 전로한족회중앙총회에 참석하기 위해 러시아 니콜리스크(현 우수리스크)로 간 김약연은 블라디보스토크를 방문해 여운형[2], 이동휘

등을 만나 만주·서울·러시아 지역 독립운동 단체의 연합전선을 시도했으나 실패했다. 이 무렵 국내에서 일어난 3·1운동의 영향으로 용정에서도 3·13 만세운동이 일어났다. 이것이 빌미가 되어 간도로 돌아오는 길에 중국 관헌에 체포된 김약연은 연길(延吉, 옌지) 감옥에 구금된다. 석방된 뒤 명동학교 교장으로 다시 취임해 교육 사업에 헌신했다. 1929년 평양장로회 신학교를 졸업하고, 이듬해 명동교회 목사로 부임했다.

김약연은 1938년 은진학교 이사장을 맡아 교육 사업에 전념하다가 조국 광복을 3년 앞둔 1942년 75세의 나이로 세상을 떠났다. 그가 가족과 제자들에게 마지막 남긴 말은 "내 삶이 유언이다"라는 말이었다.

공덕비를 통해서도 김약연과 만났다. '명동', '윤동주 생가'라고 쓰인 큰 돌 바위 표석을 돌아 오른쪽으로 내려가자 전통 조선식 정자가 있고, 그 정자 안에 비 하나가 서 있다. 1943년에 세워진 규암 김약연(1868~1942)의 공덕비였다. 비는 몸체와 머리가 심하게 파손돼 건립 연대마저 읽어 내기 어려웠다. ○덕 10년 4월 ○○교생 김석관이 비문을 새기고, 명동기독교회가 세운 것이었다. '○덕'은 강덕(康德)으로 만주국을 세운 푸이[溥儀, 1906~1967, 부의][3]가 사용한 연호로, 강덕 10년은 김약연이 세상을 떠난 이듬해인 1943년이다.

비석을 받치고 있는 것은 성서다. 원래 김약연은 『맹자』에 정통했던 한학자였지만, 1909년 명동촌에 교회가 세워지면서 기독교인이 되었다. 평생을 교육자, 독립운동가로 살았던 그가 목사가 된 것은 62세 되던 1930년이었다.

비의 윗부분이 깨지고 건립 연월일마저 읽어 내기 쉽지 않은 것은, 그의 삶이 죽은 뒤에도 결코 순탄하지 않았음을 대변해 주는 것 같았다. 중국에 공산당 정부가 들어선 뒤 토지개혁이 이루어졌고, 이때 지주로

김약연 공덕비

몰리면서 비석도 함께 버려져 오랫동안 마을 앞 개울의 징검다리로 사용되었다. 비의 수난은 여기서 끝나지 않았다. 문화대혁명 당시 홍위병에 의해 버려져 명동교회 인근 밭에 묻혔다. 온갖 시련을 겪은 이 비를 1980년대에 마을 사람들이 흙 속에서 찾아내 원래 자리에 다시 세워 놓은 것이다. 김약연 공덕비가 상처투성이인 이유였다.

김약연이 간도 대통령으로 불린 이유 중 하나는 솔선수범해서 실천한 삶 때문이었다. 그는 명동학교 교장으로 있으면서도 일꾼조차 두지 않고 천여 평이 되는 밭농사를 짓고, 농민들과 함께 밤을 새워 타작을 했다. 또한 독립운동을 위해서라면 이념과 사상을 초월해 협력하고 도왔다. 목사였지만 사회주의자 이동휘와 손을 잡았으며, 서일 등 대종교 지도자들과도 협력했다. 김약연은 종교와 지역을 가리지 않고 사람을 돕고 껴안는 포용력과 인격을 지닌 인물이었다.

2006년에 출간된 『기린갑이와 고만네의 꿈』은 문익환 목사의 부친인

김약연 장례식

문재린과 모친 김신묵의 회고록이다. 그 회고록에는 "꿈에서 평생 만나 보고 상종한 수많은 사람들 가운데 생각만 해도 언제나 머리가 숙여지고 마음으로 흠모하는 분 가운데 첫 번째로 김약연을 들겠다"라는 대목이 나온다. 간도 대통령으로 불린 그가 어떤 분인지를 짐작케 해 준다. 최근 그의 장례식 사진이 공개되었다. 사진 속에 그의 얼굴은 없었지만, 간도 대통령 김약연은 이미 우리 역사에 자리 잡고 있다.

명동학교 옛터

윤동주 생가를 나와 마을을 가로질러 가니 거대한 옥수수 밭이 나왔다. 이곳이 명동촌이란 이름을 갖게 만든 명동학교의 옛터인데, 명동학교의 원래 흔적은 남아 있지 않았다. 단지 '명동학교 옛터 비'만이 남아 이곳이 김약연 선생이 조선을 밝힐 인재를 양성한 곳이었음을 알려 주었다.

운 좋게도 명동촌에서 서기를 지낸 송길연(당시 55세) 씨를 만나 본부, 명동소학교, 남중학교, 여중학교 건물터와 당시 건물로는 유일하게 남아 있는 관사 등 명동학교에 관한 몇 가지 사실을 확인할 수 있었다. 지금 '명동학교 옛터 비'가 세워진 옥수수 밭은 운동장으로 사용되던 곳이라고 했다.

명동학교 옛터 비

　명동학교 터에는 두 개의 기념비가 있다. 1995년 4월 17일에 세워진 조그마한 비의 이름은 '명동학교 기념비'다. 그 옆에 같은 해 4월 27일 세운 거대한 비가 '명동학교 옛터 비'인데, 뒷면에는 다음의 글이 간략하게 새겨져 있다.

　"1908년 4월 27일 김약연을 비롯한 반일 지사들이 창시한 근대 교육 학교가 이곳에 설립되었다."

　2017년 다시 찾은 명동학교의 모습은 많이 변해 있었다. 옥수수 밭은 사라지고 다시 운동장이 되었으며, 명동학교 옛터임을 알려 주는 두 개의 기념비도 어디로 옮겨졌는지 보이지 않았다. 무엇보다 큰 변화는 명동학교 건물의 복원이었다. 건물 안으로 들어가 보니 윤동주 교실이 꾸며져 있었다. 여기서도 주인공은 윤동주였다.

　북간도 최초의 신교육 기관은 1906년 10월경 이상설이 용정에 세운 서전서숙이다. 그러나 서전서숙은 이듬해 4월 이상설이 헤이그 특사로

옛 명동학교 사진

떠난 지 몇 개월 안 돼 문을 닫고 말았다. 그 뒤를 이은 것이 명동촌의
명동서숙이다. 명동서숙은 김하규, 김약연, 남종구가 한학을 가르치기
위해 세운 서당 셋을 하나로 합치고, 서전서숙 출신의 교사 박무림을 초
대 숙장으로 모셔와 1908년 4월 문을 열었다. 명동서숙으로 출발한 명
동학교는 1909년 이동휘의 동지이자 신민회 간부인 기독교 출신 정재면
이 부임하면서 큰 발전을 이룬다. 이름이 명동학교로 바뀌었을 뿐 아니
라, 기독교 과목이 교과목에 추가되고 국내의 명성 있는 교사들이 대폭
몰려들었다. 역사는 황의돈, 국어는 주시경의 제자인 장지연과 한글학자
박태환, 법학은 와세다대학 출신인 김철이 맡았다. 1910년 연변 최초로
중학부가 증설되고, 1911년 3월에는 이동휘의 딸 이의순, 우봉순 등 여
교사들이 부임하면서 여학교도 설립되었다. 이로써 명동촌은 북간도 민
족교육의 거점으로 떠올랐다.

　쟁쟁한 교사진은 내실 있는 명동학교를 만들었다. 남북만주는 물론이
고 두만강 건너 함경도, 멀리 연해주에서 학생들이 구름처럼 몰려들었다.
김약연의 증손자인 김재홍이 펴낸『북간도 민족운동의 선구자 김약연』
에는 그 시절 "명동으로 가는 길에 인적이 그치지 않았으며 시베리아에서도 학생들이 10명에서 15명씩 떼를 지어 왔다"라고 묘사되어 있다. "학생들이 온다면 김약연은 20리 밖 마을 어귀까지 마중" 나갔다고 한다.

1918년 명동학교에 입학한 나운규의 교복 입은 모습

명동학교는 북간도 반일 독립운동의 중심지였다. 1919년 3·13 반일 만세시위 때는 학교에서 「독립선언서」를 등사하여 각지로 보냈다. 3월 13일 인근 주민들과 함께 학교 운동장에 결집한 수천 군중들이 용정으로 행진할 때, 그 선봉은 명동 학생들의 몫이었다. 1920년 10월 간도참변 당시에 명동학교를 불량한 조선인들의 소굴로 간주하고 갑자기 들이닥쳐 불을 질렀다. 잿더미로 변한 명동학교는 1923년 다섯 칸의 교실을 새로 신축하는 등 자구책을 강구했지만, 1924년 대흉년으로 경영난을 겪다가 1925년 중학부가 끝내 문을 닫고 말았다. 그 뒤 명동교회가 운영하던 소학교만 명맥을 유지하다가 1929년 이 학교마저 인민학교로 넘어가고 만다.

명동학교는 1929년까지 1,200여 명의 졸업생을 배출했다. 그들 중 대부분이 독립운동과 민족교육 사업에 나섰다. 이 학교 졸업생 중 널리 알려진 인물로는 윤동주와 송몽규 외에도 영화인 나운규[4]와 문익환 목사가 있으며, '15만 원 탈취 사건'으로 희생된 윤준희, 임국정, 한상호 등이 있다. 이뿐만 아니라 봉오동 전투와 청산리 대첩에서 희생된 결사대원 등 이름을 남기지 못한 독립군 중에도 명동학교 출신이 많았다.

"청소 당번 윤동주, 떠든 학생 송몽규, 구구단 못 외우는 학생 문익환." 윤동주 생가에 걸어 놓은 1927년 명동 소학교 3학년 1반 가상 칠판이 명동촌을 떠나려는 순간 필자의 발길을 붙잡았다. 발길을 붙잡은 것은 또 있었다. 함경도, 만주, 연해주 등지에서 명동으로, 명동으로 몰려드는 학생들의 행렬이었다. 맨발로 달려 나와 제자들을 맞이하는 김약연 교장의 모습도 눈앞에 떠올랐다.

복원된 명동학교

명동교회

김약연 공덕비 옆 건물이 명동교회다. 명동교회는 당시 명동촌 기독교 공동체의 상징이었다.

김약연 목사 사후의 명동교회에 대해서는 알려진 것이 거의 없다. 명동촌이 간도참변으로 폐허가 되고, 용정이 중심지가 되면서 명동교회도 쇠퇴의 길을 걸었을 것으로 추정된다. 중국이 공산화되면서 정미소로 사용되다가 이후 폐허로 남아 있던 명동교회를 해외민족연구소에서 지금의 모습으로 복원했다.

복원된 명동교회는 1910년에 찍은 사진과 대조해 보니 차이가 많이 났다. 위치도 일치하지 않고, 초창기 건물의 지붕 위에는 굴뚝이 있었는 데 지금 건물에는 굴뚝이 없다. 건물 뒤 나뭇가지에 매달아 놓았던 교회 종 대신에 건물 오른쪽에 나무 십자가가 서 있다. 나무 십자가가 서 있는 이곳은 더 이상 교회는 아니었다. 1910년 교회를 꽉 메웠던 사진 속의 신자는 찾아볼 수 없었다. 명동교회는 '명동역사전시관'으로 바뀌 어 그때의 흔적과 추억, 정신을 보관하고 있다.

전시관 안으로 들어가 보았다. 명동학교와 명동교회 출신들의 사진이 전시되어 있었다. 낯선 이름들이었지만, 그들은 조국의 독립을 위해 헌 신한 민족의 영웅이었다. 중앙은 김약연과 윤동주의 몫이었다. '나의 행 동이 나의 유언이다'라는 제목으로 김약연의 연보가 사진과 함께 전시 되어 있었다.

명동교회는 1909년 6월에 설립되었다. 명동촌에 교회가 들어선 것은 명동학교에 교사로 온 정재면의 영향이 컸다. 명동학교에서 정재면을 초청하자, 그는 "마을에서 기독교를 신앙하고 학교에서 성경을 정식 과목으로 해야만 초빙에 응하겠다"라고 조건을 달았다. 정재면의 요구는 청천벽력이 아닐 수 없었다. 명동촌을 일군 사람들은 함경도의 대표적인 유학자들이었다. 그들은 3일간의 치열한 논쟁 끝에 대를 이어 숭상하던 유학을 포기하고 정재면의 요구를 받아들이기

김약연 흉상

로 결정한다. 훗날 유학자였던 김약연은 목사가 되었고, 윤동주의 조부 윤하현은 장로가 되었다.

명동교회가 설립된 뒤 간도 지역에는 수많은 교회와 학교가 세워졌다. 1913년 통계를 보면 교회와 학교를 병립한 곳이 36개소, 그 영향으로 세워진 사립학교가 62개소나 되었다.

명동교회를 답사하면서 의외의 인물을 만났다. 이동휘 전도사다. 대한민국 임시정부 초대 국무총리를 지낸 이동휘는 1918년 우리나라 최초의 사회주의 정당인 한인사회당을 창설한 인물이다. 그는 사회주의자가 되기 전인 1909년 명동교회 부흥회를 주도한 인기 있는 전도사였다. 이동휘가 집전하는 부흥회가 열릴 때면 인근 수백 리에서 천여 명의 동포가 몰려들었다고 한다.

현재의 명동교회

윤동주 생가

　명동촌의 본래 주인은 4대 가족의 지도자 김약연이다. 오늘 명동촌의
주인은 "죽는 날까지 하늘을 우러러 한 점 부끄럼 없기를 잎새에 이는 바
람에도 괴로워했다"던 「서시」의 주인공, 민족시인 윤동주다. 명동촌 입구
에 서 있는 거대한 표석에 새겨진 글자도 '명동촌'과 '윤동주 생가'였다.

　윤동주 생가는 명동교회 바로 옆에 있는데, 이 집은 윤동주가 살았던
당시의 집은 아니다. 윤동주가 태어난 집은 10칸의 방과 곳간이 딸리고
기와를 얹어 만든 한옥이었다. 이 집은 1932년 윤동주가 용정의 은진학
교에 진학하면서 다른 사람에게 팔린 뒤 허물어졌던 것을 1994년 다시
복원해 놓은 것이다.

　윤동주 생가의 역사는 1994년 8월 29일 앞마당에 세운 '윤동주 생가
옛터 비'에 잘 드러나 있다.

　　시인 윤동주 생가는 1900년경에 그의 조부 윤하현 선생이 지은 집으
　　로서 기와를 얹은 10간과 곳간이 달린 조선족 전통 구조로 된 집이었다.
　　윤동주는 1917년 12월 30일 이 집에서 태어났다. 1932년 4월 윤동주가
　　은진중학교로 진학하게 되자 그의 조부는 솔가하여 룡정으로 이사하고
　　이 집은 매도되어 다른 사람이 살다가 1981년 허물어졌다. 1993년 4월
　　명동촌은 그 력사적 의의와 유래를 고려하여 룡정시 정부에서 관광점으
　　로 지정하였다. 이에 지신향 정부와 룡정시 문련은 연변대학 조선연구 중
　　심의 주선으로 사단법인 해외한민족연구소의 지원을 받고 국내외 여러
　　인사들의 정성에 힘입어 1994년 8월 력사적 유물로서 윤동주 생가를 복
　　원하였다.

　　　　　　　　　　　　　　　　　　　　　　　　　　1994년 8월 29일

이 생가 터는 그가 「별 헤는 밤」에서 노래한, 그가 어린 시절을 보냈고 그리워하던 어머니가 살던 곳이었다.

윤동주는 1917년 이곳 명동촌에서 태어났다. 1909년 명동촌에 명동교회가 설립되자 그의 할아버지와 아버지는 교회의 장로가 되었다. 집 옆의 명동교회는 어린 시절 윤동주의 놀이터였다. 신앙을 통해 영적으로 성장하지 않았다면 윤동주의 시가 그토록 아름답지는 않았을 것이다. 그는 명동학교에서 5년 동안 공부했다. 독립운동가를 양성할 목적으로 설립된 명동학교에서 조선 역사와 조선 독립을 교육받지 않았다면 그의 시는 순수 서정으로 흘렀을 것이다. 민족의 아픔을 자신의 아픔으로 만들지 못했다면 아마 오늘 우리가 아는 윤동주는 없었을지도 모른다.

명동소학교, 은진중학교를 거쳐 평양의 숭실중학교에 편입한 윤동주가 신사참배를 거부하고 자퇴한 것은 독실한 기독 신앙 때문이었다. 그

윤동주(1917~1945)

는 1941년 연희전문학교 문과를 졸업한 후 일본으로 건너가 도쿄 릿쿄대학[立敎大學] 영문과에 입학했다가 6개월 뒤 교토 도시샤대학[同志社大學] 문학부로 전학했다. 그가 일본에까지 유학할 수 있었던 것은 기와를 얹은 10칸 집이 보여 주듯, 집안의 경제적 여유와 영특함 때문이었다. 그러나 그는 지주 자식들이 일반적으로 걸었던 일본과의 타협의 길 대신 민족의 고통을 함께 나

윤동주 생가

누는 고난의 길을 택했다. 그 결과 1943년 일본 경찰에 체포되어 2년 형을 선고받았고, 후쿠오카 형무소에서 생체실험을 당하다 옥사했다. 윤동주가 다시 알려지게 된 것은 1948년 그의 유작 31편과 정지용의 서문으로 구성된 유고 시집 『하늘과 바람과 별과 시』가 간행되면서부터다.

윤동주 시인의 치열한 삶이 주마등처럼 스쳐 갔다. 생체실험의 대상이 되어 후쿠오카 형무소에서 날마다 이름 모를 주사를 맞아 가면서도, 그는 식민지 백성으로서 겪는 욕된 삶을 자책하고 참회했다. 하늘을 우러러 한 점 부끄럼 없게 살기를 기원했고, 몸소 실천했다. 28세의 짧은 삶, 그러나 그는 독립된 대한민국과 함께 가장 긴 삶을 살아갈 것이다.

다시 찾은 명동촌

20여 년 동안 윤동주가 태어난 명동촌의 모습은 참 많이도 변했다. 필자가 처음 찾았을 때 윤동주 생가는 대문마저 없었고, 윤동주가 다닌 명동학교는 터만 남은 채 옥수수 밭이었다. 명동학교 옛 터비마저 옥수수 밭에 묻혀 보이질 않았다. 그러나 명동학교 옛 터비가 서 있던 옥수수 밭은 운동장으로 깔끔하게 정비되었고, 그 가장자리에는 용정에서 일어난 3·1만세운동(3·13시위)을 기리는 비석들이 서 있다.

새로 복원된 명동학교의 윤동주 교실에는 교복 입은 윤동주가 의자에 앉아 있고 당시의 두루마기가 교실에 배치되어 있다. 윤동주 의자는 두루마기를 입고 윤동주와 사진 찍는 일종의 포토존인 셈이다. 옆 교실은 명동역사기념관이 꾸며져 있어, 명동촌의 역사를 한눈에 보여 준다. 복원된 학교 입구 오른편에는 명동학교를 설립한 김약연 선생의 동상도 서 있다.

윤동주 생가에서 명동학교 가는 길목에는 '청년문사' 송몽규의 집이 복원되어 있고, 조그마한 기념관도 생겨났다. 윤동주 생가 입구의 명동교회는 문이 굳게 닫혀 있고, 오른쪽에는 상처투성이의 김약연기념비가 서 있다. 그리고 윤동주 생가는 온통 그의 시비로 가득 차 있다.

윤동주 생가 마루에 앉아 생가 옆 행랑채에서 팔던 양촌리 커피 한 잔을 사 마시면서, 윤동주의 시 한 수를 읊던 낭만은 이제 더 이상 기대할 수 없다. 양촌리 커피를 팔던 행랑채 커피 집은 이미 문을 닫았고, 명동 학교 주차장 쪽에 거대한 커피숍이 들어섰기 때문이다.

처음 명동촌을 찾는 분들은 이게 명동촌의 모습이라 보겠지만, 20여 년 전부터 명동촌을 찾은 필자에게는 명동촌의 변화 모습이 한눈에 파노라마처럼 지나간다. 다듬어져 복원되는 모습은 반갑지만 어딘지 순수함이 사라진 상업적 냄새를 풍기는 모습은 눈에 거슬렸다. 특히 우리에게 한국의 민족 시인으로 널리 알려진 윤동주 생가 대문의 '중국 조선족 애국 시인 윤동주 생가'라는 팻말은 또 어떻게 받아들여야 할지, 명동촌을 갈 때마다 느끼는 씁쓸함이다.

청년문사 송몽규와 시인 윤동주의 무덤

　명동학교 출신으로는 영화 〈아리랑〉의 주연 나운규 등 유명인이 유독 많다. 그중 윤동주(1917. 12~1945. 2)와 송몽규(1917. 9~1945. 3)는 명동학교가 배출한 두 천재였다. 윤동주와 송몽규는 같은 방에서 같은 해에 태어났고, 같은 감옥에서 이름 모를 주사를 맞고 같은 해에 죽임을 당한다. 둘은 각각이었지만 한 몸이었고 평생의 동반자였다.

　둘이 같은 방에서 태어날 수 있었던 것은 송몽규의 어머니 윤신영이 윤동주의 고모였고, 같은 명동촌에 살았는데 친정집에서 송몽규를 낳았기 때문이다. 송몽규가 세 달 먼저 태어나서 윤동주의 고종사촌형이 되지만, 한 달 늦게 죽는다. 그리고 둘은 또 죽어 나란히 누워 있다.

　윤동주와 송몽규는 명동촌에서 용정으로 가는 길목의 3·13반일릉을 지나 용정이 나오기 바로 직전, 우회전하여 언덕배기 끝자락 교회 공동묘지에 묻혀 있다. 그런데 길이 좁아 대형버스가 올라갈 때마다 늘 애를 먹었던 기억이 새롭다. 그래서 두 천재의 묘를 찾을 때마다 버스에서 내려 길바닥에 돌멩이를 채워 놓은 후 올랐던 기억도 있다.

윤동주 장례 사진

윤동주는 1945년 2월 16일, 우리 나이 스물아홉에 이국땅 감옥에서 사망한다. 그런데 사망통보는 전보 한 장이 전부였다. 윤동주 장례는 20여 일이나 걸린 3월 6일 치러진다. 용정서 대한해협을 건너 후쿠오카 형무소까지 찾아가 시신을 인계받고, 현지에서 화장하여 다시 돌아와야 했으니, 20일이 걸릴 수밖에 없었을 것이다. 문익환의 부친인 문재린 목사의 주관으로 어릴 때 뛰놀던 마당에서 장례식이 열렸는데, 그 현장 모습이 흑백사진 한 장에 남아 당시의 비통함을 전해 준다. 장지에서는 동주의 시 「자화상」과 「새로운 길」 두 편을 낭독하여 마지막 가는 길의 윤동주에게 들려준다.

장례가 치러지는 시간 후쿠오카 형무소에서는 송몽규가 또 사경을 헤맨다. 송몽규의 부모는 자식이 죽어가는 것도 알지 못한 채 조카 동주의 장례식에서 자식의 무사 안녕을 기원하며 조카를 애도하고 있었다. 청년 동주를 묻고, 그 이튿날 3월 7일 송몽규가 후쿠오카 감옥 사망자 명단에 오른다. 당시 조선어 교사였던 부친 송창희는 일본어를 할 줄 아는 조카 희규를 데리고 가 동주와 같은 절차를 밟아야 했다. 이들은 화장터에서 유골을 수습하면서 뼛가루 일부가 땅에 떨어지자, 단 한 줌도 일본 땅에 남기지 않겠다며 흙까지 쓸어서 하얀 사기 단지에 담아 온다.

송몽규의 장례도 끝났다. 봄이 되자 송몽규 집안에서 '청년문사 송몽규지묘'를, 윤동주 집안에서는 '시인 윤동주지묘'를 각각 세운다. 동주의 비는 할아버지가 돌아가시면 사용하려고 준비해 둔 돌이었는데 손자가 먼저 묘비로 사용했으니, 동주는 할아버지에게 불효손자가 아닐 수 없다.

'청년문사 송몽규', '시인 윤동주' 모두 당시 관습으로는 흔한 묘비명이 아니다. 직업이나 관직을 가져 볼 여유도 없이 사라진 영혼을 달래 주려는 가족들의 애도와 사랑이 이 묘비에 묻어 있다. 죽은 아들에게, 죽은 손자에게 그들은 '시인', '청년문사'라는 칭호밖에는 줄 게 없었다. 윤동주 묘비 뒷면에는 그가 태어나고 자란 내력과 함께 다음과 같은 글귀가 새겨져 있다.

"나이 스물아홉. 그 재질 가히 당세에 쓰일 만하여 시로써 장차 울려 퍼질 만했는데, 춘풍무정하여 꽃이 피고도 열매를 맺지 못하니, 아아! 아깝도다."

송몽규의 묘비에도 비슷하게 슬퍼하는 문구와 짧은 생을 기록했다.
유족들은 후에 실종될지도 모를 묘지를 지켜 달라는 소망까지도 비석에 담았는지 모른다. 윤동주의 묘지는 용정의 교회 묘지 구역이고, 송몽규는 가족 묘역이었다. 그러나 두 분의 묘지는 한때 찾아 주는 사람이 없어, 어디에 있는지도 몰랐다. 두 천재의 무덤이 오랫동안 잊힌 것은

시인 윤동주의 무덤

청년문사 송몽규의 무덤

후손들이 현지를 떠났고 한동안 중국과의 국교가 수립되지 않았던 것
등 정치적 요인도 작용했다. 동주는 후손이 없었고, 동생 일주는 이북
을 거쳐 19세의 나이로 홀로 월남했다. 몽규의 부친은 해방 이후 가족
을 이끌고 고향 함경도로 들어간다.

잊힌 윤동주 묘지를 찾기 위해 윤동주 연구자들이 발 벗고 나선다.
윤동주 묘지가 '동산교회 묘지'라는 증언을 현지의 노인들에게 듣고 찾
아 나섰지만 혼란을 겪어야만 했다. 당시 용정에는 동산교회, 토성교회,
중앙교회가 있었고, 각각의 교회마다 교회 묘지를 갖고 있었기 때문이
었다. 윤동주의 묘지는 찾고 보니 중앙교회의 묘지 구역 안에 있는 산
이름인 '동산'에 있었다. 혼란을 겪은 것은 산 이름과 '동산교회'가 겹친
탓이었다. 이런 우여곡절을 겪고서야 1985년 동주의 묘지가 확인된다.

송몽규의 묘지 역시 찾기가 어려웠다. 가족이 함경도로 옮겨 갔으니
가족 증언도 불가능했다. 다만 어디선가 묘비를 본 적이 있다는 현지 어
르신들의 얘기가 있을 뿐이었다. 1990년 어렵게 현지 노인회를 중심으
로 쓰러져 나뒹구는 송몽규 묘비를 찾았다. 쓰러져 있는 묘비 인근에는

여러 개의 묘지가 그룹으로 있었다. 어떤 묘가 송몽규의 묘지인지 확언할 수 없어 묘비 근처의 묘를 하나씩 파헤쳐 매장 상태를 확인했다. 다행히 '부친이 뼛가루를 담아 온 하얀 사기 단지'가 들어 있는 묘를 초반에 찾아냈다. 그때가 1990년이다. 그해 청명절 송몽규의 묘를 수습하여 윤동주의 묘지 구역으로 이전하고 비도 옮겼다.

묘비가 세워지지 않았다면 우린 두 분을 기릴 수 있는 중요한 포인트 한 곳을 격랑의 현대사 소용돌이 안에 매몰시킬 뻔했다. 묘비를 세운 유가족들의 혜안이 대단하지 않은가?

대한민국 정부는 1990년 윤동주에게 건국훈장 '독립장'을, 1995년에는 송몽규에게 건국훈장 '애국장'을 수여한다. 늦었지만 정말 잘한 일이다.

2. 간도에 울려 퍼진 만세 함성

3·13 반일의사릉

용정에서 명동촌 방향으로 가는 길 왼쪽 산자락에 3·13 반일의사릉이 있다. 기념비를 중앙에 두고 앞줄에 9기, 뒷줄에 4기 등 13기의 능이 정연한 모습으로 있다.

기념비 정면에는 한자로 "3·13反日義士陵"이라고 새겨져 있다. 뒷면에는 "1919년 3월 13일에 일어난 반일 시위는 연변지구의 조선족 인민 군중들이 일본제국주의의 조선 침략과 중국 침략 정책에 저항하여 일어나 민족 독립을 쟁취하기 위하여 벌인 군중성적 혁명 투쟁이다. 동월 17일 룡성 합성리 공동묘지에서 순난렬사들을 안장하는 의식을 성대히 거행하여 일본제국주의와 지방 당국의 잔폭한 죄행에 항의하였다"라는 글과 함께 이때 순국한 충렬대 지휘자 채창현을 비롯해 17명의 이름을 새겨 놓았다.

3·1운동 이전부터 연변에서는 블라디보스토크나 우수리스크 등 연해주와 연계된 독립운동을 준비하고 있었다. 이를 위해 김약연과 정재면은 연해주로, 강봉우는 조선으로 파견되었다. 이와는 별도로 연변의 주요 인사들이 비밀리에 모여 반일운동의 방략을 논의하고 있었는데, 3월 7일에 서울에서 일어난 3·1만세운동의 소식이 연변에 전해졌다. 연변 지도자들은 연해주에 파견된 김약연, 정재면이 돌아올 때까지 기다릴 수 없어, 3월 13일 용정촌 서전대야(瑞甸大野)에서 '조선독립선언서 발표 축하회'를 열어 '독립선언서'를 낭독하기로 결정하고 대회장으로 목사인 김영학을 선출했다.

3월 13일 서전대야에서 조선독립선언서 발표 축하회를 개최한다는 소식이 전해지자, 용정으로 몰려드는 한인 행렬은 끝이 보이지 않았다. 주먹밥을 싸서 80리 밤길을 걸어온 한인들도 있었다. 서전대야는 몰려든 한인들로 가득 찼다.

조선독립선언서 발표 축하회는 정오에 용정 천주교회당의 종소리로 시작되었다. 대회장인 김영학이 「독립선언포고문」을 낭독했다. 낭독이 끝나자 서전대야를 가득 메운 수만 군중의 만세 소리가 천지를 진동했다. "대한독립 만세, 대한독립 만세."

대회가 끝나자 군중들은 일본 영사관을 향해 시위 행진을 벌였다. 15만 원 탈취 사건의 주역이 된 철혈광복단 단원들이 앞장을 섰고, 명동학교 교사와 학생들로 구성된 충렬대 200여 명이 "대한독립", "정의인도"라고 쓴 깃발을 들고 뒤를 따랐다. 그 뒤는 군중들의 몫이었다.

그러나 이날의 시위 계획을 미리 감지한 일본은 중국 관헌을 회유해 중국 군대가 시위를 진압하도록 손을 써 놓고 있었다. 이때 동원된 군대가 맹부덕 부대였다. 시위 군중의 위세에 압도당하자, 맹부덕은 발포 명령을 내렸다. 순식간에 17명이 사망하고 30여 명이 부상을 입었다. 희생자들의 장례가 한인 5,000명의 애도 속에 3월 17일, 이곳 3·13 반일의 사릉에서 치러졌다.

이들의 희생은 만주 지역 조선인들의 울분을 폭발시키는 도화선이 되었다. 1919년 3월 20일 훈춘의 만세사건을 비롯해, 5월 말까지 만주 전역에서 50여 회에 이르는 만세운동이 일어났다. 3·13 만세운동을 기점으로 평화적 시위는 1920년 15만 원 탈취사건, 봉오동 전투, 청산리 대첩 같은 무장투쟁으로 확대되었다.

3·13 만세운동 현장인 서전대야는 그날을 잊지 않고 기억하기 위해

'瑞甸大野'라 새긴 기념비가 서 있다. 기념비 뒷면에는 "1919년 3월 13일 연변 인민 3만여 명이 이곳에서 회집하여 반일대회를 거행하였다"라고 쓰여 있다.

3·13 반일의사릉

15만 원 탈취 의거지

명동촌에서 용정으로 가는 길에 백금, 용정을 알리는 이정표가 나왔다. 이정표에서 왼쪽 개울을 건너 오른쪽에 있는 마을 입구가 1920년 1월 4일, 15만 원 탈취 의거가 일어난 동량어구다. 그 맞은편 언덕 위에 "탈취15만원사건유지(奪取十五萬元事件遺址)"라고 쓰인 기념비가 서 있다. 그런데 이보다는 "탈취 15만 원 사건 의거지"가 더 정확한 표현은 아닐까 싶다. 남은 흔적이라는 뜻의 유지(遺址)보다는 의거지가 더 어울릴 것 같다.

15만 원 탈취사건은 1919년 3·13 만세운동으로 대표되던 비폭력 독립운동에서, 1920년대로 들어서면서 봉오동 전투, 청산리 대첩 같은 무장투쟁으로 전환하는 데 매우 중요한 역할을 한 의거임에도 교과서에는 소개되어 있지 않다.

우리에게 낯선 탈취사건의 전모는 이러하다. 1919년 겨울 최봉설, 임국정, 윤준희, 박웅세, 한상호, 김준 등은 철혈광복단을 조직하고 군자금을 모으기 위해 활동하던 중 조선총독부가 회령에서 용정으로 조선은행권 15만 원을 우송한다는 정보를 입수한다. 이들은 1920년 1월 4일 동량어구의 숲 속에 매복해 있다가 현금 수송마차를 습격해 무장한 호위경찰 2명과 은행 직원 4명을 살상하고 철궤에 담긴 지폐 15만 원을 탈취하는 데 성공한다.

이들은 이 돈을 다음과 같이 사용하기로 결정한다. 첫째, 블라디보스토크에 사관학교를 세우고 군사 인재를 양성할 것. 둘째, 무기를 구입하여 라자구에서 군대를 편성할 것. 셋째, 블라디보스토크에 집을 구입하여 한인학교를 세울 것. 넷째, 무기 구입과 운반은 윤준희, 임국정, 최봉설, 한상호에게 위임할 것. 다섯째, 윤준희를 재무책임자로 정하고 군자금을 관리할 것. 이들에게는 한 푼도 헛되이 쓸 수 없는 귀중한 돈이었다. 그 당시 15만 원은 오천 명의 독립군을 무장시킬 수 있는 거금이었다. 소총 한 자루 가격이 30원, 기관총이 150원 할 때였다.

1월 10일 최봉설, 임국정, 윤준희, 한상호 4명이 무기 구입을 위해 농부로 가장하고 찾아간 곳은 블라디보스토크의 신한촌이었다. 신한촌에서 연해주로 출병한 체코군과 무기 거래를 성사시키기 직전에 만난 인물은 뜻밖에도 안중근과 의형제를 맺었던 엄인섭이었다. 1908년 안중근과 함께 두만강을 건너 국내진공작전을 펼쳤던 의병장으로 이름을 날린 엄인섭이었지만, 이때는 사정이 달랐다. 변절한 그는 블라디보스토크에

탈취 15만 원 사건 유지비

서 무기상을 하면서 일본 첩자로 활동하고 있었다. 첩자가 된 엄인섭의 밀고, 그리고 그것으로 끝이었다. 최봉설을 제외한 단원 3명이 현장에서 체포되고 무기 구입은 수포로 돌아가고 말았다. 1921년 8월 윤준희, 한상호, 임국정 등은 서대문 형무소에서 교수형을 당하고, 현금은 고스란히 일본은행에 반납되었다. 그때 윤준희는 30세, 한상호는 23세, 임국정은 27세였다.

군자금을 조달하려는 독립운동가, 이들을 잡으려는 일본, 개인적 욕망에 사로잡힌 변절자, 만주를 배경으로 한 15만 원 탈취사건은 영화적 요소가 다분하다. 영화 〈좋은 놈, 나쁜 놈, 이상한 놈〉은 바로 이 사건을 소재로 삼은 것이다.

한때 안중근과 의형제를 맺었던 엄인섭의 밀고가 없었다면, 그래서 오천 명이 넘는 독립군이 무장을 했다면, 이후 만주 간도에서 독립군 활동이 어떻게 전개되었을지 생각하면 안타깝기 그지없다. 밀고자가 한때 안중근과 함께 두만강을 넘었던 의병장 엄인섭이라는 사실에 더 화가 치민다. 믿는 도끼에 발등 찍힌 격이다. 엄인섭의 변절은 세 청년의 목숨을 앗아 갔고, 조국의 독립을 앞당길 수 있는 절호의 기회를 날려 버렸다.

15만 원 탈취사건 기념비를 떠나면서 윤준희, 한상호, 임국정 의사의 이름을 다시 불러 보았다. 그리고 변절자의 이름을 곱씹으며 아쉬움을 달래야 했다. 이름을 날리던 독립투사 엄인섭은 독립투사를 팔아 자신의 배를 채운 변절자의 상징이 되었다. 그가 팔아넘긴 윤준희, 한상호, 임국정은 의사(義士)로 남았고, 그들을 기리는 비가 세워졌다. 역사는 준엄하게 이들을 의사와 변절자로 심판했다. 이들의 행보는 우리 근현대사의 비극을 고스란히 담고 있다.

최봉설(왼쪽)과 임국정(오른쪽)

3. '토지'의 길상이 독립운동을 펼친 용정

대성학교 역사 기념관

드디어 용정에 도착했다. 필자가 용정을 처음 접한 것은 박경리의 소설 『토지』를 통해서였다. 용정은 주인공 서희가 먼 친척뻘 되는 조준구에게 토지를 빼앗기고 길상과 함께 이주해 크게 성공한 뒤 독립운동을 펼친 무대였다.

용정과의 두 번째 만남은 가곡 〈선구자〉를 통해서였다. 작곡가 조두남의 친일 여부를 떠나 노랫말의 '일송정'과 '해란강'은 용정의 또 다른 상징어. 이를 통해 용정은 말을 타고 광야를 달리는 독립운동가의 무대로 자연스럽게 인식되었다. 반드시 조국을 찾겠노라고 다짐하는 독립군의 모습이 눈앞에 어른거린다.

용정에 최초의 조선족 마을이 생긴 것은 1877년 함경북도 회령 출신 이재민과 평안북도 출신 김인삼 등 14호가 해란강가(지금의 용정시 서교)에 모여 황무지를 개간하고 벼농사를 시작하면서부터다. 대한제국이 주권을 상실하면서, 이곳 용정도 『토지』에서 보듯 항일 독립운동의 중심지가 되었다. 서전서숙, 동흥, 대성, 은진학교 등 사립 중학교가 세워져 많은 독립 영웅들을 배출했다. 용정의 서전 뜰에서는 1919년 국외 최대 규모의 3·13 만세운동이 일어났고, 항일 무장투쟁의 발판을 마련하기 위해 일본의 현금 수송차를 습격한 15만 원 탈취 의거도, 이곳 용정에서 일어났다.

답사팀이 먼저 찾은 곳은 대성학교 옛터가 남아 있는 용정중학교다. 용정은 연변 조선족자치주에서 연길에 버금가는 도시로, 주민의 70%

이상이 조선족이다. 20여 년 전 처음 연길을 찾았을 때 본 한글 간판은 어색하고 신기했지만, 지금 용정에서 보는 한글 간판은 전혀 어색하지 않았다. 용정중학교 교문 좌우측에는 "龍井中學", "룡정중학"이라는 글자가 나란히 새겨져 있다.

1920년대에 용정에는 많은 민족학교가 설립되었는데 유교, 천도교, 기독교 등 종교 단체가 학교 설립에 크게 기여했다. 이때 세운 대표적인 학교로는 은진, 명신, 동흥, 광명, 대성, 광명여자중학교 등이 있다. 이러한 민족학교는 1946년 9월 16일 하나로 통합되어 대성학교 터에서 용정중학으로 다시 문을 열었다. 용정중학에는 1921년에 세워진 대성학교 옛 건물을 복원해 만든, 6개 학교 출신들을 기리는 역사 기념관이 있다. 대성학교의 건물은 1996년까지 남아 있었다. 지금 대성학교 이름이 붙은 건물은 1996년에 복원된 것이다.

대성학교 앞에는 많은 조형물이 있다. 제일 왼쪽에 "대성중학 옛터(大成中學舊址)"라는 안내판이 서 있고, 그 오른쪽에 1946년 9월 16일 6개 중학이 연합하여 용정중학으로 개명했다는 내용이 새겨진 '연합기념비'가 서 있다. 눈길을 단숨에 사로잡은 조형물은 대성학교 입구 우측에 자리 잡은 윤동주 시비다. 시비는 2층의 검은색 대리석 위에 대표작 「서시」를 새긴 하얀 대리석을 올려놓고, 그 위로 '尹東柱 詩碑'라고 새긴 자연석을 올렸다. 그동안 보아 온 시비 중 규모가 제일 컸다. 윤동주 시비만 큰 것이 아니었다. 시비의 왼쪽에는 2014년 건립된 윤동주 동상도 서 있다. 동상은 '별의 시인 윤동주'라 새긴 좌대 위에 사각모를 쓴 연희전문 졸업사진을 형상화한 모습이었다.

용정학교에서도 대표 인물은 윤동주였다. 2층 역사 기념관에는 윤동주 기념관이 별도로 마련되어 있어 희귀한 자료를 볼 수 있었다. 그렇다고 이곳 기념관에 윤동주만 있는 것은 아니다. 항일운동과 관련된 많은 자료들이 6개 중학의 역사와 함께 전시되어 있었다. 이곳에 전시된 항일 투사들의 이름이 낯설다. 역사 교사인 필자에게 낯선 이름이면 아마 사회주의 이념을 지닌 독립투사일 것이다. 우리에게 사회주의 이념을 지닌 독립투사들은 여전히 낯설다. 안타깝게도 분단된 대한민국은 독립운동 사마저 분단되어 있다.

자료를 보다가 반가운 얼굴을 만났다. 윤동주와 함께 사진을 찍은 문익환 목사였다. 문익환 목사가 용정에서 가까운 명동촌 출신이라는 것은 알고 있었지만, 그가 윤동주와 소꿉친구였다는 사실은 처음 알았다. 그는 명동촌을 일군 종성 출신 문병규의 손자였다. 윤동주와 문익환은 어린 시절 명동촌에서부터 소꿉친구였다. 문익환 목사가 왜 평생을 통일 운동에 매진하였는지, 윤동주와 함께 찍은 빛바랜 사진 속에서 실마리를 찾아낼 수 있었다. 그의 삶 속에는 간도 대통령으로 불린 김약연 목사가 있었고, 소꿉친구 윤동주가 있었다. 윤동주의 독립 의지와 한 점 부끄럼 없이 살고자 했던 짧은 삶은 문익환에게는 역사적 부채로 남아 있었을 것이다. 조선의 독립이 윤동주의 목표였다면, 문익환의 목표는 분단된 조국의 통일이었다.

역사 기념관 옆이 헤이그 특사로 유명한 이상설을 기리는 이상설 기념관이다. 기념관이 세워질 수 있었던 것은 1906년 이상설이 용정에 세운 서전서숙 때문이었다.

대성중학교 역사 기념관

6개 중학 연합기념비

대성중학 옛터 안내판

대성중학교에 있는 윤동주 시비

윤동주(뒷줄 오른쪽)와 문익환(뒷줄 가운데)

대성중학교에 있는 윤동주 동상

반일 교육의 터전 서전서숙

이상설이 용정에 세운 서전서숙의 흔적을 찾았다. 서전서숙은 역사 교사에게는 낯설지 않은 이름이다. 개교 당시의 사진이 설명과 함께 교과서에 소개되어 있기 때문이다. 나무 기둥으로 된 교문에 '瑞甸書塾'(서전서숙)이라고 쓰여 있고, 교사로 쓰였던 한옥이 다소 희미하게 보이는 사진이다.

용정시 실험소학교가 서전서숙이 있던 자리에서 명맥을 잇고 있어 흐뭇했다. 운동장 동쪽 구석에 두 아름쯤 되는 비슬나무가 늠름하게 서 있다. 서전서숙 개교 당시부터 있던 나무다. 비슬나무에는 "서전서숙 기념나무"라는 팻말이 붙어 있고, 다음과 같은 글이 새겨져 있었다.

> 반일 민족 지사 리상설은 조선족의 후대 교육을 위하여 1906년에 자기 재산을 내놓아 이곳에 서전서숙을 세웠다. 서전서숙은 조선족의 재래의 구학 서당 교육으로부터 신식 학교 교육에로 첫걸음을 떼였는바 반일 민족 교육의 선봉이었다. 조선족 신학교의 시작과 함께 이곳에 뿌리내린 이 나무는 력사의 견증으로 리상설의 업적을 후세에 길이 전해 가고 있다.

비슬나무는 역사의 산증인인 셈이다. 비슬나무 바로 뒤에 '리상설정(李相卨亭)'이라는 정자가 있다. 이상설을 기념하고 기리는 정자인데, 정자 왼쪽에 자연석으로 다듬은 '瑞甸書塾 옛터'라고 새긴 기념비가 있다(서전서숙은 한자, 옛터는 한글). 기념비 바로 옆에 서 있는 내력을 기록한 조그마한 비에는 "1906년 10월 애국지사 리상설은 이곳에 연변 최초의 근대학교요 민족교육의 요람인 서전서숙을 개숙(開塾)하였다"라고 새겨져

서전서숙

이상설정

있다.

서전서숙의 설립자는 헤이그 특사로 널리 알려진 이상설이다. 그는 1905년 을사늑약이 체결되자 간도 땅 용정으로 망명했다. 그가 제일 먼저 시작한 일이 학교 설립이었다. 이상설은 1906년 10월, 8칸짜리 한옥을 구입해 학교로 개조한 뒤 서전서숙이라고 이름 붙였다. 연변 최초의 근대학교가 설립된 것이다. 학교 이름인 서전서숙은 용정의 서전평야에서 따왔다. 서전 뜰은 이주한 한인들이 최초로 벼농사를 시작한 곳이고, 3·13 반일 만세운동이 일어난 곳이다. 서전서숙 출신들도 이곳 서전대야에서 힘껏 대한독립 만세를 외쳤을 것이다.

서전서숙은 오래 유지되지 못했다. 설립자인 이상설이 1907년 4월 헤이그 만국평화회의에 특사로 파견된 뒤 일제의 신병 인도 요청으로 용정에 돌아올 수 없었기 때문이다. 이상설의 부재로 학교는 재정난에 직면했다. 또한 용정에 통감부 간도파출소가 설치되면서 감시와 방해가 심해졌다. 그런 까닭에 개교 1년 만인 1907년, 첫 졸업식을 끝으로 문을 닫았다. 서전서숙은 문을 닫았지만 간도, 만주, 연해주에 민족학교가 설립되는 데 큰 영향을 미쳤다. 앞서 살핀 명동학교도 그중 하나다.

우수리스크 수이푼 강변에 세워 놓은 그의 유허비를 통해 만난 독립운동의 선구자 이상설을 대성학교에서 다시 만났다. 대성학교 입구에 있는 윤동주 시비 오른쪽에 이상설 선생 역사 전람관이 있다. 전람관에는 '의정부 참찬 이상설 상소'를 비롯 '망명과 구국 활동', '민족교육운동', '헤이그에서의 활동' 등이 사진 자료로 정리되어 있다. 그가 용정에 남긴 흔적은 대성학교 이상설 선생 역사 전람관에 그의 뜨거운 조국애와 함께 영원히 남아 전해질 것이다.

서전서숙 옛터 비

용두레 우물

용정의 랜드마크 용두레 우물을 찾았다. 우물은 용정시 정부청사에서 북쪽으로 약 300미터 떨어진 거룡우호(巨龍友好) 공원 안에 있다.

이 우물은 1879년 무렵 조선에서 이주한 장인석과 박인언에 의해 발견되었다. 오가는 길손들이 두레박을 빌리는 일이 잦아지자, 번거로워진 마을 사람들이 길손의 편의를 위해 말뚝을 박고 용두레를 매어놓았다. 이때부터 이 마을은 용두레 마을로 불렸는데, 후에 '용(龍)' 자만 떼어 '우물(井)'이 있는 마을이라는 뜻으로 용정촌으로 불렸다. 용정시라는 지명도 여기서 유래했다. 도시 이름이 이 우물에서 유래된 것을 보면, 이 일대에서 도시가 시작된 셈이다.

1934년 용두레촌에 살던 이기섭의 발의로 우물을 수선하고 용정지명기원지정천(龍井地名起源之井泉)이라고 새긴 비를 세웠다. 그러나 용정의 이 우물도 문화혁명의 광기를 비켜 갈 수 없었다. "낡은 것을 타파한다"는 홍위병의 외침에 비는 부서지고 우물은 메워졌다. 세월이 흘러 1986년 용정인민정부는 우물과 비석을 복원했다.

우물 앞에 용정지명기원지정(龍井地名起源之井)이라고 새긴 비가 하늘을 향해 높이 솟아 있고, 그 비 바로 뒤에 복원된 우물이 있다. 우물가에는 우물의 산증인 격인 비슬나무가 드리워져 있고, 그 비슬나무 밑에 조그마한 용두레 우물 기념비가 서 있다. 우물 뒤 양편에는 '룡정지명기원지우물'이라는 비석을 세워 다음의 내력을 새겨 놓았다.

이 우물은 1879년부터 1880년간에 조선 이민 장인석, 박인언이 발견하였다. 이민들은 우물가에다 용두레를 세웠는데 용정지명은 여기서부터 나왔다. 1934년 룡정촌의 주민 리기섭이 발기하여 우물을 수선하고 약 2미터 높이의 비석 하나를 세웠는데 그 비문을 '룡정지명기원지우물'이라 새겼다. 1986년 룡정현 인민정부에서는 문화대혁명에 의하여 파괴되었던 이 우물을 다시 파고 비석을 세웠다.

지나던 길손, 말달리던 독립 영웅들이 마셨던 그 우물은 새로운 결의를 다지게 한 생명수였다. 폐부를 찌르는 시원한 천수(天水) 같다던 그 소문난 생명수를 이제는 더 이상 마실 수 없다. 용두레 우물의 외관은 복원되었지만, 생명수는 말라 있었다.

어느 길손이, 어느 독립 영웅이 목을 축였는지는 족히 100년이 넘었을 비슬나무만이 알고 있으리라! 전설만을 간직한 채 관광의 명소가 되어 있다.

용두레 우물

용정지명기원지정비

비암산의 당산나무 일송정

가곡 〈선구자〉의 무대가 된 일송정(一松亭)은 용정시에서 명동촌으로 가는 서남쪽 4킬로미터 정도 떨어진 비암산 정상에 있다. 비암산은 그리 높지 않은 나지막한 산이었지만 주위가 온통 평야여서 그런지 우뚝 솟은 것처럼 보였다. 잘 다듬어진 돌계단을 타고 오르자 꼭대기에 일송정 정자가 서 있다.

아, 일송정! 필자는 한때 가곡 〈선구자〉를 참 좋아했다. 그래서 담임을 맡을 때면 반가로 삼아 학생들과 함께 힘차게 부르기도 했다. 말 달리던 독립 영웅의 기개 때문이었다. 그러나 작곡가 조두남이 〈징병제 만세〉, 〈황국의 어머니〉 등을 작곡한 친일 음악가였음이 밝혀 진 뒤로 〈선구자〉는 마음에서 멀어져 갔다. 노랫말이 아무리 좋아도, 작곡의 의도가 중요하기 때문이다.

그렇지만 〈선구자〉에 등장하는 '해란강', '용문교', '용주사', '용두레', '비암산'은 용정의 랜드마크가 되었다. 일송정 정자에 오르자 동쪽으로 용정시 서전벌이 보이고, 서쪽으로는 해란강과 평강벌이 내려다보였다. 멀리 용주사 터도 보였다.

원래 일송정의 주인은 일송(一松)인지, 정자(亭)인지가 궁금했다. 일송정은 정자가 아니라 한 그루 소나무였다는 설이 있다. 멀리서 보면 이 소나무의 모습이 마치 정자와 닮았다고 해서 일송정으로 불렀다고도 하고, 소나무 옆에 나무 정자가 있어 누군가가 이를 일송정으로 명명했다는 이야기도 있다. 어찌 됐든 이곳 비암산 정상에 한 그루 소나무가 있었던 것은 확실하다. 1938년까지 수령이 수백 년 이상 된 아름드리 소나무가 있었다. 용정의 한인들은 이 소나무를 용정을 지키는 당산나무로 여기며 신성시했고, 독립운동가들의 정신적 버팀목이 되기도 했다.

용정 한인들의 당산나무로, 독립운동가들의 정신적 의지처가 된 비암산 정상의 소나무를 일제가 곱게 봐줄 리 없었다. 눈엣가시로 여긴 일본군은 이 소나무를 과녁 삼아 사격 연습을 했고, 소나무 껍질을 벗겨 내 구멍을 뚫고 대못을 박는 등 모질고 못된 짓을 일삼았다고 전해진다. 결국 아름드리 소나무 일송정은 말라 죽고 말았다.

그 후 일송정은 한인들의 기억에서 사라져 버렸다. 그러다가 1990년 정자를 세우고, 소나무 한 그루를 다시 심었지만 그 소나무는 얼마 버티지 못하고 죽었다. 소나무가 죽으면 다시 심기를 여덟 차례, 드디어 2003년 아홉 번째로 심은 소나무가 지금까지 살아 버티고 있다. 빨리 커서 아름드리 소나무로 자라 비암산의 당산나무로 다시 태어나기를 바란다.

일송정에서 가곡 〈선구자〉의 모델로 알려진 일송 김동삼(1878~1937)을 떠올렸다. 사실 여부는 알 수 없지만, 김동삼이 노래의 모델로 알려지게 된 것은 그의 호 '일송' 때문은 아닐까?

1878년 경북 안동에서 태어난 일송 김동삼은 1911년 만주로 망명해 서로군정서, 정의부 등에서 활동한 무장 독립 전사였다. 비암산 정상에 있는 일송정 정자를 내려오기 전에 김동삼을 떠올린 것은, 〈선구자〉의 모델이 일송 김동삼 같은 독립 영웅이었기를 바라는 마음 때문이었다.

일송정 소나무

일송정

일송정에서 바라본 해란강

1 간민회(墾民會) 김약연, 이동춘 등이 1913년 중국 길림성 연길에서 조직한 북간도 거주 한인 자치단체다. 1911년 신해혁명으로 중화민국이 세워지고 손문이 이끌던 남경 임시정부가 '연성자치제(聯省自治制)'를 내세우자 한국인의 민족자치운동이 더욱 활발해졌다. 간민회는 일본의 통제를 벗어나 중국 정부와 법률의 보호 아래 자치를 실시하려는 목적에서 중국 국적을 얻는 입적 운동을 전개했다. 그리고 문맹 퇴치와 사숙 개량, 식산흥업 등 신문화 운동을 벌이며 재만 한인의 생활을 보호하고 민족의식을 고취하였다.

2 여운형(呂運亨, 1886~1947) 독립운동가이자 언론인이며 정치가이다. 대한민국 임시정부 임시의정원 의원, 임시정부 외무부 차장 등을 지냈고, 언론인으로는 타스통신사 직원과 조선중앙일보사의 사장을 지내기도 했다. 1944년부터는 건국동맹을 결성, 해방 뒤 건국준비위원회, 조선인민공화국 등을 결성하였다. 1946년부터는 김규식, 안재홍 등과 함께 좌우합작운동을 전개하다 1947년 서울특별시 혜화동 로터리에서 배후가 불확실한 한지근에 의해 암살되었다. 호는 몽양이다.

3 부의(溥儀, 1906~1967) 1908년 큰아버지인 광서제가 죽자, 3세의 나이로 제위에 올라 아버지 순친왕 재풍의 섭정을 받으며 신해혁명이 일어난 다음 해인 1912년까지 3년간 황제로 있었다. 1932년 만주국의 집정관이 되었고, 1934년 만주국 황제로 추대되었다. 1945년 8월 소련에 포로로 억류되었다가 1950년 중국으로 송환되어 전범 재판을 받았다. 1959년 특사로 풀려난 후에는 베이징의 식물원에서 일했다. 1964~65년에 영어로 된 부의의 자서전『황제에서 시민으로 From Emperor to Citizen』가 간행되었다.

4 나운규(羅雲奎, 1902~1937) 일제 강점기 선구적인 영화인으로, 직접 제작·감독·주연한 〈아리랑〉(1926)은 민족정신을 살린 동시에 흥행에 성공한 좋은 작품으로 평가받았다. 회령보통학교를 거쳐 1918년 간도 명동중학교에 입학했으나 일본군의 습격으로 학교가 불타자 만주·연해주를 떠돌며 청년 시절을 보냈다. 러시아 백군에서 탈출하여 만주에서 독립군 활동을 하다 1921년 서울 중동학교를 거쳐 연희전문학교 문과에 입학했다. 이 시기에 우미관을 출입하며 영화에 몰두하였다. 그러나 북간도 시절의 도판부(圖版部) 사건이 뒤늦게 문제되어 경찰에 체포된 뒤 1년 6개월의 실형을 언도받고 청진 함흥형무소에 복역했다. 감옥에서 독립투사 이춘성을 만나 춘사(春史)라는 호를 받게 되었다. 1937년 폐결핵으로 사망했다.

6장

대한민국 임시정부 교통국이
설치되었던 단동

1. 요동반도의 끝자락 도시 다롄

한반도의 운명을 갈랐던 요동

요동반도 끝자락에 위치한 다롄[大連, 대련]은 100년이 조금 지난 젊은
도시다. 옛날에는 고구려와 발해의 영역이었으나 근현대는 일본과 러시
아의 차지였다. 러시아와 일본이 이 지역을 차지하면서 철도가 놓이고,
군사시설이 들어서면서 급속도로 발전했다. 다롄 곳곳에 일본과 러시아
풍의 건물이 많은 것은 이 때문이다. 일본이 패망하자, 다롄은 중국의
차지가 되었다.

요동은 고대부터 동북아의 중심지였다. 누가 차지하느냐에 따라 한반
도의 운명이 달라졌다. 고대 요동은 고구려와 발해의 영역이었다. 고구
려와 발해는 중국과 천하를 다투던 강국이었다. 근대로 들어서면서 요
동을 차지하기 위한 싸움은 더욱 치열해졌다. 처음에는 청의 차지였다.

그러나 1894년 청일전쟁 후 일본에 넘겨주어야 했다. 이때 조선의 운명도 일본으로 넘어갔다. 그러나 요동은 곧 러시아의 차지가 되었다. 1895년 삼국간섭(러시아, 프랑스, 독일)[1]으로 러시아가 주도권을 잡았기 때문이다. 이때부터 러일전쟁이 일어난 1904년까지 러시아는 요동을 지배했다. 러시아는 하얼빈에서 다롄까지 철도를 놓고, 답사팀이 찾아가고 있는 뤼순 감옥을 만들기 시작했다. 그런데 이 모든 것은 결국 일본의 차지가 되었다. 러일전쟁에서 일본이 승리함으로써 요동은 일본의 지배를 받게 되었고, 대한제국도 운명을 고했다. 일본은 러일전쟁 당시 뤼순의 203 고지를 차지하기 위해 1만 8,000명의 목숨을 내놓았다. 한때 고구려의 영역이었던 요동, 그 중심지 다롄에서 뤼순으로 향하는 버스에서 한반도의 운명을 결정지었던 요동의 역사를 들여다보았다.

뤼순 감옥에 도착하려는데 멀리 203고지가 보였다. 안중근 의사가 우덕순과 함께 하얼빈으로 가는 기차표를 얻기 위해 동분서주하던 10월 20일, 이토 히로부미는 이곳 203고지에 올라 감회에 젖었다. 하긴 이토 히로부미에게 203고지는 남다른 감회가 깃든 곳이었을 것이다. 러시아를 몰아내고 한반도와 만주의 거대 영역을 차지하게 만들어 준 역사의 현장이 아닌가?

다롄에서 떠올린 이회영

뤼순 감옥을 답사한 후 다시 다롄으로 나왔다. 단동(丹東, 단둥)으로 가기 위해서다. 인구 500만의 도시 다롄을 벗어나는 데만 한참이 걸렸다. 필자는 다롄항을 연신 찾고 있다. 우당 이회영(1867~1932)을 만나고 싶어서였다.

100여 년 전, 한일합병으로 국권을 피
탈해 대한제국을 집어삼킨 일제는 고위
지도층을 회유하기 위해 거액의 은사금과
귀족 작위를 제시했다. 당시 조선총독부
가 지급한 돈은 요즘 가치로 환산하면 수
십억 원에 달하는 거금이었다. 지도층 대
부분은 기득권과 재산을 지키기 위해 일
제에 협력했다. 그런데 이들과 전혀 정반
대의 길을 간 명문가가 있었다. 바로 우당

이회영(1867~1932)

이회영 가문이다. 부친 이유승은 이조판서, 9촌 종숙 이유원은 영의정
을 지냈으며, 동생 이시영은 평안남도 관찰사와 한성재판소장을 지낸 당
대 최고의 집안이었다.

나라의 주권이 일제의 손아귀에 들어가자, 이회영을 비롯한 6형제는
모든 재산을 정리해 서간도로 망명했다. 이곳에서 전 재산을 들여 신흥
무관학교[2]를 세우고 10년 동안 2,000여 명의 독립군을 양성했다. "독립
의 유일한 방법은 오직 무장투쟁뿐이다"를 외치며 대한민국 임시정부
의정원 자리를 박찬 그는 의열단을 후원하며 일본군 핵심 간부나 식민
지 수탈 기관 등을 겨냥한 직접 투쟁을 독려했다. 단재 신채호, 심산 김
창숙[3]과 함께 '북경 3걸'로 뽑힌 이회영, 그는 당시 수많은 애국 청년들
의 모범이자 사표였다.

이회영은 1932년 관동군 사령관을 제거하기 위해 상하이에서 다롄으
로 가던 도중 동지 20명과 함께 다롄항에서 기다리고 있던 일본 경찰에
체포되었다. 그가 다롄항에 도착하자마자 붙잡힌 까닭은 일제의 앞잡이
연충렬과 이규서가 밀고를 했기 때문이다. 이규서는 이회영의 형 이석영

의 아들이고, 연충렬은 김구의 오른팔 엄항섭의 처조카였다. 이회영은 사랑하는 조카의 밀고로 고문 끝에 예순여섯의 나이로 순국했다.

지금까지 이회영이 체포되어 순국한 장소는 여객 터미널이 있는 다롄 수상경찰서로 알려져 있다. 그러나 최근 연구는 1932년 11월 13일 다롄 수상경찰서에서 체포되어 혹독한 고문을 받고, 뤼순 감옥으로 이송된 후 11월 17일 사망한 것으로 밝히고 있다. 체포된 지 4일 만이었다. 이러한 연구 성과를 반영하듯 뤼순 감옥에도 신채호 선생이 순국했던 감방 옆에 이회영의 감방을 꾸미고 사진과 설명을 덧붙여 놓았다.

이회영은 다롄 수상경찰서에서 혹독한 고문을 당했고, 숨지기 직전 뤼순 감옥으로 옮겨졌다. 고문사였다. 이회영이 고문을 받고 숨졌음은 이회영의 아들인 이규창 자서전의 "여동생(이규숙)이 안면을 확인할 때 선혈이 낭자하였고 치파오에도 선혈이 많이 묻어 있었다고 한다"라는 기록을 통해서도 확인할 수 있다.

모든 것을 조국에 바친 이회영의 죽음은 너무도 허망했다.

이회영 6형제의 망명 계획도

이시영과 김구(우)

2. 이륭양행의 도시 단동

압록강 철교에 올라

다롄을 뒤로하고 단동으로 향했다. 시내를 벗어나자 끝이 보이지 않는 들판이 펼쳐졌다. 요동이었다. 아! 요동. 고구려의 영토였던 요동 들판을 5시간이나 달리고서야 단동에 도착했다.

단동의 옛 이름은 안동(安東, 안둥)이다. 안동은 고구려를 멸망시킨 당나라가 안동도호부를 설치하고 설인귀에게 고구려 땅의 통치를 맡긴 역사의 현장이며, 일본이 1909년 간도협약을 체결해 간도 땅을 청에 넘긴 대가로 얻어 낸 안봉선 철도의 출발지였다. 안봉선은 안동과 봉천(지금의 심양)을 잇는 철도였다.

현대사에서 단동은 독립운동의 중심지이기도 하다. 상하이에서 구입한 무기는 이륭양행 소속의 계림호에 실려 단동으로 옮겨졌고, 압록강을 따라 올라 혼강을 통해 만주 지역의 독립군에게 전달되었다. 김구, 김가진[4], 김원봉[5] 등 수많은 독립운동가들이 단동을 거쳐 상하이로 망명했다. 단동역은 의친왕 이강[6]이 상해 임시정부로 망명하기 위해 압록강 철교를 건넌 뒤 역사를 빠져나오다 체포된 현장이기도 하다.

압록강의 부서진 철교는 한국 현대사의 비극을 상징적으로 보여 준다. 미군의 폭격으로 부서진 다리의 절반은 북한에 속해 있다. 부서진 다리의 마지막 난간에서 신의주를 바라보았다. 고층 건물이 즐비한 단동과 신의주는 묘한 대조를 보였다. 도문에서 본 남양이나 집안에서 본 만포도 마찬가지였다. 경의선이 이어져 철의 실크로드가 유럽으로 이어지는 꿈은 꿀 수 없는 것인가?

철교 왼편에 길게 늘어선 꽤 큰 섬이 위화도다. 이성계는 이곳에서 4불가론을 외치고 회군해 개경으로 쳐들어가 최영을 죽이고 우왕을 폐하는 반역을 저질렀다. 만약 이성계가 요동을 쳤다면, 요동은 지금 누구의 영토가 되어 있을까? 당시 명은 아직 요동을 관리할 만한 힘이 없었을 때였다.

무너진 압록강 철교에 올라, 오리 머리 빛처럼 푸르디푸른 압록을 바라보며 담시 회한에 잠겼다.

압록강 철교

압록에서 바라본 단동

안동 교통국 이륭양행

필자가 단동을 보고 싶어 한 까닭은 이륭양행과 조지 L. 쇼(George L. Show)를 만나고 싶어서였다. 이륭양행은 겉으로는 대외 무역에 종사하는 것처럼 보였으나, 실제로는 육지와 바다에서 대한민국 임시정부와 국내를 연결하는 중간 매개체 역할을 했다.

대한민국 임시정부는 1919년 5월 안동(지금의 단동)의 이륭양행 건물 2층에 비밀 연락 조직인 교통국을 설치했다. 교통국은 통신 기관으로 정보의 수집, 분석, 교환, 연락의 업무를 담당했다. 안동에 교통국이 설치되었던 것은 압록강 철교를 건너면 바로 국내로 연결되는 교통의 요지인 데다, 한국의 독립운동을 도왔던 아일랜드인 조지 L. 쇼가 운영하던 이륭양행이 있었기 때문이다. 이륭양행은 쇼가 1919년 5월 설립한 무역선박 회사였다.

이륭양행은 남만주 독립투사들의 거점이었고, 상하이로 망명하는 독립영웅들의 통로였다. 김구, 김가진, 김원봉 등 수많은 독립 영웅들이 이륭양행 소속의 계림호를 타고 압록강을 따라 상하이로 망명했다. 대한민국 임시정부로의 망명을 위해 압록강 철교를 넘어온 의친왕 이강이 단동역에 내려 찾아가려 했던 곳도 이륭양행이었다. 1922년 오성륜 등 의열단 단원들이 압록강 철교를 폭파하고 요인을 암살하기 위해 폭탄 200개를 국내로 들어올 수 있었던 것도 이륭양행이 운영하던 계림호 덕분이었다. 그 중심에 쇼가 있었다.

이륭양행은 어디에 있었을까? 최근까지도 이륭양행 건물은 흥륭가 25번지에 위치한 건강교육소 건물로 알려져 있었다. 그러나 2006년 단동시에서 낸 보고서 「단둥 사람들이 잘 알지 못하는 역사를 찾아서」를 통해 이륭양행은 단동시 해관(청나라가 항구에 설치한 무역 세관) 인근에 있었으며, 1945년 이후 단동시 제1경공업국으로 사용된 건물에 있었음이 확인되었다. 그러나 오늘 이륭양행 건물은 찾아볼 수 없다. 공원을 만들기 위해 1996~97년경에 철거했기 때문이다. 그나마 옛 사진이 남아 있어 철거 전 모습을 확인하는 것으로 위안을 삼을 수밖에 없었다.

역사의 생명은 진실이다. 제 위치를 찾을 수 있었던 것은 다렌대학 유병호 교수 덕분이었다. 유 교수는 2009년 4월 '대한민국 임시정부 수립 90주년 기념 학술회의'에서 대한민국 임시정부의 비밀 아지트였던 이륭양행의 위치가 잘못 알려져 있다고 지적한 「단둥 사람들이 잘 알지 못하는 역사를 찾아서」라는 보고서를 입수해 공개했다.

이젠 아무런 흔적도 찾아볼 수 없는 대한민국 임시정부의 비밀 아지트 이륭양행 건물터에서 쇼, 김구, 김가진, 김원봉, 오성륜, 의친왕 등을 차례로 떠올려 보았다. 이곳에 이륭양행 건물이 있었다는 안내판이라도 세워졌으면 싶다.

이륭양행의 옛 사진

조선을 사랑했던 조지 L. 쇼

'가깝고도 먼 나라'라는 말은 한국과 일본의 애증 관계를 말할 때 흔히 사용되는데, 이 말은 영국과 아일랜드의 관계에서도 통용된다. 아일랜드인들은 영국에게 늘 지배당한 '한 많은' 민족이었다. 1169년부터 시작된 잉글랜드의 아일랜드 정복과 지배는 1922년 아일랜드 자유국(Irish Free State)이 세워질 때까지 750년 이상 지속되었다. 이것이 바로 이륭양행 사장 쇼가 한국인을 적극 도운 이유다.

우리 독립운동사에서 쇼가 어떤 인물이며, 얼마나 한국을 사랑했고, 어떤 도움을 주었는지는 몇몇 기록을 통해 확인할 수 있다. 김구 선생은 3·1운동 직후 압록강 철교를 건너 안동을 거쳐 상해로 망명할 때 쇼의 도움을 받았다. 이와 관련된 기록이 『백범일지』에 실려 있다.

> 나는 중국인의 인력거를 타고 바로 큰 다리 위로 지나서 안동현의 어떤 여관에서 변성명하고 좁쌀장수라 하고서 7일을 경과한 뒤 이륭양행의 배를 타고 상해로 출발하였다. 황해안을 지나갈 때 일본 경비선이 나팔을 불고 따라오며 배를 세울 것을 요구하나 영국인 선장은 들은 체도 아니 하고 전 속력으로 경비 구역을 지나서 4일 후 무사히 상해 포동(浦東) 선창에 내렸다. 같이 탄 동지는 모두 15명이었다.
>
> 김구, 『백범일지』(돌베개, 1997)에서 재인용

여기서 말하는 '영국인 선장'이 바로 쇼다. 계림호를 타고 상해로 건너간 인물은 김구만이 아니었다. 대한제국 농상공부 대신을 지낸 김가진이 상해로 망명할 때 탔던 배도 계림호였다. 김구가 '한국의 잔다르크'라고 불렀던 여성 독립운동가 정정화의 회고록 『장강일기』에는 김가진의 탈출에 대한 상세한 기록이 나온다.

> 시아버님(김가진) 일행은 무사히 압록강을 건너 안동현에 도착했다. 그
> 곳에는 우리 독립운동가들을 돕는 아일랜드 출신의 쇼우라는 사업가가
> 있었다. 아일랜드도 영국의 식민 통치에 대항하여 오래도록 싸워 온 나
> 라이므로 자연 우리 민족운동에 깊은 동정을 가졌고, 쇼우는 여러모로
> 우리 독립운동가들을 도왔다. 쇼우는 이륭양행이라는 회사를 경영했는
> 데, 영국계 태고선박공사의 안동현 대리점을 맡고 있었다. 시아버님 일행
> 은 이륭양행이 대리하는 계림호 편으로 10월 말 상해에 도착했다.
>
> 정정화, 『장강일기』(학민사, 1998)에서 재인용

쇼는 김구, 김가진 등 독립 영웅들을 상해로 망명시키는 일만 한 것
이 아니다. 그는 한국의 어느 독립투사보다 더 전설적인 독립 영웅이었
다. 님 웨일스가 쓴 『아리랑』은 쇼가 어떤 인물이었는지를 분명히 보여
준다.

> 그 회사의 지배인은 아일랜드인 테러리스트였는데 우리 조선인들은
> 그를 '샤오(Sao)'라 불렀다. 그는 일본인을 거의 영국인만큼이나 싫어하였
> 다. 그래서 큰 위험을 무릅쓰고 조선독립운동을 열렬히 지원해 주었다.
> '샤오'는 자신이 상해로 가서 죽음의 화물 선적을 감독하였다. 그는 한 푼
> 의 돈도 받지 않고 오로지 동정심에서 스스로 조선을 도왔다. 조선인 테
> 러리스트들은 몇 년 동안 그의 배로 돌아다녔으며, 위험할 때에는 안둥
> 에 있는 그의 집에 숨었다. 일본은 이 계획을 탐지해 50명을 체포하였다.
> 하지만 검거된 의열단원은 10명뿐이었다. 샤오가 나머지 테러리스트들을

자기의 배에 태워 천진과 상해로 탈출하도록 도와준 것이다. 곧바로 샤오는 일본 측에 체포되었고, 자기 직업을 잃었다. 감옥에서 풀려나자 그는 상해로 왔으며 임시정부는 대규모 대중 집회를 열어 그를 환영하였다. '샤오'는 조선의 독립을 위해 자신이 희생할 수 있었던 것이 자랑스럽고 기쁘다고 말했다.

님 웨일스, 『아리랑』(동녘, 2005)에서 재인용

쇼는 대한민국 임시정부와 국내가 서로 연락할 수 있도록 이륭양행을 거점으로 삼아 통신은 물론, 무기 등 물자와 인원을 수송하는 데 아낌없이 지원했다. 그것은 운명을 건 모험이었다. 광복 후인 1963년 독립된 대한민국은 그에게 국민장을 수여했다.

3. 압록강 연안의 독립운동

광복군 총영이 있었던 관전현

고구려 수도 집안(集安, 지안)을 찾아가고 있다. 집안으로 가려면 압록 강을 따라 올라가야 하는데 그 길은 공사 중이었다. 관전현을 지나 환인 쪽으로 올라가다 태평초로 빠지는 샛길을 이용할 수밖에 없었다.

압록강 자락은 어느 곳이든 독립군들의 전진 기지였다. 이곳은 독립 군 부대가 활동하기에 지형적으로 유리한 산악지대였고, 압록강만 넘으 면 국내에 진입할 수 있었으며, 압록강으로 흘러드는 혼강을 통해 무기 를 조달하기에도 적합했기 때문이다.

단동을 출발해 관전현을 거쳐 오른쪽 길로 접어들자 광복군 총영의 근거지인 태평초가 나왔다. 광복군 총영은 1920년 대한민국 임시정부 산하의 광복군으로 설립되어 국내외 각지에서 일제 기관을 습격하고, 파괴 활동을 활발히 전개했다. 1920년에만 일본군과 78차례나 교전했 고, 일본 주재소 56개소를 습격했다. 서울에 총영을 설치하고 각 도와 군에 도영과 군영을 설치해 일제를 향해 총 공격할 것을 목표로 삼았지 만, 1922년 통의부가 성립되면서 발전적으로 해체되었다.

광복군 총영의 총영장은 오동진이었다. 오동진은 평안북도 의주 출생 으로 3·1운동에 적극 가담했다. 일본 경찰의 추격에 쫓기던 그는 남만 주 관전현으로 망명했다. 1920년 광복군 총영의 총영장으로 임명되었 고, 1922년에는 대한통의부를 결성했으며, 1924년에는 정의부 총사령관 에 취임해 국내진공작전을 지휘했다. 1925년 10월 10일 상해 임시의정 원에서 국무위원으로 임명되었지만, 만주에서의 무장투쟁이 더 중요하

조선족문화관(하로하)

다고 여겨 부임하지 않았다. 1927년 밀정에게 속아 신의주 경찰에 체포
된 후 무기징역을 선고받고 공주형무소에서 복역 중 순국했다. 공산성
앞에 그를 기리는 비가 있다.

　태평초 가까이에 조선족이 집단적으로 거주하고 있는 하로하 조선족
마을이 있다. 고려반점 등 한국식 음식점이 있고, 정부가 관리하는 공
터에 조선족문화관이 있어 친밀감이 더했다. 하로하도 독립운동의 중심
기지였다. 이 마을 옆으로 혼강의 지류인 하로하가 흘렀다. 혼강은 독립
군들의 국내 진공 루트였고, 상해에서 압록강까지 계림호에 실어 운반
되던 무기의 공급로이기도 했다.

　그 중심지 하로하에 대한통의부 본부가 설치되었다. 대한통의부
는 1922년 8월 대한통군부와 기타 독립운동 단체들이 통합해 결성한
1920년대 남만주 지역의 대표적인 독립운동 단체였다. 총재는 가곡 〈선
구자〉의 모델로 유명한 김동삼이었다. 김동삼은 1918년 길림성 왕청현

에서 서일, 유동열, 김좌진 등 39명이 발표한 「무오독립선언」에 일원으로 참여했고, 1919년 서로군정서가 창립되자 참모장이 되었다. 1922년 하로하에 대한통의부 조직이 만들어지자 총재에 올랐다. 1931년 하얼빈에서 일본 경찰에 체포되어 서대문형무소에서 10년 형을 받고 복역 중 1937년 옥사했다.

고마령 전투

하로하에서 조금 더 가자 물줄기가 제법 굵은 혼강이 나타났다. 그 강을 가로질러 혼강교가 놓여 있다. 다리를 건너기 전 휴게소에서 강 건너를 바라보니 빨간 지붕의 집 여러 채가 눈에 들어온다. 그 집들 왼쪽의 골짜기 끝이 1925년 3월 16일 고마령 전투의 현장이었다.

1924년 5월, 조선 총독 사이토가 압록강 순시 중에 독립군의 공격을 받아 혼비백산한 사건이 일어났다. 이에 일본군은 경찰을 동원하여 독립군 토벌에 전력을 기울였다. 독립군도 일본군에 맞서 최석순 제2중대장 겸 참의장을 중심으로 전투 태세를 정비하고 있었다. 그 일환으로 1925년 3월 16일 국내 진입을 위한 작전회의를 집안현 고마령에서 개최했다. 정보를 입수한 일제는 미즈노[水野宅三郎]의 지휘 아래 경찰 65명과 금산 주둔 수비대 120명이 합동해 3월 15일 압록강을 건넜다. 다음 날 새벽 압록강에서 60리 떨어진 고마령에 도착한 일본군은 참의부 통신원인 김명준을 체포하고, 참의부 회의 장소를 습격했다. 4시간 동안 벌인 전투로 참의장 최석순 이하 29명(혹은 42명)이 전사하고 3명이 붙잡혔다. 고마령 전투는 독립군이 당한 가장 참담한 패배였는데, 교과서에는 실려 있지 않다.

고마령 전투 현장

모든 전투를 교과서에 다 실을 수는 없다. 그러나 고마령 전투는 실려
야 한다. 대승을 거둔 봉오동 전투와 청산리 대첩도 중요하지만, 대패를
당한 고마령 전투도 중요하다. 참변의 역사도 우리의 역사다.

29명의 목숨을 앗아 간 고마령 참변 현장을 먼발치에서 오랫동안 바
라보았다. 꼭 다시 찾아와 현장을 확인해 보겠다는 다짐은 또 숙제로
남았다.

1 삼국간섭(三國干涉) 1895년에 러시아, 프랑스, 독일이 간섭하여, 일본이 청일전쟁의 결과로 얻은 요동반도를 청나라에 돌려주게 한 일.

2 신흥무관학교(新興武官學校) 1909년 신민회는 만주에 독립군 기지를 건설하기로 하고, 1910년 7월 신민회 회원인 이회영·이시영의 6형제와 이동녕 등이 남만주의 유하현 삼원보에 신민회의 '신' 자와 다시 일어난다는 의미의 '흥' 자를 붙여 신흥강습소를 조직했다. 신흥강습소는 신흥중학으로 개칭했다가 3·1운동 이후 많은 청년들이 만주로 들어오고 일본 육사 출신의 이청천, 김경천 등이 참여하면서 신흥무관학교로 바뀌었다. 1920년 학교가 문을 닫을 때까지 2,000여 명을 배출하여 독립군 양성에 크게 기여했다.

3 김창숙(金昌淑, 1879~1962) 1919년 3·1운동이 일어나자 전국의 유림을 규합하여 137명의 연명으로 독립청원서를 작성하여 국내의 향교에 배포하고, 이를 갖고 중국 상해로 망명한 뒤 김규식을 통해 파리평화회의에 우편으로 제출하였다. 이후 대한민국 임시정부에 참여하여 임시정부 의정원 부의장, 교통위원으로 선임되어 활동했다. 해방 이후 유림 단체의 통합에 힘썼으며 성균관을 정비한 뒤 성균관대학을 설립하였고, 초대 총장이 되었다.

4 김가진(金嘉鎭, 1846~1922) 1909년(융희 3년) 대한자강회를 이은 대한협회의 회장이 되었다. 1910년 한일합병 뒤 일본 정부가 수여한 남작을 반납했으며, 1920년 비밀결사인 대동단의 총재 및 고문으로 추대되어 상해 임시정부와 연락하여 독립운동을 전개했다. 이해 3월 대동단 총재의 명의로 포고문·통고문을 배포했으며, 대동단의 박용만 등과 공동명의로 갹금권고문(醵金勸告文)을 발표했다. 그해 상해로 건너가 독립운동을 했으며, 대동단이 해체된 다음 대한민국 임시정부 요인으로 활약했다.

5 김원봉(金元鳳, 1898~1958) 1919년 의열단을 조직하여 단장에 선임되었다. 1930년대 후반 조선민족혁명당을 만들어 김구의 한국국민당과 민족해방운동을 주도했다. 1938년 조선의용대를 조직하여 활동 중 일부가 한국광복군에 참여하면서 1942년 광복군 부사령에 취임하였다. 1944년 임시정부 국무의원 및 군무부장에 올랐다. 1945년 12월에 귀국한 후, 여운형 등을 중심으로 한 조선인민공화국의 중앙인민위원 및 군사부장을 맡았다. 1948년 남북협상 때 월북, 1957년 8월 최고인민회의 상임위원회 부위원장에 올랐으나, 다음 해에 숙청되었다.

6 이강(李堈, 1877~1955) 조선 고종의 다섯째 아들로 의왕·의친왕·의화군이라고도 한다. 고종 32년(1895년) 특파 전권 대사로 유럽 여러 나라를 방문하고, 광무 3년(1899년) 미국에 유학, 이해에 의왕에 봉해졌다. 국권 강탈 후 독립운동가와 접촉하고 1919년에 상해 임시정부로 탈출하려다 만주 안동에서 일본 관헌에 발각되어 송환되었다.

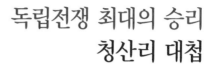

1. 독립군 연합부대의 청산리 대첩

청산리항일대첩기념비

화룡시를 돌아 청산리 현장을 찾아가는 길은 그리 만만치 않았다. 일본군이 걸어 올라왔을 그 길을 따라 계곡으로 들어서자 커다란 저수지가 앞을 가로막았다. 답사팀이 탄 버스가 일본군이 지났을 그 길을 내려다보면서 저수지 왼쪽을 돌아 한참을 올라가자, 길 옆으로 난 수십 개의 돌계단 위에 청산리항일대첩기념비가 웅장하게 서 있었다.

기념비가 서 있는 그곳을 청산리 대첩 현장으로 생각했다. 그런데 알고 보니 청산리 대첩의 서막을 연 백운평 전투가 벌어진 계곡의 초입이었다. 청산리 대첩 최초의 전투지 백운평은 이곳에서 4킬로미터나 더 들어가야 한다. 백운평에서 시작된 일본군과의 전투는 청산리 골짜기 곳곳에서 6일 동안 이어져 "와! 이겼다. 와! 이겼다." 하는 독립군의 함성으로 가득 찼을 것이다.

전국의 역사 교사로 구성된 청산리대장정팀은 청산리항일대첩기념비 앞에 줄지어 서서 긴 묵념을 올렸다. 그리고 당시 독립군들이 불렀던 독립군가를 목청껏 불렀다. "신대한국 독립군의 백만 용사야 조국의 부르심을 네가 아느냐. 삼천리 삼천만의 우리 동포들 건질 이 너와 나로다. 나가! 나가! 싸우러 나가. 나가! 나가! 싸우러 나가……." 정말 독립군이 된 기분이었다.

점심은 독립군이 먹었던 것처럼 주먹밥이었다. 독립군들이 먹은 밥은 보리밥에 소금을 친 주먹밥이었을 텐데 우리가 먹은 것은 쌀밥에 여러 가지 재료를 섞어 만든 고급 주먹밥이었다. 어쩐지 죄송스러운 마음이 든다.

기념탑 뒤쪽 돌판에 새겨진 비문은 다음과 같다.

해내외를 진감한 청산리 항일 대첩은 항일투쟁 사상 천고에 빛날 력사적 전역이어늘 1920년 10월 21~26일 김좌진 홍범도가 통솔하는 항일 련합 부대는 화룡시 2-3도구에서 연변 각 민족 주민의 대폭적 지원하에 협동 작전으로 백운평 와록구 어랑촌 874고지, 고동하반 전투 등 대소 수차 격전을 거쳐 천으로 헤아리는 침략군을 섬멸하였거늘, 소수로 다수를 타승한 이 전과는 연변 내지 동북 지역 반일 무장투쟁사상 새로운 시편을 엮음은 물론, 조선 인민의 독립운동을 추동한 력사로서 청사에 새겨졌어라.

청산리 대첩은 "일군 무적"의 신화를 깨뜨리고 연변 내지 전국 각 민족 인민의 항일 투지를 지대히 고무하고 일본 군국주의의 위풍을 추풍 락엽처럼 쓸어 버렸거늘, 그 실패를 달가와 않은 일본 침략군은 연변 지역 무고한 백성에 대하여 선후로 2,600명을 참살한 보복의 "경신년 대학살"을 감행하였은즉 그 죄 하늘에 사무치고 그 참상에 치가 떨리는도다.

청산리 대첩 80주년에 즈음하여 연변 지역 각 민족 인민은 이 기념비를 세워 선현들의 충혼을 기리고 그 위업 천추만대에 전하노라.

경신년 대참변 중 조난당하신 동포 원혼들이여, 고이 잠드시라.

청산리 전역 중 피 흘려 분전하신 항일 영령들이여, 영생불멸하라!

2001년 8월 31일

비문에는 '청산리 대첩 80주년에 즈음하여 연변 지역 각 민족 인민'이 2001년 8월에 세운 것으로 기록되어 있다. 독립운동 사상 최대의 대첩지를 기리는 청산리 대첩 기념비가 80년이 지나서야 세워졌다는 것은 후손들로서 부끄러운 일이다. 독립운동에 대한 정부의 관심 정도를 보는 것 같아 씁쓸했다.

그런데 각 민족 인민이라는 글에 고개가 갸웃거렸다. 말 그대로 해석한다면 조선족 이외에 다른 민족들도 여기에 참여했다는 뜻이기 때문이다. 물론 이 지역의 중국인들의 도움도 받았을 것이다. 그렇다고 쳐도 중국을 고려한 정치적 표현처럼 느껴져 어딘지 어색했다. 가슴에 찡하게 와닿는 표현도 있었다. 돌판에 새겨진 마지막 구절 "청산리 전역 중 피 흘려 분전하신 항일 영령들이여, 영생불멸하라"였다.

청산리 전쟁에 대해서는 몇 가지 쟁점이 남아 있다. 전투인가 전쟁인가? 주역은 누구인가? 전과는 어느 정도였는가? 교과서에 실린 청산리 대첩 관련 사진은 진짜인가?

백운평에서 벌어진 전투는 백운평 전투라 할 수 있다. 그러나 6일 동안 일본 정규군과 벌인 전투를 아울러 청산리 전쟁이라고 부르는 것은 옳다고 생각한다. 주역은 김좌진과 홍범도가 이끈 항일 연합부대였지만, 총알을 나르고 주먹밥을 나르던 연변 동포들도 주역이었다.

교과서에 실린 '부상병을 실어 나르는 일본군', '북로군정서군의 청산리 전투 승리 기념사진'이나 전과와 관련된 부분은 관련 학회나 학자들이 진위 여부를 가려야 하고, 사실을 객관적으로 정리해야 한다.

여러 쟁점에도 불구하고 청산리 대첩은 우리에게 자긍심이다. 김좌진, 홍범도 장군의 지형지물을 이용한 전략과 이름조차 남기지 못한 무명 용사들의 투혼, 동포들의 헌신은 전 국민의 항일 의지를 고무시켰고, 일본제국주의자들의 위세마저 추풍낙엽으로 만들었다. 그 위업은 천추만대에 전해질 것이다.

청산리 대첩의 서곡

청산리 전투는 1920년 10월 21일 단 하루 만에 끝난 전투가 아니다. 21일 아침 8시 백운평 전투를 시작으로 완루구, 천수평, 어랑촌, 맹개골, 만기구, 천보산, 고동하 등 청산리 일대에서 6일 동안 벌어진 10여 차례의 전투를 통틀어 청산리 전투라 일컫는다.

대첩을 승리로 이끈 주력 부대는 김좌진의 북로군정서와 홍범도의 대한독립군이 주축이 된 연합부대였다.

왕청현 십리평에 주둔하고 있던 북로군정서는 신속히 현지를 떠나 일본군의 공격을 피하라는 중국 측의 연락을 받는다. 훈춘사건 이후 대규모 병력을 동원해 일본군이 추격했기 때문이었다. 이에 김좌진은 부대를 백두산 골짜기로 이동시키기로 결정한다. 목적지는 화룡현 청산리였다. 해란강을 따라 이동해 가는 독립군의 행렬은 십 리나 이어졌다. 비전투요원까지 합해 2,800여 명의 대식구였고, 대포와 무기를 실은 수레만도 100여 대가 넘었다. 그 뒤를 일본군이 추격하였다.

김좌진 부대가 화룡현 청산리 계곡에 도착한 것은 1920년 10월 19일이었다. 화룡현에 도착하자마자 야마다[山田] 연대의 주력군이 청산리 골짜기로 침입해 온다는 정보를 입수한 김좌진은 곧바로 백운평 일대 고지에 독립군을 매복시켰다. 백운평 전적지는 백운평 계곡 중에서도 폭이 가장 좁고 좌우 양편으로 깎아지른 듯한 절벽이 있는 곳이라서 이곳을 통과하려면 좁은 오솔길을 지나야만 했다.

10월 21일 아침 8시경, 야스가와 소좌가 인솔하는 야마다 연대 전위부대는 김좌진 부대의 매복 사실을 전혀 눈치채지 못한 채 계곡 깊숙이 들어오고 있었다. 김좌진은 적이 좀 더 가까이 오기를 기다렸다가 공격명령을 내렸다. 계곡 양쪽에서 일순간에 퍼붓는 독립군의 총탄에 일본군은 속수무책으로 쓰러졌다. 전투가 시작된 지 30분 만에 상황은 끝이 났다. 일본군 전위 부대가 전멸당한 것이다.

전위부대에 이어 야마다 연대의 주력 부대가 전세를 만회하기 위해 기관총과 포를 앞세워 돌격해 왔다. 하지만 지형에서 절대적으로 유리한 위치를 차지하고 있던 독립군의 결전에 세계 제일을 자부하던 일본군도 어쩔 도리가 없었다. 첫 번째 전투에서 김좌진 부대는 큰 피해 없이 대승을 거두었다. 그러나 백운평의 함성은 6일 동안 이어진 청산리 대첩의 서곡일 뿐이었다.

백운평에서 크게 승리한 김좌진 부대는 휴식할 새도 없이 무기를 짊어지고 험난한 산길을 걸어 천수평으로 이동했다. 하룻밤에 100리를 걸은 것이다. 식사도 거르고 눈도 붙이지 못한 김좌진 부대를 기다리고 있는 것은 천수평 골짜기에 야영 중이던 일본군 기마병이었다. 기마부대는 일본군의 엘리트로, 대부분 고관들의 자제로 구성되어 있었다. 김좌진은 기습 공격을 명했다. 새벽 5시 30분, 김좌진 부대의 기습 공격으로 일본군 기마부대가 무너졌다. 일본군 수십 명을 사살한 통쾌한 승리였다.

천수평에서도 휴식을 취할 여유가 없었다. 천수평 근처 어랑촌에 일본군 주력 부대가 들어와 있었기 때문이다.

청산리 최대의 전투지, 어랑촌

어랑촌은 연길에서 백두산으로 가는 길목에 자리한 한인촌이다. 이곳도 매우 협소한 골짜기 마을이어서 대규모 부대가 공격해 와도 일시에 많은 병력을 투입할 수 없는 지형이었다.

일본군 이즈마 부대는 전날인 10월 21일 홍범도의 대한독립군 부대와 완루구에서 마주쳐 대패한 뒤 홍범도 부대를 추격하는 중이었다. 김좌진 부대는 어랑촌에 먼저 도착해 874고지를 선점했다. 이 고지는 일본군에게도 매우 중요했다. 874고지를 둘러싼 일본군과의 전투가 10월 22일 아침 9시부터 치열하게 전개되었다. 독립군들은 식사도 거른 채 일본군과 싸워야 했다. 어랑촌 아낙네들은 포탄의 위협을 무릅쓰고 행주치마에 주먹밥을 담아 날랐다. 아낙네들의 주먹밥은 눈물의 주먹밥이었고, 그녀들을 지켜 내지 않으면 안 된다는 다짐의 주먹밥이 되었다. 이에 힘을 얻은 독립군은 사기가 충천해 더욱 용감하게 싸웠다.

이 싸움에서 산화한 북로군정서 기관총 중대장 최인걸의 일화는 유명하다. 기관총 사수가 적탄에 맞자, 그는 자기 몸에 기관총을 묶고 몰려오는 일본군을 향해 탄환이 떨어질 때까지 쏘고 또 쏘다 장렬히 전사했다. 전사하는 마지막 순간에 최인걸이 외친 말이 '대한독립 만세'였다.

이장호 감독이 1983년에 청산리 대첩을 주제로 만든 영화 〈일송정 푸른 솔〉에는 감동적인 장면이 참 많다. 그중 하나가 최인걸 중대장의 일화이다. 이 장면을 재현하면서 감독을 비롯한 출연 배우 모두가 눈시울을 적셨다고 한다.

그러나 천여 명의 병력으로 오천여 명의 일본군 주력 부대를 상대하는 것은 역부족이었다. 어랑촌의 지형적 이점과 874고지의 선점만으로 승리하기에는, 일본군은 너무 벅찬 상대였다. 시간이 흐를수록 김좌진 부대는 지쳐 갔다. 전세가 김좌진 부대에게 불리하게 전개되던 그때 구세주처럼 등장한 것이 홍범도 부대였다. 어랑촌 전투의 전설은 그렇게 극적으로 이루어졌다.

홍범도 부대를 비롯한 봉오동 일대의 독립군들은 대한독립군으로 통합되어 홍범도가 이끌고 있었다. 대한독립군 역시 일군의 추격을 피해 백두산 자락으로 이동 중이었다. 청산리 계곡으로 이동 중이던 이들은 10월 21일 완루구에서 일본군과 맞닥뜨려 첫 격전을 치른 뒤, 일본군의 추격을 따돌리고 10월 22일 오후 어랑촌에 도착한 것이다.

이 시각 김좌진 부대는 874고지를 두고 아침부터 일본군과 치열한 전투를 벌였으나 점차 수세에 몰렸다. 어랑촌에 뒤늦게 도착한 홍범도 부대는 자연스레 일본군 후미를 공격하는 형세가 되었다. 졸지에 후방을 공격당하자 일본군은 당황했고, 이 틈을 타서 전열을 정비한 김좌진 부대는 다시 공격에 나섰다. 앞뒤에서 공격을 당하던 일본군은 더 이상 견디지 못하고 퇴각해야만 했다. 이로써 청산리 전쟁의 최대 격전지인 어랑촌 전투가 끝났다.

어랑촌 전투로 일본군의 추격은 한풀 꺾였다. 일본군의 추격이 주춤한 틈을 타 독립군들은 백두산 지역으로 좀 더 안전하게 퇴각할 수 있

김좌진(1889~1930)

었다. 퇴각하는 동안 백두산 방향으로 나 있는 청산리 계곡인 맹개골, 만기구, 쉬구, 천보산에서 전투가 계속되었으나 고동하 전투를 끝으로 6일간의 청산리 대첩은 마무리되었다.

6일 동안 전개된 전쟁이 끝난 뒤 일본군은 시신 수백 구를 싣고 철수해야만 했다. 독립군을 격퇴하기 위해 시작한 일본군의 작전은 김좌진, 홍범도 장군이 지휘한 독립군의 치열한 저항에 부딪혀 대패를 당하고 퇴각했다. 2,000여 명의 독립군이 신무기로 무장한 5,000여 명의 일본군을 보기 좋게 물리친 것이다. 이는 독립운동 사상 최대의 대첩이었다.

청산리 대첩의 전과

청산리 대첩의 전과에 대해 한국사 교과서는 3,300명을 사살했다고 설명한다. 이는 대한민국 임시정부 기관지인 『독립신문』의 기록을 참조한 것이다. 이 외에도 북로군정서 보고서에는 일본군 전사자 1,254명, 부상자 200명으로 기록되어 있고, 박은식의 『한국독립운동지혈사』에는 일본군 2,000명을 사살한 것으로 되어 있다. 반면 일본 측 내부 문서에는 사망 11명, 부상 24명으로 기록되어 있다고 한다. 우리 측 기록도 문제지만, 일본 측 기록은 전혀 믿을 수 없다. 일본 육군성이 작성한 기밀 문서에는 1920년 10월 22일 봉밀구에서 74명의 사상자가 발생했다고

되어 있다. 1920년 10월 22일은 청산리 대첩 최고 격전지인 어랑촌에서 홍범도의 연합군 부대와 김좌진의 북로군정서군이 총출동해 일본군과 싸운 날이다.

청산리 대첩에서 일본군이 얼마나 죽었는지는 일본군의 출병 규모를 보면 어느 정도 추정할 수 있다. 당시 조선에는 일본군 2개 사단이 주둔하고 있었다. 나남의 19사단과 용산의 20사단이었다. 당시 일본군의 편제를 보면 평시에는 1개 사단 규모가 1만 5,000~2만 명이었다가 전시에는 2만~2만 5,000명으로 개편된다.

청산리 전쟁에 투입된 주력 부대는 나남에 주둔 중인 19사단의 각 연대에서 차출된 혼성연대급 부대로, 여기에 블라디보스토크에 있던 시베리아 파견군과 북만주 파견군 및 관동군의 일부 병력이 참여했다. 따라서 청산리 전쟁에 투입된 일본군은 5,000여 명으로 추정된다. 투입된 일본군이 5,000여 명이라면 청산리 대첩에서 사살된 일군이 3,300명이라는 우리 측 주장도 과장된 전과로 보인다.

『중국 동북 지역 민족운동과 한국 현대사』의 저자 장세윤은 400~500명이 사망했을 것으로 추정했다. 그의 추정은 10월 22일부터 25일까지 3일간 쌍방의 피해가 300명이라는, 임시정부가 만주에 파견한 간북시찰원 안정근의 보고서에 근거한 것으로 보인다. 안정근은 실제 청산리 전투에 종군하였고, 그 결과를 보고했다.

청산리 대첩의 전과는 아직 명확히 밝혀지지 않았다. 게다가 남아 있는 기록 대부분도 다소 과장이 있어 보인다. 기록을 남긴 자들의 입장이 반영된 결과라고 생각한다. 비록 남아 있는 기존 기록이 다소 과장되었다 할지라도 독립군이 열악한 무기로 기적 같은 전과를 올렸음은 분명하다.

청산리항일대첩기념비

2. 백야 김좌진의 생애

노블레스 오블리주

백야 김좌진 장군은 1889년 충남 홍성군 갈산면 행산리에서 태어났다. 자는 명여(明汝), 호는 백야(白冶)다.

세 살 때 부친을 여윈 김좌진은 서울로 양자 간 큰형을 대신하여 집안의 주인이 되었다. 그의 집안은 홍성 제일 부자로 1년에 만석의 쌀을 수확했다. 열여섯이었던 김좌진은 어느 날 30여 명의 노비를 모아 놓고 그들이 보는 앞에서 노비문서를 불살랐다. 그리고 "너희들은 이제부터 노비가 아니"라고 선언하면서 전답을 나누어 주었다. 단순히 노비문서를 불사른 문서상의 해방이 아니라 전 재산을 노비들에게 나누어 생계를 보장해 준 완벽한 노비 해방이었다.

우리나라 최초의 노비 해방은 1860년 동학을 창시한 수운 최제우가 시초다. 동학의 핵심은 인내천(人乃天)이다. 인간은 누구를 막론하고 한울님처럼 존귀한 존재라고 선언한 것이다. 어린아이와 부녀자는 물론 노비도 예외는 아니었다. 최제우가 위대한 것은 선언으로 끝나지 않고 몸소 실천했기 때문이다. 두 여종을 해방시키면서 나이 든 여종을 며느리로 삼고, 나이 어린 여종은 수양딸로 삼았다. 이는 미국 링컨 대통령의 노예 해방보다 4년이나 앞섰다.

동학농민운동의 실패로 농민군이 주창했던 신분제 혁파는 당장 이루어지지 못했으나 같은 해 단행된 갑오개혁으로 노비제도는 폐지되었다. 그러나 이는 선언적인 해방에 불과했다. 노비는 여전히 노비일 뿐이었다. 그런데 이로부터 10년이 지난 1905년 김좌진이 토지까지 나누어 주는 완전한 노비 해방을 실천한 것이다. 김좌진의 나이 열여섯, 지금의 고등학교 1학년이 아닌가? 김좌진은 인간 평등이라는 근대적 자각을 한, 그 당시로서는 누구도 흉내 낼 수 없었던 선구적인 지식이었다.

김좌진은 1905년 노비를 해방시키고 서울로 올라와 육군무관학교에 입학했다. 1907년 2년제 무관학교를 졸업했으나, 일제에 의해 군대가 해산되자 고향으로 내려와 남아 있는 90칸의 자택마저 교육 사업에 내놓았다. 그는 자택에 근대학교를 세우고 호명학교라고 이름 붙였다. 이 학교를 졸업한 학생들이 호서지방을 밝히는 선각자들이 되라는 의미였다. 이때 그의 나이는 열여덟이었다.

김좌진은 10대에 모든 재산을 사회에 환원해 가진 자의 의무, 노블레스 오블리주를 가장 멋지게 실천한 인물이었다.

애국계몽운동에서 항일 무장투쟁으로

자신의 집마저 내놓은 김좌진은 1908년 서울로 올라왔다. 1908년 기호흥학회에 가입하고, 1909년 한성순보 이사, 오성학교 교감으로 재직하는 등 활발한 교육운동을 전개했는데, 그가 가장 힘을 쏟은 것은 신민회 활동이었다. 신민회는 1907년 안창호를 비롯해 양기탁, 이동휘, 진덕기, 이동녕, 이갑, 유동렬이 주축이 되어 창립한 단체다. 이들은 독립운동사 초창기를 개척한 독립 영웅들이다. 그가 신민회에 참여했던 것은 육군무관학교 스승이자 선배인 유동렬과의 인연 때문으로 보인다. 두 사람은 전형적인 군인 출신으로 대표적인 항일 무장투쟁론자였다.

신민회는 초창기에 대표적인 애국계몽운동 단체였지만 국권 상실 후에는 투쟁 전략을 수정해야만 했다. 안으로는 자강운동을 계속하면서 밖으로는 독립군 양성을 위해 무관학교를 세워 대일 전쟁을 전개하기로 결정한다. 우선 군사학교를 세울 군자금이 필요했다. 김좌진은 군자금 모금의 선봉에 섰다. 그러던 중 1911년 일제에 체포되어 서대문 형무소에서 2년 6개월을 복역했다.

옥에서 풀려났지만 집에 머물러 지낼 수만은 없었다. 다시 활동을 재개한 단체가 1916년 박상진[1] 등이 조직한 대한광복회였다. 대한광복회는 군대식 조직을 갖추고 총사령 박상진, 부사령 김좌진 등을 중심으로 활동했으며, 독립전쟁을 통한 국권 회복을 최종 목표로 삼았다. 대한광복회는 군자금 확보를 위해 친일파를 처단하고 돈을 빼앗는 수법을 사용했기 때문에 친일파에게는 공포의 대상이었다. 1920년대 국외의 대표적인 의열단체가 김원봉의 의열단이었다면, 1910년대 국내의 대표적인 의열단체는 대한광복회였다. 1918년 박상진 등 수뇌부가 체포되어 순국하면서 대한광복회 활동도 끝나고 만다.

이 무렵 김좌진이 압록강을 건너면서 쓴 시가 저 유명한 '단장지통(斷腸之痛, 장이 끊어지는 고통)'이다. 단장지통을 새긴 시비가 홍성에 있는 그의 생가 뜰에 세워져 있다.

단장지통비

　　적막한 달밤에 칼머리의 바람은 세찬데

칼끝에 찬 서리가 고국 생각을 돋구누나

삼천리 금수강산에 왜놈이 웬말인가

단장의 아픈 마음 쓰러버릴 길 없구나

1918년 만주로 건너간 김좌진은 39인 중 1인으로 「무오독립선언」에 서명했다. 이는 이듬해인 1919년 2·8독립선언과 3·1독립선언의 기폭제가 된 선언으로, 만주 지역에서 활동하던 독립지사들이 독립의 의지를 만천하에 선언하고 일제에 항전을 선언한 문건이다.

북로군정서 총사령관이 되다

1918년 겨울, 만주 일대에서 독립운동을 전개하던 김좌진에게 밀사가 찾아왔다. 북만주 일대에서 중광단을 이끌던 서일(1881~1921)이 보낸 밀사였다. 서일은 나철 선생이 만든 대종교 교인으로 대표적인 무장투쟁론자였다. 그는 1920년 청산리 대첩 이후 10여 개의 무장 독립군 4,000여 명이 밀산부로 집결해 대한독립군단으로 통합되었을 때 총재로 추대된 인물로 유명하다.

중광단은 서일을 단장으로 1911년 결성된 항일 무장단체다. 본부를 길림성 왕청현에 두고 의병과 무관학교 출신의 유능한 군사 간부를 규합했다. 처음에는 무장이 미미해 직접적인 군사 행동은 하지 못하고, 청년들에 대한 정신교육과 계몽사업에 치중했다.

1918년은 만주에서 「무오독립선언」이 발표되고 무장투쟁이 본격적으로 시작된 시점이었다. 이 무렵 서일은 평소 눈여겨봐 온 김좌진의 군사지휘 능력을 높이 샀다. 그는 밀사를 보내 군사와 관련된 전권을 맡길

테니 항일운동의 전면에 나서 달라고 부탁하였다.

　대한광복회의 해체로 좌절감에 빠져 있던 김좌진에게 서일의 밀사는 참으로 반가운 손님이었다. 서일과의 만남은 김좌진의 운명을 송두리째 바꿔 놓았다. 서일과의 만남이 있었기에 독립전쟁 사상 최대 승리인 청산리 대첩의 영웅이 될 수 있었다.

　서일의 중광단은 정의단, 군정부로 이름을 바꿔 무장투쟁을 준비하고 있었다. 그러던 중 상해 임시정부가 수립되자 군정부가 별도의 정부로 오인될 소지가 있어 1919년 12월 북로군정서로 명칭을 바꾸었다.

　서일의 초빙으로 김좌진은 북로군정서 총사령관에 취임해 모든 군무를 총괄했다. 그는 먼저 독립군 간부 양성에 착수했다. 김좌진은 독립군 간부 양성을 위해 왕청현 서대파 십리평의 산골짜기에 사관양성소를 설립하고, 1920년 6월 298명의 고급 간부를 배출했다. 이들이 합류하면서 1,100명으로 구성된 북로군정서는 독립군 최정예 부대가 될 수 있었다. 이것은 서일을 통한 체코제 무기의 다량 구입과 나중소, 이범석, 김규식 등 전투 경험이 풍부한 중간급 지휘관들이 포진해 있었기 때문이다. 청산리 대첩은 바로 이들에 의해 수행되었던 것이다.

신민부 창설

　청산리 대첩 이후 백야 김좌진은 어디서 어떤 활동을 했을까? 교과서만 보면 청산리 대첩 이후 그의 행적이 묘연하다.

　김좌진 역시 일본군의 추격을 피해 밀산부에 도착했다. 그는 4,000여 명의 병력을 이끌고 대한독립군단의 지도자로서 러시아 땅 스보보드니(자유시)를 찾아갔지만, 그곳에 얼마 머물지 못했다. 자유시에서 독립군단을 장악한 것은 이르쿠츠크파 고려공산당원들이었다. 김좌진은 평등주의자였지만 그들과는 이념적으로 맞지 않았던 것 같다. 이르쿠츠크파와 상해파의 주도권 다툼에서 불거진 자유시 참변(1921)이 일어나기 직전에 김좌진은 몇몇 부하만 대동하고 다시 만주로 돌아온다.

참변은 피했지만 북만주의 상황은 너무도 악화되어 있었다. 특히 간도 참변 이후 동포들의 협조를 얻기가 더더욱 어려웠다. 1925년 3월 10일 영안현 영안성에 신민부를 설치하기 전까지 두드러진 활동을 하지 못한 것은 이 때문이었다.

신민부는 압록강 일대에 참의부(1923)가 수립되고, 길림성 일대에 정의부(1924)가 수립된 뒤 조직되었다. 이 3부는 만주의 한인들을 실질적으로 통치한 기구였다. 이 중 가장 활발한 활동을 전개한 단체가 신민부였다. 신민부의 중앙집행위원장은 김혁[2]이 맡았고, 군사부위원장과 총사령관은 김좌진의 몫이었다. 김좌진은 신민부가 설립되자 곧바로 징병제를 실시했다. 또한 사관학교 설립을 주도해 성동사관학교를 설립하고 간부를 배출했다.

김좌진의 꿈은 독립군을 이끌고 국내진공작전을 통해 일본군을 물리치는 것이었다. 국내진공작전을 준비하기 위해 1927년 8월 정찰대를 파견하기도 했다. 이때 선발된 이중삼 외 3인은 성동사관학교 출신들이었다.

김좌진의 계획은 순탄하게 전개되지 못했다. 1928년 1월 일본군이 신민부를 급습해 김혁을 비롯한 신민부 간부들이 피살되고 검거되면서, 신민부는 해체되고 만다. 김좌진이 해림시(흑룡강성 목단강시 해림현) 서쪽에 자리 잡은 산시로 거처를 옮긴 것은 새로운 독립 기지 건설의 활로를 찾기 위해서였다. 이후 노력 끝에 1929년에 조직한 단체가 한족총연합회였다.

당시 만주에서는 공산주의자들이 농민들의 지지를 받고 있어 민족주의 계열의 독립운동이 위축되던 시기였다. 김좌진은 민중의 지지를 얻기 위해 산시에 정미소를 세우고 아나키즘을 수용했다. 하지만 꿈을 펼쳐보지도 못한 채 1930년 1월 24일 공산주의자의 하수인 박상실에게 피살되었다.

누가 백야를 쏘았는가?

김좌진의 죽음에 관해서는 여러 견해가 있다. 그가 어떻게 암살되었는지 1932년 〈삼천리〉 3월호에 실린 김좌진의 후처 나혜국의 인터뷰 기사를 보자.

기 자 : 돌아가실 때 그 광경을 목격하셨습니까?

나혜국 : 보지 못했어요. 아침에 송월산(김좌진의 친구) 씨와 함께 정미소에 나가 보신다고 나가시더니, 오후 2시나 되어서 그렇게 되었다는 말을 듣고 뛰어나갔더니 벌써 세상을 떠나셨더랍니다.

기 자 : 정미소와 댁의 거리가 멀었던가요?

나혜국 : 좀 멉니다. 그렇기 때문에 총소리도 못 들었습니다.

기 자 : 그래 그 현장에 사람이 송 씨밖에 없었나요.

나혜국 : 아니오. 사람은 많았습니다. 정미소에서 일하는 사람들도 있었고, 또 언제나 데리고 다니시는 보안대도 셋이나 있었어도 무기를 안 가지고 나갔기 때문에 대항도 못했지요. 그리고 총을 쏠 때 뒤에서 쏘았습니다. 왼쪽 등을 맞았는데, 탄환이 바른쪽 가슴을 뚫고 나

왔어요. 어쩌나 강기 있는 양반이었는지 총을 맞으시고도 몇 걸음 뛰어가서 "누가 나를 쏘았느냐?"며 소리치시다가 그 자리에서 쓰러지더랍니다.

박환, 『만주지역 한인 유적 답사기』(국학자료원, 2009), 294쪽에서 재인용

이 인터뷰 기사만으로는 그가 어떤 이유로 암살되었는지 알 수 없다. 당시 김좌진 장군 장례위원회에서 밝힌 암살범 박상실은 고려 공산당 청년회 및 재중·한 총동맹원의 일원이었다. 그리고 재중국 조선무정부주의자 연맹은 박상실을 배후에서 조종한 사람이 고려공산당 만주 총국의 주요 간부인 김봉환과 이주홍이라고 밝혔다. 이 사실은 이주홍의 취조 결과 밝혀졌다. 즉, 김좌진을 암살한 행동대원은 박상실이지만, 그 배후에 김봉환과 이주홍 등 공산주의와 관련이 있는 것은 분명해 보인다. 최근 김봉환이 하얼빈의 일본 영사관과 연결된, 일본의 밀정임이 밝혀지기도 했다. 일제는 밀정인 김봉환을 이용해 김좌진 제거를 시도했고, 김봉환이 박상실을 포섭해 일을 진행한 것이다. 이것이 지금까지 밝혀진 백야 암살의 전부다. 백야의 암살에 관한 연구는 아직도 진행형이다. 일제의 밀정이면서 공산당원으로 알려진 김봉환의 정체마저도 명확하지 않기 때문이다.

암살 배후자로 지목된 김봉환의 정확한 정체뿐만 아니라 김좌진의 국내진공작전, 김좌진이 아나키스트가 된 이유, 김좌진과 한국독립당의 관계 등도 아직 명쾌하게 밝혀지지 않았다. 김좌진을 보좌했던 한족총연합회의 최고 집행기관이었던 팔로회에 대한 연구도 부실하기는 마찬가지다. 팔로회 구성원인 정해식, 이동호, 이달문, 김기석, 이덕수, 장사학, 김기철, 장기덕이 구체적으로 어떤 활동을 한 인물인지도 잘 알려져

있지 않고 있다.

이처럼 청산리 대첩 이후 김좌진 장군에 관한 연구는 미진한 상태다.

3. 국내외에 남아 있는 김좌진 관련 유적

해림의 한중우의공원

발해진 상경용천부 왕궁터와 발해 석등을 보고 영안시, 목단강시를 지나 저녁 무렵 도착한 곳은 해림시였다. 곧바로 김좌진 장군을 기념해 조성한 한중우의공원을 찾았다. 왜 김좌진 장군 기념관이 되지 못하고 한중우의공원이라는 이름이 붙었을까? 중국 당국이 김좌진 장군 기념 관이라는 명칭을 부담스러워하자, 장군의 손녀로 알려진 탤런트 김을동 씨가 할아버지께서 중국인들과 연합해 독립운동을 하셨으니 한중우의 공원으로 하면 어떻겠느냐고 제안했다고 한다. 이것이 김좌진 장군 기 념관이 아닌 어정쩡한 이름이 붙은 이유다. 중국의 속 좁음이 묻어 있 는 명칭 같아 씁쓸했지만 해림시에서 가장 돋보이는 멋진 건물이다.

해림시는 김좌진 장군이 활동한 중심지는 아니다. 신민부를 창설하고 거주했던 곳은 그가 순국한 산시에서 한참 떨어진 상지시 석두하자였 고, 그가 운영한 금성정미소는 순국지인 산시에 있었다. 그러나 산시와 석두하자는 조그마한 시골 마을이다. 시골에 기념관을 세워 한중우의 활동을 하기에는 어려움이 많다. 한중우의공원이 산시나 석두하자에 있 지 않고 해림시에 있는 이유다. 그렇다고 김좌진과 해림시가 전혀 관계 가 없지는 않다. 해림시에는 조선족이 많이 살고 있고, 그가 설립한 신 창학교를 계승한 해림시 조선족실험소학교가 자리하고 있다.

한중우의공원은 대지 4만여 평 부지에 백야문화관과 항일역사기념관 이 들어선 2채의 건물과 중앙공원으로 조성되어 있다. 항일역사기념관 2층은 5개관으로 되어 있는데, 제1관은 동북 이주와 독립전쟁의 전개,

제2관은 3·1운동과 독립전쟁의 전개, 제3관은 독립운동 단체의 재정비와 항일투쟁, 제4관은 일제의 대륙 침략과 한중 양 민족의 연대투쟁, 제5관은 광복 후 현재까지 한중 우호와 관련된 자료를 전시하고 있다.

항일역사기념관은 국내외를 망라한 독립운동사 관련 최대 규모로 매우 간결하고 세련된 기념관이다. 특히 필자의 시선을 오랫동안 사로잡은 것은 제3관에 설치된 추모의 터널이다. 추모의 터널에는 만주 지역에서 항일투쟁을 전개했던 좌우익을 포함한 우리 측 15명과 중국 측 15명의 인물들이 전시되어 있었다. 우리 측 애국지사로는 김동삼, 김약연, 김좌진, 나철, 남자현, 안중근, 양세봉, 오동진, 이동휘, 이상룡, 이상설, 이청천, 이회영, 정이형, 홍범도 등 15명이다.

15명의 독립 영웅 중 생소한 인물은 정이형(1879~1956)이다. 정이형은 1926년 3월 길림의 양기탁 집에서 독립운동의 핵심체를 조직하기 위해 각계각층을 망라한 연석회의가 개최되었을 때 정의부 대표로 참가했다. 고려혁명당에 가입해 위원으로 활동하던 1927년 하얼빈에서 일본 경찰에 체포되어 19년간 옥살이를 치른 독립투사다. 광복 후 출감한 그는 반민족행위특별법 조례 기초위원장이 되어 민족반역자 척결에 앞장섰지만, 꿈을 이루지 못한 채 사람들의 기억에서 멀어졌다. 박환 교수는 『잊혀진 혁명가 정이형』을 통해 만주 지역의 대표적인 무장 독립운동가 정이형의 활동을 재조명하였다.

중국인 15명은 동장영, 양림(조선족), 양정우, 왕덕림, 왕덕태, 위증민, 이동광(조선족), 이연록, 이조린, 이학복, 이홍광(조선족), 조상지, 주보중, 진한장, 허형식(조선족) 등으로 1930년대 항일유격대, 동북항일연군 등의 지휘관으로서 항일투쟁을 전개했던 인물들이다.

이들 중 필자에게 익숙한 인물은 주보중과 이조린이다. 이조린

(1910~1946)은 동북항일연군 지휘관으로 대일본 한중합작 투쟁을 전개한 인물이다. 안중근 의사가 순국하면서 묻어 달라고 했던 하얼빈 공원은 현재 이조린의 항일 정신을 기리기 위해 조린공원으로 이름이 바뀌었다. 그를 이곳 기념관에서 다시 만난 것이다.

제4관의 전시물도 필자의 시선을 끌었다. 사진 속에는 동북항일연군에서 활동한 김일성이 있었다. 우리의 독립운동사 관련 자료에서 김일성의 사진을 발견하기는 쉽지 않다. 사회주의자들은 철저히 배격되었기 때문이다. 김일성을 비롯한 사회주의 계열 독립투사의 업적과 중국의 항일 투사들이 전시될 수 있었던 것은, 좌우를 망라한 통일 지향적인 관점과 한중 우의라는 두 가지 원칙 덕분이었다. 독립 영웅들의 모습에 마음이 훈훈했다. 이젠 우리의 독립운동사도 좌우에 얽매이지 않고 전체의 모습을 찾을 시기가 되었다고 생각한다.

한중우의공원의 기념관이 김좌진 장군만 기념하는 곳인 줄 알았는데, 제4관에 마련된 김좌진 장군 특별 코너가 전부였다. 특별 코너에는 장군의 영정, 고향 홍성의 동상과 생가, 필적, 청산리 전투도, 금성정미소, 장례식 풍경, 장군의 무기 등이 사진으로 전시되어 있었다.

해림시를 떠나기 전, 1927년에 김좌진이 세운 신창학교를 방문했다. 신창학교는 몇 번의 교명 변경을 거쳐 지금은 해림시 조선족실험소학교가 되어 있었다. 소학교 아이들의 축하 공연을 관람했다. 춤과 노래, 사물놀이, 합창 등이 얼마나 귀엽고 깜찍한지, 힘든 청산리 대장정의 피로가 모두 가시는 듯했다.

한중우의공원

순국의 현장 금성정미소

한중우의공원이 있는 해림시에서 산시까지는 1시간이 채 걸리지 않는다. 우리 답사팀이 산시를 찾은 것은, 산시에 신민부 독립군 사령부와 한족총연합회[3] 본부가 있는 데다 김좌진 장군이 박상실의 총을 맞고 순국한 장소가 있기 때문이다.

암살당한 장군의 시신을 처음 모신 곳은 자경촌(오늘날 산시진 신광촌) 뒷산이었다. 마을 너머 보이는 산자락이 1930년에 한인들이 모여 사회장으로 장례를 성대히 치른 후 묻은 장소지만, 지금 그곳에는 무덤이 없다. 일본인들이 들어온다는 소식이 전해지자, 산시의 옛 전우와 부하들이 국내에서 오숙근 여사를 불러들여 장군의 시신을 그의 고향으로 옮겨 장사 지내기로 결정한다. 1934년 4월 산시에 도착한 오숙근 여사는 박물장사로 위장해 수습한 시신을 국내로 옮겨와 충청남도 홍성에 밀장했다. 1957년 장군의 어머니인 한산 이씨가 세상을 뜨자, 아들로 알려

금성정미소

진 김두한이 어머니와 함께 현재 시신이 안치되어 있는 보령으로 이장
했다.

산시는 목단강시에 하얼빈을 오가는 기차역이 있는 교통의 요지였
다. 이곳 산시역에서 오숙근 여사는 장군의 시신을 안고 기차를 탔을
것이다.

산시역 가까이에 김좌진 순국지가 있다. 입구에는 김좌진 장군 구거
지라는 팻말이 붙어 있다. 안으로 들어서자 정면에 장군의 흉상이 서
있고, 왼쪽에는 팔로회의실과 장군이 거처한 자택, 흉상 뒤로는 금성정
미소가 복원되어 있다. 팔로회의실은 장군이 한족총연합회의 간부들과
회의실로 사용하던 방이다. 멍석이 깔린 방에 단군 초상화가 걸려 있고
멍석 위에는 짚으로 짠 작은 방석 8개가 놓여 있다.

팔로회의실 옆의 작은 집이 김좌진 장군의 자택인데, 다음과 같은 안
내문이 적혀 있다.

백야 김좌진 장군은 서기 1927
년 7월 903명의 독립군과 1천여 명
의 재향 군인 및 가족들을 거느
리고 이곳 산시에 이주한 후 서기
1928년 9월부터 이 자택에 살면서
홍진, 이청천, 황학수, 김종진 씨 등
과 당시 형세와 대일 항전에 대해
자주 논의하면서 거주하셨던 곳이
다. 서기 1930년 1월 24일 순국 전
까지 이곳에 거주하셨다.

산시의 김좌진 장군 흉상

백야는 한족총연합회를 건립하면
서 무엇보다도 민족의 자립 경제를 중요하게 생각했다. 그래서 단체로
산지를 개간하는 등 협동촌을 건설하고자 했다. 농사와 떼려야 뗄 수 없
는 것이 방앗간이다. 당시 북만주 일대에는 한인이 운영하는 방앗간이
없었다. 그래서 한인들 대부분은 비싼 사용료를 내면서 중국인이 운영
하는 정미소를 이용해야 했다. 금성정미소는 그런 한인들의 편의를 위
해 백야가 손수 만들어 운영한 곳이다.

정미소 안에는 옛날 방앗간 기계들이 놓여 있었다. 그 한가운데 김좌
진 장군 순국지 표석이 있었다. 바로 이곳에서 김좌진 장군이 공산주의
자 김봉환의 사주를 받은 박상실에게 저격당했다.

1930년 1월 24일 오전 9시경에 일어난 일이다. 정미소 앞 표지판의 글
은 다음과 같다.

순국 장소

백야 김좌진 장군은 부근의 농민에게 편의 제공과 '한족총연합회'의 자금난도 다소 해결하기 위한 목적으로 자택 앞에 있는 동청철도의 창고를 빌려 이 정미소를 세웠다. 처음에는 연자방아를 사용하다가 서기 1928년 여름 하얼빈에 가서 봉천(심양)산 목탄 발동기 중고품을 구입했다. 서기 1930년 1월 24일 오전 9시경 이 정미소에서 박상실의 흉탄에 순국하시었다.

"아직 할 일이…… 할 일이 너무도 많은 이때에 내가 죽어야 하다니…… 그게 한스러워서……." 마흔한 살 김좌진이 남긴 마지막 말이었다. 김좌진은 아직 할 일이 많았다. 그러나 뜻하지 않은 암살은 장군의 꿈을 산산조각 내고 말았다. 함께 산시로 들어온 903명의 독립군과 천여 명이 넘는 가족들, 그리고 국외의 모든 독립군의 꿈마저 빼앗아 버리고 말았다.

1999년 김좌진장군기념사업회에서 금성정미소를 비롯한 자택을 복원했다. 그의 자택은 정미소에서 한참 떨어져 있었지만, 위치를 확인할 수 없어 이곳에 김좌진 장군 구거지라는 이름으로 정미소와 함께 복원해 놓은 것이다. 이는 '김좌진 장군 순국지'가 더 정확한 명칭이 아닐까?

사당과 생가

청산리 대장정을 시작하기 직전에 김좌진의 고향 홍성을 찾았다. 홍성 IC에 들어서자마자 그의 생가와 사당이 있었다. 홍살문을 통과하자 화룡문, 청산문이 이어지고 청산문을 지나자 김좌진의 영정을 모신 백야사가 나왔다. 청산리 대첩의 영웅, 김좌진 장군을 만난 것이다.

찾아오는 사람이 뜸한지 사당의 향불은 꺼져 있었다. 향을 피우고 긴 묵념을 올렸다. 방명록에 "조국을 위해 바친 거룩한 당신의 뜻 결코 잊지 않겠습니다"라고 썼다. 이는 장군에게, 그리고 내 자신에게 한 일종의 약속인 셈이다. 역사 교사로서 독립 영웅들의 뜻을 잃지 않는 것, 그것은 역사의 진실과 정신을 학생들에게 계승시키는 일이 아닐까?

사당 오른쪽으로 백야공원이 조성되어 있었다. 1949년 홍성읍 남산 공원에 설립했던 백야 김좌진 장군비를 2007년에 이곳으로 이전했다. 또한 백야의 일생을 다섯 시기로 나눠 설명을 붙인 동상이 서 있다. 5개 동상의 제목은 유년의 꿈, 해방의 실천, 일깨움, 진격, 광복의 아침이다.

이곳에서 장군의 호, 백야의 의미를 깨달았다. 백(白)은 흰색, 즉 백의민족이라는 뜻이며, 야(冶)는 '쇠불리다 혹은 단련하다'라는 뜻으로, 백의민족인 우리 민족이 심신을 강하게 단련하여 일제의 침략에 맞서자는 의미다.

사당 바로 아래에 생가를 복원해 놓았다. 문 안으로 들어서자 왼쪽에는 우국시 「단장지통」을 새긴 시비가, 오른쪽에는 기념관이 있다. 김좌진이 어떤 인물인지를 가장 잘 알려 주는 것 중 하나가 「단장지통」이다. 백야 장군의 기념관은 최근에 조성되었는지 깔끔했고, 전시물도 잘 분류되어 있었다.

복원된 생가 입구에 행랑채와 안채, 맞은편에 창고로 보이는 별채가 ㄷ자형으로 들어서 있었다. 별채에는 농기구 등이 보관되어 있고, 마구간에는 장군이 타고 다녔을 백마가 모형으로 서 있었다.

김좌진이라는 문패가 걸린 대문을 통과하면 안채가 나온다. 장군이 태어나고 어린 시절을 보냈던 생가다. 안방 정면에 태극기를 배경으로 한 장군의 초상화가 걸려 있었다. 열여섯 나이에 30여 명의 노비를 모아 놓고 노비문서를 불살랐던 곳이 이곳 마당인 듯한 느낌이 들었다. 그러나 이곳은 그가 태어난 생가 터가 아니었다. 그가 태어난 곳은 지금의 갈산 중·고등학교 옆이다. 그곳에 있던 90칸짜리 저택을 호명학교로 내놓았고, 호명학교의 전통은 갈산중·고등학교로 이어지고 있다. 지금의 생가는 1991년에 사당 옆에 축소해서 복원해 놓은 것이다.

백야사(사당)

복원된 생가

백야공원

화룡의 대종교 3종사 묘역

화룡에서 용정으로 가는 4차선 도로가 시작되는 지점에 청호주유소가 있다. 여기서 옛 도로를 따라 다시 화룡 쪽으로 조금 더 가면 왼쪽 산기슭에 대종교 3종사 묘역이 눈에 들어온다. 길가에서 금방 볼 수 있는 위치에 있다.

묘역은 비교적 잘 정비되어 있었지만 봉분은 작고 초라했다. 왼쪽이 대한독립군단 총재 서일, 가운데가 대종교 대종사 나철, 오른쪽이 2대 교주 김교헌을 모신 묘로, 각 무덤 앞에는 1미터 크기의 묘비와 상석이 놓여 있다. 세 분의 묘역은 돌로 둘러져 있는데, 묘의 오른쪽에 조그마한 돌 비석이 서 있다. 앞면에는 반일지사 무덤이라고 붉은 글씨로 쓰여 있고, 뒷면에는 한글로 다음과 같이 적혀 있다.

> 반일지사 라철, 서일, 김교헌은 20세기 전반기에 동북지구에서 한때 화룡시 청파호를 기지로 반일 계몽운동과 반일 교육활동을 진행하였다. 그들은 민중의 반일의식을 높이고 인민의 반일사상 각오를 높이기 위하여 많은 일들을 하였으며 반일 무장투쟁을 준비하고 전개함에 있어서 중요한 역할을 놀았다. 서일이 령도한 북로군정서 소속의 반일 무장 부대와 국민회 소속의 반일 무장 부대가 1920년 10월 화룡지구에서 협동작전을 한, 국내외에 널리 알려진 청산리 전투는 일본 침략군에 심대한 타격을 주었으며 반일 운동이 깊이 있게 전개되도록 힘 있게 추동하였다.

나철(1863~1916)은 전남 보성 출신으로 스물아홉 살에 문과에 급제해 관직에 나아갔다. 을사늑약 이후 을사오적암살단을 조직했지만 뜻을 이루지 못했다. 1909년 1월 15일(음력) 단군교를 중광했고,

대종교 3종사 묘역

1910년 대종교로 개칭했다. 국권 피탈 이후 일제의 종교 탄압이 심해지자 1914년에는 교단의 본부를 백두산 북쪽의 화룡시 청파호 부근으로 옮겨 만주를 무대로 교세 확장에 주력했다. 그의 무덤이 화룡시 청파호에 있는 이유다. 1915년 10월 종교통제안을 공포해 대종교 탄압을 노골화하자, 황해도 구월산 삼성단에서 단식투쟁으로 맞서다가 1916년 8월 15일 순국했다. 비서였던 김두봉이 시신을 거두어 이곳에 안치했다.

김교헌(1868~1923)은 경기도 수원 출신으로, 1885년 문과에 급제해 벼슬이 성균관 대사성에 이르렀다. 1909년 대종교에 가입했으며, 1916년 나철에 이어 제2대 교주가 되었다. 1919년 12월에는 북로군정서를 조직하여 1920년 벌어진 청산리 대첩에 기여했고, 1922~1923년에는 국내외에 46개 시교당을 건립했다. 그는 1923년 영안현 남관 총본사 수도실에서 순국했다.

서일(1881~1921)은 북만주 지역 최고의 무장투쟁론자였다. 함경북도 경원 출생으로 경성의 함일사범학교를 졸업했다. 졸업 후 1910년까지 교육 사업에 종사하다가 국권 피탈 후인 1911년 만주로 망명해 대종교에

3종사 묘석비

입교하고, 중광단, 정의단, 북로군정서의 최고 책임자로 활동했다. 1920년 청산리 대첩을 대승으로 이끈 후 일본군의 토벌을 피해 밀산부로 이동해 4,000여 명 규모인 대한독립군단의 총재가 되었다. 자유시로 이동한 독립군 부대가 1921년 자유시 참변을 당하고, 밀산부의 독립군마저 마적의 습격을 받아 근거지가 파괴되자 책임을 통감하고 1921년 8월 27일 자결했다.

당시 만주에서 활동한 독립지사 중에는 대종교 출신들이 많았다. 박은식, 신채호를 비롯해 항일 독립지사인 김규식, 김좌진, 신규식, 이동녕, 이상설, 이범석, 이시영, 이청천 등도 대종교와 관련을 맺고 활동한 인물들이다. 발해진에 백산농장을 경영한 백산 안희제도 대종교인이다. 단군을 받든 대종교는 종교가 아니라 반일 항일투쟁의 정신적 지주로서 이처럼 독립운동사에서 대종교가 차지하는 비중은 대단했다.

3종사 묘역을 보면서 필자의 마음이 편치 않았다. 3종사의 초라한 무덤 때문이기도 했지만, 몇 년 전 다녀온 보성의 나철 생가 때문이었다. 교과서에 실린 그의 영정은 사당 하나 없어 곳간에 방치되어 있었다. 2016년 그의 고향 보성에 홍암나철기념관이 건립되어 곳간에 방치되었던 영정도 제자리를 잡았다. 늦었지만 다행스러운 일이 아닐 수 없다.

보성 생가에서 나철의 흔적을, 청산리 계곡에서 서일의 향기를, 영안시를 지나면서 김교헌의 삶을 추적해 보았다. 무덤에서 화룡시와 함께 멀리 백두산이 보였다. 3종사는 죽어서도 백두산을 바라보고 있었다.

1 박상진(朴尙鎭, 1884~1921) 1915년 7월 대구에서 대한광복회를 조직하고 총사령에 취임했다. 대한광복회는 근대 국민국가의 공화주의를 목표로 무장혁명노선을 표방했다. 국내에 100여 개의 거점을 두고 군자금을 모아 무기 및 장비를 갖추고 독립군을 양성하여 일제히 혁명을 일으켜 공화주의 독립국가를 건설하려고 했다. 그러나 군자금 모금에 부호들이 협조하지 않자 강제모금을 추진하고 친일적인 부호를 처단하기로도 했다. 이종국의 밀고로 1918년 전국의 조직망이 발각되어 채기중 등과 함께 사형 선고를 받아 순국했다.

2 김혁(金爀, 1875~1939) 1900년 1월 대한제국 육군 무관학교를 졸업하고 육군 참위로 임명된 후 군인의 길을 걸었다. 1920년 8월 이후 북로군정서에서 활동하면서, 청산리 전투를 승리로 이끄는 견인차 역할을 하였다. 1925년 3월 영안현에서 신민부를 조직하고 중앙집행위원장을 맡았다. 신민부에서 성동사관학교를 설립하자 교장에 임명되어 부교장 김좌진 등과 함께 500여 명의 졸업생을 내어 독립군 간부로 활동하게 하였다. 1928년 일본 경찰의 기습 공격을 받아 체포되어 서대문 경찰서에서 10년 형을 선고받고 복역 중 병환으로 출소, 1939년 순국하였다.

3 한족총연합회(韓族總聯合會) 1929년 만주 영안현에서 김좌진이 중심이 되어 조직한 조선인 자치조직으로, 정식 명칭은 재만한족총연합회이다. 1920년대 만주에서 활동하던 무장독립단체인 정의부·신민부·참의부가 민족유일당을 조직하려다 통합에 실패, 혁신의회와 국민부로 분리되었다. 혁신의회에 참여했던 신민부의 김좌진 등은 북만주의 군소 독립단을 규합하고 무정부주의 단체 등과 제휴하여 한족총연합회를 조직했다. 재만 한족의 정치적·경제적 향상·발전을 도모하며 항일구국을 위해 재만 동포의 총력을 집결한 자주 자치적 협동조직체임을 목적으로 하고, 당면 사업으로 교포들의 정착 사업과 협동조합·교육문화 사업, 게릴라 부대의 육성과 치안을 위한 군사훈련 사업을 설정했다.

8장

안중근 의사의 혼이 서린
하얼빈과 뤼순

1. 아! 하얼빈, 하얼빈

두 사람의 운명적인 만남

블라디보스토크에서 출발한 시베리아 횡단열차는 우수리스크에서 철로를 바꿔 중국 쪽으로 향한다. 열차는 중국과 러시아 국경도시인 수분하(綏芬河, 쑤이펀허)에서 하얼빈까지 운행되는 중국 기차의 꽁무니에 붙는다. 그렇게 달려 목단강(牧丹江, 무단장)을 거치면 하얼빈에 이른다. 다롄을 출발해 심양(沈陽, 선양), 장춘(長春, 창춘)을 거쳐 온 또 다른 선로와 만나는 지점 또한 하얼빈이다. 이 선로를 러시아는 중동철도라 불렀다.

1909년 10월 21일, 이 선로의 끝인 항구도시 블라디보스토크와 다롄에서 각각 기차에 오른 두 사람이 있었다. 둘 다 목적지는 하얼빈이었지만, 목적은 전혀 달랐다. 한 사람은 생의 마지막 야망을 대륙에서 실현시키려 했고, 다른 한 사람은 더 큰 가치를 위해 생을 바치려 했다. 둘은

10월 26일 아침 하얼빈 역에서 만났다. 안중근이 단지동맹을 맺고 하늘에 고한 날부터 이미 운명 지어진 역사의 필연이었다.

뤼순에는 러일전쟁 당시 최대 격전지였던 203고지가 있다. 작은 언덕 203고지에 오르면 천혜의 군항 뤼순이 한눈에 내려다보인다. 203고지를 차지하는 이가 요동의 주인이 된다는 말이 왜 나왔는지, 이곳에 오르면 이해가 된다. 이곳은 군사적 요충지가 분명했다. 일본은 이 고지를 차지하기 위해 러일전쟁 당시 1만 8,000명의 목숨을 내놓았다.

안중근이 하얼빈으로 가는 기차표를 얻기 위해 우덕순 등과 함께 신한촌을 동분서주하던 10월 20일, 이토 히로부미는 203고지에 올라 "오랜만에 듣는 203고지/ 1만 8,000명의 뼈를 묻고 있는 산/ 오늘 올라 보니 감개가 무량하다/ 하늘을 바라보니 산머리에 흰 구름이 둘러져 있네"라는 시를 읊고 있었다.

블라디보스토크와 달리 다롄은 활기가 넘쳤다. 일본풍 건물이 여기저기 서 있는 중심가 중산광장에 서니 이토 히로부미의 감개무량이 어떤 것인지 쉽게 느껴졌다. 10월 19일 다롄에 도착한 이토 히로부미는 환영객들에게 "만주의 평화는 극동의 평화와 밀접한 관계가 있다"라는 연설

안중근 의거 당시의 하얼빈 역 플랫폼

을 했다. 그의 평화는 그날 블라디보스토크에 도착한 안중근이 생각하는 평화와는 너무 거리가 멀었다. 안중근은 한국, 중국, 일본이 서로 협력하고 도와줄 때 극동의 평화가 온다고 믿고 있었다. 상반된 두 개의 평화론은 서로 부딪칠 수밖에 없었다.

1909년 10월 21일 안중근이 하얼빈을 향해 출발한 그 시각, 이토 히로부미가 탄 특별열차가 다롄을 출발, 하얼빈을 향했다. 한 목적지에 서로 다른 목적을 가진 두 사람이 다가가고 있었다. 그 누구도 마주 향해 달리는 기차를 멈추게 할 수 없었다.

하얼빈 역에 새겨진 삼각형과 사각형

눈을 뜨니 새벽 5시, 공기가 상쾌했다. 만주는 너무 넓었다. 연길에서 저녁을 먹고 출발했건만, 기차는 아직도 하얼빈에 도착하지 못했다. 3시간을 더 달려야 했다. 하얼빈은 이렇듯 먼 곳이다.

안중근은 1909년 10월 21일 블라디보스토크에서 기차를 타고 22일 저녁 하얼빈에 도착했다. 장장 18시간이 걸리는 길이었다. 안중근은 하얼빈 한인회 회장 김성백의 집에서 하룻밤을 묵고, 23일 김성백의 집 가까이에 있는 하얼빈 공원에 들러 의거를 구상하고 우덕순 등과 마지막이 될 사진을 찍었다.

10월 24일 안중근은 의거지를 물색했다. 그는 그곳에서 84킬로미터 떨어진 채가구에 항상 기차가 정차한다는 것을 알아냈지만 역이 너무 작았다. 증기기관차의 연료를 공급받기 위해 멈추던 역인데, 이토의 특별열차는 멈출 것 같지 않았다. 안중근, 우덕순, 조도순은 역 근처 여관에서 마지막 밤을 함께했다. 그들은 안중근은 하얼빈에서, 우덕순과 조도순은 채가구에서 이토를 처단하기로 약속했다.

안중근이 사용한 권총

10월 26일, 날이 밝았다. 안중근은 하얼빈에서 산 외투를 걸치고, 일본인 행세를 하기 위해 챙이 있는 모자를 썼다. 그리고 여덟 발이 장전된 블로우닝 권총을 오른쪽 주머니에 넣었다.

거사 당일 안중근은 새벽 5시경에 일어났다. 7시, 하얼빈 역에 도착한 후 대합실 안의 찻집에서 차를 마시며 마음을 가다듬었다. 민족의 운명이 걸려 있는 엄청난 사건을 눈앞에 둔 심경은 어떠했을까? 그 순간 함께 두만강을 건넜던 의병, 단지하며 맹세했던 동지들, 어머니와 아내, 아이들이 생각나지 않았을까? 그들은 안중근에게 큰 힘이 되었을 것이다.

오전 9시를 조금 넘긴 시각 기적소리가 울리고, 한참 후 이토 히로부미가 기차에서 내렸다. 그가 러시아 군악대의 연주에 맞춰 러시아 군대, 청나라 군대, 외교사절단을 순서대로 사열하고 돌아서는 순간 "탕! 탕!

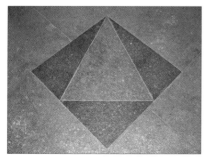
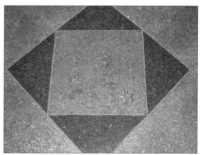

안중근 의거지와 이토 히로부미 피격지

탕!" 총성이 울렸다. 세 발 모두 명중했다. 첫 번째 총알은 오른팔을 뚫고 제7늑간에 수평으로 박혀 심장 앞에 멈췄고, 두 번째 총알은 오른쪽 늑관절을 통해 제9늑간으로 들어가 흉막을 관통했고, 세 번째 총알은 상복부 중앙으로 들어가 왼쪽 복부에 박혔다. 역사는 이때를 안중근 대한국 의병 참모중장이 한국 침략의 원흉 이토 히로부미를 사살한 순간으로 기록한다. 1909년 10월 26일 오전 9시 30분이었다. 세계는 놀라움으로 조선 청년의 거사를 보도했다.

아침 8시, 하얼빈에 도착했다. 가슴이 뛰었다. 다소 흥분된 마음에 하얼빈 역사(驛舍) 이곳저곳을 향해 사진기 셔터를 연달아 눌렀다. 갑자기 사진기의 배터리가 나가 버렸다. 사진기에 꼭 담아야 할 장소인 안중근 의사의 거사, 그 역사적인 현장에서는 다른 분의 사진기를 빌려야 했다.

한국독립운동사상 최대의 의거 현장은 플랫폼 가까이에 있었다. 안중근 의사 의거지는 삼각형으로, 거기서 5미터 정도 떨어진 이토 히로부미의 피살 현장은 마름모 안에 직경 10센티 정도의 사각형으로 표시되어 있다. 삼각형으로 그려 놓은 그 자리에서 대한국 참모중장 안중근은 한국 침략의 원흉이자 동양평화의 파괴자 이토 히로부미를 응징한 것이다. 그리고 두 손을 높이 올려 "코레아 우라(대한국 만세), 코레아 우라"를 외쳤다.

2014년 1월 19일 이전까지 하얼빈 역에 남아 있는 안중근의 흔적은 그것이 전부였다. 푯말 하나, 안내판 하나 없었다. 암호 같은 삼각형, 사각형의 표시도 2006년 7월 하얼빈 교민들이 각고의 노력 끝에 성사시킨 것이라고 한다. 일본에 의해 피해를 입은 중국이건만 그들은 일본의 눈치를 보고 있다. 하얼빈에 투자하는 일본인들의 재력은 역사의 진실을 뒤엎고 있다.

안중근 의사 기념관(2014~2016)

2014년 1월 19일, 하얼빈 역사의 귀빈 대기실 일부를 개조한 '안중근 의사 기념관'이 문을 열었다. 기념관 외부는 1909년 당시 하얼빈 역 모습을 재현했는데, 주변과 구별되도록 노란색으로 꾸며져 있다. 기념관 정문 벽시계는 9시 30분에 멈춰 있다. 그 시간은 안중근 의사가 이토 히로부미를 격살했던 순간이 아닌가? 세심한 중국 측의 배려가 고맙다.

기념관으로 들어서면 안중근 의사 흉상이 방문객을 맞는다. 200m² 규모의 아담한 기념관은 '안 의사 집안의 가정교육과 사상', '애국운동과 구국 교육 실천', '의병 투쟁과 단지동맹', '하얼빈에서의 열하루' 등으로 구성되어 있다.

2019년 5월, 다시 찾은 하얼빈 역은 아직 어수선했다. 인구 천만에 걸맞은 고속열차 역이 웅장했다. 그리고 2014년 문을 연 안중근 의사 기념관 옛 자리에 2019년 3월 다시 안 의사 기념관이 재개관되었다. 기념관 면적도 기존 규모에서 2배로 확장되었다. 안 의사가 거사한 시각인

안중근 의사 기념관 입구 안 의사 동상

오전 9시 30분에 멈춰 선 벽시계는, 이전에는 기념관 밖 '안중근 의사 기념관' 현판 위쪽에 있었지만, 이번에는 기념관 내 안 의사의 전신상 위쪽에 부착되어 있었다.

플랫폼 가까이 의거 현장의 표지판도 새 단장을 했다. 안 의사 의거지는 이전처럼 삼각형으로 표기했는데, 별 7개를 새겨 넣었다. 안 의사 배에 새겨진 7개의 별인지, 권총에 장전된 7발을 상징하는 별인지는 알 수 없다. 이전에 사각형으로 표시된 이토 피격지는 3개의 원이 그려져 있다. 사격장 표지판의 원 모습, 목표물이 떠올랐다. 그랬다. 이토는 안중근 의사의 목표물이었던 것이다.

이토의 죄 열다섯 가지

총 쏘기를 멈추는 순간 러시아 경찰에 체포된 안중근은 역내의 러시아 헌병분파소로 끌려가 신문을 받다 저녁 9시경 일본 총영사관으로 인계된다. 그 건물 지하에는 안중근을 심문한 지하 감방이 있다. 당시 북만주 일대의 항일 투사들이 체포되면 그 지하 감방으로 끌려와 갖은 악형과 고문을 당했다. 일송 김동삼[1]도 이곳에서 한 달 동안 고문을 당했고, 사이토 총독 암살 사건에 연루된 독립운동의 어머니 남자현 (1872~1933)[2] 열사도 이곳에서 혹독한 고문 끝에 1933년 순국했다. 현재

새 단장된 안중근 의사 의거지 표지　　　　　새 단장된 이토 히로부미 피격지 표지

총영사관 건물은 화원가 351번지로, 화원소학교가 자리하고 있다.

일본 총영사관 지하 감방에서 안중근 의사가 밝힌 이토 히로부미의 열다섯 가지 죄목은 참으로 정당하고 논리 정연했다. 죄목 하나하나를 꼭꼭 눌러 다시 써 본다.

1. 한국의 민황후를 시해한 죄
2. 한국 황제를 폐위시킨 죄
3. 5조약과 7조약을 강제로 맺은 죄
4. 무고한 한국인들을 학살한 죄
5. 정권을 강제로 빼앗은 죄
6. 철도, 광산, 산림, 천택을 강제로 빼앗은 죄
7. 제일은행권 지폐를 강제로 사용한 죄
8. 군대를 해산시킨 죄
9. 교육을 방해한 죄
10. 한국인들의 외국 유학을 금지시킨 죄
11. 교과서를 압수하여 불태워 버린 죄
12. 한국인이 일본인의 보호를 받고자 한다고 세계에 거짓말을 퍼뜨린 죄

13. 현재 한국과 일본 사이에 경쟁이 쉬지 않고 살육이 끊이지 않는데 태평 무사한 것처럼 위로 천황을 속인 죄

14. 동양평화를 깨뜨린 죄

15. 일본 천황 폐하의 아버지 태황제를 죽인 죄

러시아가 1896년 중동철도 부설권을 획득할 때만 해도 하얼빈은 조그마한 어촌에 불과했다. 1903년 중동철도가 개통된 시점을 전후로 하얼빈은 국제적인 도시로 성장했다. 일본, 러시아는 물론 미국과 영국까지 가세해 열강의 각축전이 벌어진 곳이다. 이토 히로부미가 하얼빈에 왔던 것도 러일전쟁 이후 이 지역에 대한 주도권을 확실히 다지기 위해서였다. 그 야욕을 안중근이 꺾은 셈이니, 일본 측에서 보면 분통 터지는 사건일 수도 있다.

안중근이 묻히고자 했던 하얼빈 공원

1909년 10월 22일 하얼빈에 도착한 안중근은 23일 김성백의 집 바로 옆에 있는 공원을 찾아 마지막으로 사색에 잠겼다. 지금 하얼빈 공원은 중국공산당 혁명가 이조린(1910~1946)[3]의 이름을 따서 조린 공원으로 불리고 있다. 10월 23일 일생에 단 한 번 하얼빈 공원을 찾은 안중근은, 한국이 독립될 때까지 자신의 뼈를 하얼빈 공원에 묻어 달라고 유언을 남겼다.

안중근은 왜 그러한 유언을 남겼을까? 그날 하얼빈 공원에서 안중근이 본 것은 무엇이었을까? 그것은 가족이 함께 손잡고 노니는 일상의 행복이었을 것이다. 안중근, 그에게도 사랑하는 아내가 있고, 두 아들과

딸이 있었다. 그랬다. 일상의 행복, 안중근은 그런 모습을 가장 부러워했을 것이다. 그는 죽은 뒤에라도 아내와 아이들과 함께 하얼빈 시민들처럼 공원에서 노닐고 싶었을 것이다.

이조린 흉상

가느다란 빗줄기가 그치고 청명한 푸르름이 구름 사이로 보였다. 엄마 손을 잡은 아이들이 공원에서 한가로움을 만끽하고 있다. 취조 중에 "너도 아들, 딸이 있지 않으냐"라고 묻자, "나는 아들도 가족도 없다"라고 답한 안중근의 심정을 헤아려 보았다.

그렇지만 공원 어디에도 안 의사의 흔적은 남아 있지 않았다. 그가 쓴 글자로 새긴 '청초당(靑草塘)'과 '연지(硯池)' 표석이 있을 뿐. 글자만 새겼다면 안 의사가 쓴 글자인지 아닌지 구분할 수 없었겠지만, 표석에는 확실한 증거가 있었다. 약지가 잘린 그의 손도장 말이다.

144일 밤을 홀로 지낸 뤼순 감옥에서 안 의사는 '국가안위노심초사(國家安危勞心焦思)', '위국헌신군인본분(爲國獻身軍人本分)' 등 200여 점의 유묵을 남긴다. 조린공원에 새겨진 '청초당(靑草塘)'도 그중 하나다. 청초당은 "풀이 푸르게 돋는 언덕"이라는 뜻으로 봄에 풀이 푸르게 돋아나듯, 우리나라의 독립도 곧 다가올 것이라는 안 의사의 염원을 담고 있다.

청초당 뒷면에는 연지(硯池)라는 글자가 새겨져 있다. 연지는 안 의사가 애송했던 이태백의 시 "五老峰爲筆(오로봉위필)/ 三湘作硯池(삼상작연지)/ 靑天一張紙(청천일장지)/ 寫我腹中詩(사아복중시)"에 나오는 움푹 파인

벼루다.

해석하면 이렇다. "오로봉을 꺾어 붓을 만들고/ 삼상 강물을 끌어 벼룻물 삼아/ 푸른 하늘 한 장 큰 종이 위에/ 내 마음의 시를 써 보리라." 오로봉은 여산(廬山)의 다섯 봉우리를 말하고 삼상은 동정호로 흘러드는 세 강을 말한다.

안중근 의사는 이태백의 이 시를 애송했다. 그가 쓰고자 했던 마음속에 담아 둔 시, 복중시(腹中詩)는 '민족독립'과 '동양평화', 그리고 '경천 (敬天)'은 아니었을까 싶다. 조린공원에 남은 '연지'는 안 의사의 호연지기를 엿볼 수 있게 해 준다.

일제의 만행이 남아 있는 731부대를 둘러보고 다롄행 비행기에 올랐다. 안중근이 기차로 이틀 걸렸던 그 길을, 두 시간도 채 걸리지 않고 도착할 수 있다.

청초당

연지

동양의 아우슈비츠, 731부대

하얼빈을 떠나기 전 731부대를 찾았다. 하얼빈에서 30여 분 떨어진 시 외곽에 위치한 부대 입구에는 '침화일군제731부대유지(侵華日軍第七三一部隊遺址)'라고 새겨진 커다란 대리석이 놓여 있다. 철대문 안으로 들어서자 정면에 벽돌이 앙상하게 드러난 색 바랜 건물이 보였다. 본관 건물로 지금은 박물관으로 사용되고 있다. 본관 오른쪽으로는 건물 잔해가 여기저기 어지럽게 흩어져 있고, 조금 떨어진 곳에 마루타를 화장하기 위해 만들어 놓은 소각장 굴뚝이 을씨년스럽게 서 있다.

2015년 8월 15일 대규모 기념관이 문을 열면서 이전 모습과 많이 달라졌다. 입구의 비에 새겨진 글도 '침화일군제731부대유지'에서 '침화일군제731부대죄증진열관(侵華日軍第七三一部隊罪證陳列館)'으로, 즉 역사적 자취가 남아 있는 터라는 뜻의 '유지'에서 범죄의 증거를 전시해 놓은 건물이라는 뜻의 '죄증진열관'으로 바뀌었다.

731부대는 하얼빈에 있던 일본군 관동군 산하의 세균전 부대다. 만주 침공 이후인 1936년 세균전 비밀연구소로 만들어진 이 부대는 방역급수부대로 위장했다가 1941년 만주 731부대로 명칭을 바꾼다. 세균학자 출신인 이시이 시로[石井四郎]가 사령관으로 부임하면서 이시이 부대로도 불렸다.

731부대에는 바이러스, 곤충, 동상, 페스트, 콜레라 등 생물학 무기를 연구하는 17개 연구반이 있었다. 이들은 마루타라고 불리는 인간을 대상으로 실험을 했는데 한국인, 중국인, 러시아인, 몽골인 등 3,000명 이상이 실험으로 희생되었다. 진열관에는 생체실험 장면을 생생하게 재현해 놓았다. 독가스에 인간이 얼마나 버티는지 실험하는 장면, 추위에 얼마나 버티는지 발가벗겨 실험하는 장면, 사람에게 세균을 투입해 시간

침화일군제731부대죄증진열관(侵華日軍第七三一部隊罪證陳列館)

별로 변화를 살펴보는 장면, 임신한 여자의 배를 갈라 태아를 꺼내는 장면 등 인간 백정의 모습이 적나라하게 보였다. 인간이 어디까지 잔인해질 수 있는지를 경쟁하는 듯했다.

인간 백정 731부대원들은 패전 후 전범 재판을 받지 않았다. 미국과 일본이 거래를 해 세균전 연구 결과를 미국에 넘겨줬기 때문이다. 오히려 그들은 대학교수로, 제약회사 중역으로 출세가도를 달렸다. 일본의 잔인함 못지않은 미국의 양면성을 보여 주는 대목이다.

그러나 역사의 진실은 묻힐 수 없다. 패전 후 모든 건물을 파괴하고 문서는 불살랐지만, 본관 건물이 남아 731부대의 잔임함을 고발하는 역사의 현장이 되고 있지 않은가? 미국은 731부대원들을 보호했지만, 소련 측에 잡힌 부대원들은 재판정에 서야 했다. 그 결과 극히 일부이기는 하지만 731부대의 만행이 만천하에 드러났다.

3,000명이 넘는 마루타 중 이름이 알려진 사람은 많지 않다. 그들의 이름이 진열관 1층 벽돌에 새겨져 있다. 다수는 중국인이었지만 몽골인, 러시아인이 있었다. 한국인으로는 심득룡, 이청천, 이기수, 한성진, 김성서, 고창률 등 6명이 있다. 그중 심득룡은 독립운동을 한 인물임이 밝혀

731부대 시체 소각장

기념관 내부

졌다. 독립운동가들을 731부대의 마루타로 삼았다는 세간의 이야기가
확인된 것이다.

심득룡은 북만주 일대에서 항일연군으로 활동하다 1938년 10월 코
민테른이 설립한 모스크바 공산주의대학을 졸업하고 소련 홍군 참모부
에 발탁된 인물이다. 다롄에 파견된 뒤 일본군에 관한 각종 정보를 수
집해 소련에 제공하다가 1943년 일본 헌병대에 체포되었다. 고문과 회
유로도 자백을 얻어내지 못하자, 731부대로 보내 생체실험의 대상으로
삼았다.

본관 건물 안에 쓰여 있는 글귀가 731부대를 나오는 필자의 발목을
오랫동안 붙잡았다. "역사를 잊는 것은 배신이다."

2. 안중근 의사가 순국한 뤼순 감옥

144일 밤을 홀로 지낸 독방

다롄에서 50여 킬로미터 떨어진 군사도시 뤼순에 도착했다. 이곳에는 중국의 해군기지가 있다. 1878년 중국의 북양함대 기지가 이곳에 건설된 것만 보아도 뤼순의 중요성을 알 수 있다. 몇 해 전까지만 해도 뤼순 감옥을 볼 수 있는지를 놓고 늘 시비가 붙었던 이유가 이 군사 시설 때문이었다.

뤼순항을 굽어보는 시내 뒤쪽 언덕에 뤼순 감옥이 있다. 제정 러시아가 1902년부터 짓기 시작했지만, 1904년 러일전쟁에 패해, 끝내 완성을 보지 못하고 일본에 넘겨준 것이다.

뤼순 감옥은 검정색 벽돌과 빨간색 벽돌로 구분되어 있다. 검정색 건물은 러시아가 지은 것이고, 빨간색 건물은 일본이 추가로 지은 것이다. 2,000명을 수용할 수 있었다니, 당시 일제에 의해 희생된 이들이 얼마나 되는지 미루어 짐작할 수 있다.

감옥 내부는 미로로 되어 있다. 죄인 아닌 죄인을 심문하던 도구를 모아 놓은 전시실을 통과하니 독방이 이어졌다. 그 독방 중 이회영 선생과 신채호 선생의 독방도 있다. "아 참! 신채호 선생도, 이회영 선생도 이곳에서 순국하셨지." 안중근만 쫓다가 신채호와 이회영 선생을 잊고 있었다. 마음만 앞서 서둘러 걷다가 그만 안중근 의사의 독방을 놓쳐 버리고 말았다. 걸음을 돌려 마주한 안중근의 독방. 별도의 건물에 있는 독채로 '조선 애국지사 안중근을 구금했던 감방'이라는 동판이 걸려 있다.

안중근 의사가 144일 밤을 보냈던 독방의 위치와 관련해서는 약간의 논란이 있다. 기록에 따르면 안중근 의사의 독방은 간수장(지금의 교도관) 실 옆방이었다. 그것은 1945년 일본 패전 당시 뤼순 감옥에서 일하던 사환의 증언에 근거한 사실이다. 문제는 안중근 의사가 뤼순 감옥에 수감되었던 1910년도에도 간수장실이었는지이다. 만약 같지 않았다면 안중근의 독방 역시 지금 알려진 곳이 아니기 때문이다.

144일 밤을 홀로 보냈을 이 방은, 다른 독방과는 달리 침대와 책상이 놓여 있고, 책상 위에는 필기도구까지 갖추어져 있었다. 안중근은 이 책상에서 200여 점의 휘호를 썼고, 『안응칠 역사』를 집필했으며, 미완성으로 남은 『동양평화론』을 썼다.

안중근이 구상한 『동양평화론』의 핵심은 이렇게 정리할 수 있다.

하나, 일본은 러일전쟁에서 빼앗은 뤼순과 다롄을 중국에 돌려줘야 한다.

둘, 뤼순은 한·중·일 삼국이 공동 관할하는 개방적 군사 항구로 만들어 평화의 근거지가 되게 한다.

셋, 뤼순에 한·중·일 삼국 대표로 구성된 동양평화회의를 설립하고 은행을 세워 3국 통행 화폐를 발행한다.

넷, 3개국 주요 도시에 평화회의 지부, 은행지점을 설립하고 산업 발전을 추진한다.

다섯, 세 나라의 청년들을 모집하여 군대를 만든다.

즉 안중근은 한국, 중국, 일본 세 나라가 일심 단결해야 서방 열강의 침략을 막아 내어 동양평화를 유지할 수 있다고 보았다. 그 구체적인 방안으로 뤼순에 동양평화회의 설립, 3국 통행 화폐 발행, 평화군대 유지

등을 제시했다. 안중근의 『동양평화론』은 특정 국가의 이익을 벗어나 지역 경제 공동체와 블록 경제 및 공동 방어론을 주장한 것으로, 이토 히로부미가 말했던 일본과 러시아가 만주와 한반도를 분할해서 생기는 동양평화와는 전혀 달랐다.

안중근이 144일 밤을 홀로 보낸 독방을 우두커니 들여다보았다. 그러나 만남은 길지 않았다. 관리자는 답사팀이 복도를 빠져나오자마자 다시 자물통을 채웠다. 그 소리가 천근만근처럼 무겁게 들렸다. 2017년 8월, 뤼순 감옥을 다시 찾았을 때는 자물통이 풀려 있었다.

뤼순 감옥

신채호 독방

안중근 독방

이회영 독방

안중근 사형은 짜 놓은 각본

뤼순 감옥을 돌아 나오는 길에 교수형을 집행한 장소가 있었다. 천장에는 밧줄이 매달려 있고, 시신을 받는 바구니 통이 지하에 놓여 있다. 끔찍한 광경이었다. 교수형이 집행된 시신은 바구니에 고꾸라진 채 야산에 묻혔다. 안중근도 이곳에서 교수형을 당한 줄 알았는데, 안중근이 순국한 곳은 따로 있었다.

뤼순 감옥에서 교수형을 집행한 장소는 시기별로 나누어 세 군데다. 그동안 1910년대의 교수형 집행 장소를 알지 못했는데, 1910년에 수도 공사를 위해 그린 뤼순 감옥 도면이 최근에 발견되었다. 거기에 사형실이 표시되어 있어 안중근의 교수형 집행 장소가 확인되었다. 2007년에 방문했을 때만 해도 교수형이 집행된 장소를 알지 못했다.

2017년 여름, '안중근의사취의처(安重根義士就義處)'라는 동판이 걸려 있는 순국 장소를 다시 찾았다. 이곳에서 안중근은 교수형을 당했다. 1910년 3월 26일 아침 9시 30분이었다. 관에 안치한 시신은 마차에 실려 북대문을 통과해 야산에 묻혔다. 지금 그 일대에는 대단위 아파트 단지가 조성되어 있었다. 몇 번에 걸친 북한 측 단독 발굴과, 2008년 이루어진 남북한 공동 발굴은 실패로 끝나고 말았다. 유력지에 아파트가 들어섰으니 안 의사의 시신 발굴은 영원히 불가능할지도 모른다.

안중근 공판은 1910년 2월 7일부터 시작되었는데, 일본 정부는 공판이 열리기 전에 이미 사형을 지시해 놓았다. 일본 정부는 "안중근의 범행은 매우 중대하고 흉악해 극형에 처해야 한다"라는 전보 제22호를 보냈다. 이에 안중근 공판을 처리하기 위해 뤼순으로 파견된 외무성 정무국장은 극비 제39호에서 "만약 안중근에게 무기징역이 선고될 경우 반드시 고등법원에서 사형 선고를 받도록 하겠다"라는 답신을 보냈다. 안

안중근 의사가 교수형을 당한 순국지

　중근의 공판이 진행되기도 전인 1909년 12월의 일이다. 국권 피탈을 이미 기정사실화한 일제는 안중근의 생존 자체가 부담스러웠다.

　재판은 일본이 지정한 재판장, 검사, 변호사가 관장했다. 열한 차례의 심문과 여섯 번의 공판 끝에 1910년 2월 14일, 안중근에게 사형이 선고되었다. 그리고 40여 일 만인 3월 26일 그는 형장에서 숨을 거두었다. 이미 짜 놓은 각본대로였다.

　영국의 『더 그래픽(The Graphic Times)』지의 찰스 모리머 기자는 1910년 4월 16일 기사에서 "30세 젊은 청년 안중근이 그 시대 제국주의의 가장 실세인 이토 히로부미를 한낱 파렴치한 독재자로 전락시키고 청년 안중근은 재판의 승리자로서 월계관을 쓰고 당당히 법정을 나섰다"라고 썼다.

　안중근은 법정에서 독립운동의 정당성을 밝히고, 제국주의의 모순을 지적했으며 동양평화를 주창했다. 일본인마저도 높이 평가한 그의 『동양평화론』, 그는 마지막 순간까지 동양평화의 끈을 놓지 않았다. 사형 보고서에는 "이번 거사는 동양평화를 위한 것으로 일본 관리 여러분은 나의 마음을 알고 서로 협력해 동양평화를 기도해 주기 바란다"라는 유언을 남겼다고 기록되어 있다. 그가 왜 이토 히로부미를 죽일 수밖에 없었는지는 그가 남긴 최후진술을 참고하길 바란다.

안중근은 항소권을 포기하는 대신 『동양평화론』을 쓰려고 했다. 그는 이토 히로부미를 처단해야만 했던 의거의 목적이 오랫동안 구상해 온 『동양평화론』을 통해 이루어지기를 바랐다. 일본 변호사들이 의례적으로 공소할 것을 권유하자 "내가 불공평한 재판에서 사형을 언도받고도 공소권을 포기한 것을 복죄(죄를 순순히 인정함)했다고 생각하지 마시오. 나는 구차하게 목숨을 부지하고 싶지 않을 뿐이오. 상급 법관 역시 일본인이니 그 결과가 뻔할 것 아니겠소"라며 공소 권유를 물리쳤다. 안중근은 항소를 포기하면서 3월 26일로 예정된 사형 집행을 15일 정도 연기해 달라고 요청해 고등법원장의 언약을 받았다. 그러나 일제는 그 언약마저 지키지 않았다.

안중근이 항소를 포기한 데는 어머니의 간절한 뜻도 작용했다. 안중근이 사형 선고를 받았다는 소식을 전해 들은 어머니는 어미의 뜻을 전하라면서 이렇게 일렀다.

"중근은 큰일을 했다. 만인을 죽인 원수를 갚고 의를 세웠으니 무슨 잘못을 저질렀단 말인가. 큰일을 했으니 목숨을 아끼지 마라. 일본 사람이 너를 살려 줄 까닭이 없으니 비겁하게 항소 같은 것은 하지 마라. 깨끗이 죽음을 택하는 길이 어미의 희망이다. …… 이제는 평화스러운 천당에서 만나자."

3월 26일, 사형이 집행되기 전 안중근은 뤼순 감옥 면회실에서 검찰과 간수장, 변호사 등의 입회하에 정근과 공근 두 아우와 홍석구 신부를 면회하고 동포에게 최후 유언을 남긴다.

안중근의 유언 장면

뤼순 일본 관동법원

"내가 죽은 뒤에 나의 뼈를 하얼빈 공원 곁에 묻어 두었다가, 우리 국권이 회복되거든 고국으로 반장해 다오. 나는 천국에 가서도 또한 마땅히 우리나라의 회복을 위해 힘쓸 것이다. 너희들은 돌아가서 동포들에게 각각 모두 나라의 책임을 지고 국민된 의무를 다하여, 마음을 같이하고 힘을 합하여 공로를 세우고 업을 이루도록 일러 다오. 대한독립의 소리가 천국에 들려오면, 나는 마땅히 춤추며 만세를 부를 것이다."

면회가 끝난 뒤 홍석구 신부는 안중근의 고해성사와 미사성제 의식을 거행했다. 그리고 1910년 3월 26일 9시 30분 안중근은 어머니가 지어 준 한복을 입고 장렬히 순국했다. 향년 서른한 살이었다.

안중근의 책상으로는 언제나 밝은 빛 한 가닥이 드리웠다. 안중근은 그 빛 속으로 영원히 사라졌다. 안중근이 형장의 이슬로 사라진 지 얼마 되지 않아 그가 사랑한 나라도 지구상에서 사라졌다. 그러나 그런 암울한 시기에도 안중근은 어두운 감방에 드리운 한줄기 빛처럼 사람들의 마음속에 영웅으로 살아 있었다.

안중근 의사의 최후진술

역사 교사로 살아오면서 울었던 기억이 몇 번 있다. 역사의 장엄함에 울기도 했고, 역사의 잔인함에 울기도 했다. 역사의 분함에 또한 울었다. 그런데 역사의 당당함에도 눈물이 나왔다. 안중근이 법정에서 한 최후진술은 당당함이었다. 하지만 왠지 서러웠다. 당당함이 당당함으로 대접받지 못하고, 힘이 약한 자의 정당함이 정당함으로 인정받지 못한 것에 대한 서러움 때문이었다.

안중근은 여섯 번에 걸친 공판을 통해 일제의 만행을 만천하에 알렸고, 동양평화에 대한 염원과 당위성을 당당히 밝혔다. 그리고 1910년 2월 12일, 마지막 6차 공판에서 최후진술을 했다. 안중근은 이토 히로부미를 죽일 수밖에 없는 이유를 매우 논리정연하게 설파했다. 을사늑약을 체결한 죄, 일본 천왕과 일본 정부를 속인 죄, 동양평화를 파괴하고 한일 양국 사이를 멀어지게 한 죄, 그래서 대한국 의병 참모중장의 자격으로 죄인을 처단했다는 것이다. 그는 마지막으로 한국의 의병으로 적군과 싸우다 포로가 되었으니 만국공법에 의거해 처리해 달라고 주장했다.

이틀 뒤인 2월 14일 안중근에게 내려진 판결은 사형이었다. 그리고 40여 일 뒤 사형이 집행되었다. 그의 육신이 형장의 이슬로 사라진 지 100년도 넘었지만, 그는 사라지지 않고 최후진술과 함께 우리 옆에 당당히 서 있다. 최후진술을 옮겨 적는다.

일본인 판사: 변호인으로부터 이미 상세한 변론이 있었지만, 피고들이 마지막으로 할 말이 있으면 진술하라.

안중근 의사: …… 나의 이번 거사는 개인적으로 한 것이 아니고 한일

관계와 관련해서 결행한 것이다. 그런데 사건 심리에 있어서 재판장을 비롯하여 변호인과 통역까지 일본인만으로 구성하고 있다. 나는 한국에서 변호인이 와 있으니 이 사람에게 변호를 허가하는 것이 지당하다고 생각한다. 또 변론 등도 그 요지만을 통역해서 들려주기 때문에 나는 불공평하다고 생각한다. 또 다른 사람이 봐도 이 재판은 편파적이라는 비방을 면할 수 없을 것이라 생각한다. 검찰관이나 변호인의 변론을 들어 보면, 모두 이토가 통감으로서 시행한 시정방침은 완전무결한 것이며 내가 오해하고 있다고 하지만, 이는 부당하다.

나는 오해하고 있는 것이 아니라 오히려 너무 잘 알고 있다고 생각하기 때문에 이토가 통감으로서 시행한 시정방침의 대요를 말하겠다.

1905년의 5개조 보호조약에 대한 것이다. 이 조약은 황제를 비롯하여 한국 국민 모두가 보호를 희망했던 것은 아니다. 그런데 이토는 한국 상하의 신민과 황제의 희망으로 조약을 체결한다고 말하며 일진회(一進會)[4]를 사주하여 그들을 운동원으로 만들고, 황제의 옥새와 총리대신의 부서가 없는데도 각 대신을 돈으로 속여 조약을 체결했기 때문에, 이토의 정책에 대해 당시 뜻있는 사람들은 크게 분개하여 유생 등은 황제에게 상주(上奏)하고 이토에게 건의했다. ……

내가 이토를 죽인 이유는, 이토가 있으면 동양의 평화를 어지럽게 하고 한·일 간이 멀어지기 때문에 한국의 의병 중장의 자격으로 죄인을 처단한 것이다. 그리고 나는 한·일 양국이 더 친밀해지고, 또 평화롭게 다스려지면 나아가서 5대주에도 모범이 돼 줄 것을 희망하고 있었다. 결코 나는 오해하고 죽인 것은 아니다. 나의 목적을 달성할 기회를 얻기 위해 한 것이다. 따라서 이제라도 이토가 그 시정방침을 그르치고 있었다는 것을 일본 천황이 들었다면 반드시 나를 가상히 여길 것이라고 생각한다.

오늘 이후 일본 천황의 뜻에 따라 한국에 대한 시정방침을 개선한다면 한·일 간의 평화는 만세에 유지될 것이다. 나는 그것을 희망하고 있다. 변호인의 말에 의하면, 광무 3년에 체결된 조약에 의해 대한국민은 청국 내에서 치외법권을 가지니 본건은 한국의 형법대전에 의해 다스려져야 할 것이며, 한국 형법에 의하면 처벌할 규정이 없다고 했는데, 이는 부당하며 어리석은 논리라고 생각한다. 오늘날 인간은 모두 법에 따라 생활하고 있는데, 현실적으로 사람을 죽인 자가 벌을 받지 않고 살아남을 도리는 없는 것이다. 그렇다면 나는 어떤 법에 의해 처벌돼야 하는가의 문제가 남아 있는데, 이에 대해 나는 한국의 의병이며 지금은 적군의 포로가 돼 있으니 당연히 만국공법에 의해 처리돼야 할 것이라고 생각한다.

한복을 입은 안중근의 최후 모습

3. 안중근 북위 38도

남북 공동 유해 발굴

안중근은 북위 38도인 황해도 해주에서 1879년에 태어나, 31년 뒤 동일한 위도, 즉 북위 38도에 자리 잡은 중국 뤼순 감옥에서 교수형에 처해졌다. 그리고 100년이 넘은 지금까지도 그는 고향으로도, 고국으로도 돌아오지 못하고 있다.

안중근을 고국에 모시는 것은 우리 모두의 의무다. 누구보다도 가장 바라는 것은 그의 가족일 것이다. 안중근의 유해가 고국에 돌아온다면 그는 어디에 묻혀야 하는가? 남인가? 아니면 북인가?

안중근의 유해를 기다리는 곳 중 하나는 서울 효창공원이다. 서울 효창공원에는 대한민국 임시정부 주석 백범 김구가 마련한 묘지가 있다. 독립운동가 윤봉길, 이봉창, 백정기, 안중근의 묘인데 안중근의 묘 앞에는 비석이 없다. 시신이 없는 가묘이기 때문이다. 1948년 4월 평양에서 남북 협상이 열렸을 때 김구는 김일성에게 안중근의 유해를 찾기 위한 공동 발굴을 제안했다. 김일성은 통일정부가 들어서면 그 문제는 자연스럽게 해결될 수 있다면서 의제에 포함되는 것을 거절했다고 한다. 그로부터 60여 년 가까이 안중근은 사람들의 기억에서 지워져 있었다.

안중근은 "내가 죽으면 하얼빈 공원에 묻었다가 국권이 회복되면 고향에 묻어 달라"고 유언했다. 왜 안중근은 그토록 열망했던 독립된 고국에 돌아오지 못하고 있는가? 그가 묻힌 정확한 장소를 모르는 데다가 중국과의 냉전도 한몫 거들었다. 또 다른 문제도 있었다. 안중근의 고향은 황해도 해주다. 안중근의 유해가 발굴된다면 그 유해를 어디에 모셔야 하는지도 여전히 문제다. 서울 효창공원인지, 고향인 황해도 해주여야 하는지 말이다. 1992년 중국과 수교를 맺었지만, 중국은 남과 북의 눈치를 보면서 이런저런 정치적 이유를 들어 유해 발굴을 허락하지 않았다.

그런데 결정적인 단서가 뤼순 감옥 소장의 딸인 이마이 후사코[今井房子]에게서 나왔다. 1911년경 뤼순 감옥에서 천도제를 지낼 때 찍은 두 장의 사진이었다. 사진 속 화살표 부분이 안중근이 묻힌 묘지라고 했다. 사진 두 장은 안중근 유해 발굴의 물꼬를 텄다. 중국은 발굴을 허가하는 조건으로 구체적인 증빙 자료와 남북한 사이의 합의를 요구했다. 세 차례의 실무회담 끝에 2006년 남북공동발굴단이 꾸려지고, 2008년 3월 드디어 발굴이 시작되었다. 북한은 남측에 모든 것을 일임한 채 발굴에는 참여하지 않았다.

발굴단이 손에 넣은 단서는 이마이 후사코가 건네준 사진 두 장이 전부였다. 안타깝게도 유해는 끝내 발견되지 않았다. 1910년 이 후 여러 번 땅을 팠던 흔적과 그 당시 사용했던 생활폐기물만이 있었다. 1916년, 1918년, 1923년 뤼순 감옥을 증축할 때 안 의사가 묻힌 이 지역의 흙을 벽돌의 원료로 사용했다고 한다. 정말 어렵게 두드린 이국의 땅이건만, 100년이 넘는 세월은 많은 것을 훼손시키고 스러지게 했다. 어렵사리 구성된 남북공동발굴단은 안중근 의사의 유해를 발굴하지 못한 채 다시 뤼순의 흙을 덮어야 했다.

안중근은 왜 이처럼 흔적조차 없이 사라지고 말았을까? 그것은 독립된 대한민국에서 살아가는 오늘 우리의 태만 때문이었다. 좀 더 빨리, 모든 노력을 기울였더라면 하는 아쉬움이 남는다. 그러나 안중근 의사의 유해가 흔적 없이 사라진 데는 일본의 간계가 있었음도 알아야 한다.

뤼순 감옥 북대문

　일본은 안중근의 무덤이 성역화되어 한국 독립운동의 성지가 되는 것을 두려워했다. 이는 최근 춘천 문화방송국 〈안중근 북위 38도〉 제작 팀이 찾아낸 안중근 유해 처리에 관한 기밀문서를 통해서도 짐작할 수 있다. 기밀문서 14조에는 "안중근의 사형 집행 후, 한국인들은 그 유해를 인수해 하얼빈 한국인 묘지에 매장하고 묘비와 기념비를 세워 애국지사로서 숭배와 존경의 중심으로 삼으려는 계획을 세우고 있다. 만약 안중근의 유해가 유족의 손에 인도될 때, 조심하지 않으면 위 계획이 실현될 것이다. 이는 우려할 일이므로 마땅히 주의를 기울여야 한다"라고 쓰여 있었다. 안중근 의사가 죽은 뒤 그의 유해를 하얼빈으로 옮겨 그곳에 안중근 묘가 만들어지면 한국 독립운동의 성지가 될 것이고, 그렇게 되면 하얼빈 일본 총영사관이 견딜 수 없다는 것이다. 그러니 하얼빈에 유해가 오지 않도록 해달라는 요구였다. 이는 일본 감옥법을 위반한 것이다. 당시 일본 감옥법에는 가족이 요청할 경우 시신을 인도하게 되어 있었는데, 이 조항은 안중근에게는 적용되지 않았다. 안중근의 두 동생이 유해를 요청했으나 일제는 넘겨주지 않았다. 그리고 100년이 넘는 긴 침묵이 흘렀다. 당시 감옥법대로 안 의사의 유해를 인도해 주었다

효창공원 3의사 묘

면 지금처럼 유해를 발굴해야 하는 아픔은 없었을 것이다.

그의 손자 안웅호는 지금 미국 새크라멘토에서 살고 있다. "할아버지가 돌아가셨다고 말하지 마세요. 아닙니다. 정신은 그의 삶을 드러내는 유일한 방법이고, 그를 이해할 수 있는 길입니다. 육체적으로 모든 사람은 다 죽습니다. 하지만 그의 정신은 영원합니다. 그래서 저는 할아버지 정신을 표현하며 그 정신을 소중히 여기는 것입니다." 한때 내과 의사였던 그는 이미 여든이 넘은 나이에 투병 중이었다. 그는 할아버지의 정신을 닮고 싶어 했다. 손자 안웅호는 2013년 숙환으로 별세했다.

가족의 품에 안 의사의 유해를 안겨 주었어야 했는데, 전달된 것은 유해 대신 뤼순 감옥 뒷산에서 채취한 한 줌의 흙이었다. 안웅호 씨는 말했다. "할아버지의 유해가 묻힐 가장 적합한 곳은 북위 38도선, 즉 남한과 북한의 경계선이라고 생각합니다. 안중근 의사의 꿈은 하나의 한국이었습니다. 따라서 그분의 유해가 북위 38도선에 묻히는 것이 가장 적절하다고 생각합니다."

안중근의 유해는 당연히 효창공원의 이봉창, 윤봉길 옆에 모셔야 한다고 생각했다. 그것은 짧은 생각이었다. 그의 유해는 당연히 그의 고향에 모셔야 한다. 효창공원에 모셔야 하는 것은 하나 된 조국을 꿈꾸었던 그의 정신이 아닐까?

안중근이 태어난 황해도 해주, 그리고 31년 뒤 그가 숨을 거둔 뤼순 감옥은 아이러니컬하게도 북위 38도에 위치하고 있다. 남북 분단의 상징도 북위 38도다. 안중근은 죽어서도 조국이 한 몸 되는 세상을 꿈꾸고 있었다.

위국헌신군인본분

　연추 마을 단지동맹비에서 시작된 안중근과의 만남은 블라디보스토크의 신한촌, 블라디보스토크 역, 하얼빈 역사, 하얼빈 공원, 뤼순 감옥까지 이어졌다. 그와 함께한 위대한 여정은 감동이었다.

　뤼순 감옥을 떠나기 전 더 많은 독립 영웅을 만나야 했다. 뤼순 감옥에는 안중근, 신채호, 이회영 외에도 많은 독립 영웅이 있었다.

　1934년 일제가 작성한 『관동청요람』에 보면 사형에 처해진 한국인이 12명, 수감자가 216명으로 나온다. 1942년부터 1945년까지 700여 명이 사형 집행되었는데 그중 한국인이 누구인지, 몇 명이나 되는지는 알려지지 않고 있다.

　일반인에게까지 잘 알려진 분으로는 안중근, 신채호, 이회영 선생이 있다. 그런데 이필현, 황덕환, 박민항, 유상근, 최흥식 등 애국지사들도 이곳에서 순국했다. 이 중 안중근, 신채호, 이회영, 유상근, 최흥식은 뤼순 감옥에 만들어진 '국제전사전시관'에 활동 문건과 함께 흉상으로 서 있다. 안중근과 함께 서 있는 유상근과 최흥식은 역사 교사로 30년 이상 살아온 필자에게도 생소한 인물이었다.

　김구가 만든 한인애국단 단원은 이봉창과 윤봉길만 있는 줄 알았는데 유상근도 최흥식도 한인애국단 단원이었다. 둘은 함께 김구의 명을 받고 관동군 사령관을 처단하기 위해 활동 중 체포되어 광복 하루를 남기고 뤼순 감옥에서 살해된다. 뤼순 감옥의 순국자들이 어떤 분인지 간략하게라도 정리하고 싶다.

이필현은 일본에서 무정부주의를 표방한 흑우회를 결성한 뒤 중국 텐진[天津]에서 조선, 인도, 중국, 일본 등 6개국 100여 명이 결성한 무정부주의 비밀결사인 동방연맹에서 활동했다. 1928년, 신채호 등과 공모한 '국제위체위조사건(國際爲替僞造事件)'으로 다롄경찰서에 체포되어 사형을 언도받고 교수형에 처해졌으나, 집행 연도는 알려지지 않고 있다.

황덕환은 함경남도 원산 출신이며 동경의 아오야마 학원[靑山學院]에서 수학 중 독립운동을 위해 만주로 망명했다. 신민부에 가입하여 활동 중 1927년, 친일 단체인 해림민회 회장 배두산을 처단했다. 하얼빈에서 무기를 구입해 신민부로 옮기던 중 일본 경찰에 체포되어 1929년 사형에 처해졌다.

박민항은 1931년 이창용, 최윤식과 함께 일본 전권대사였던 무토 노부요시[武藤信義]를 암살하기 위해 활동 중 일본헌병대에 체포된다. 다롄으로 옮겨져 10년 형을 언도받고 뤼순 감옥에서 복역 중 옥사했다.

한인애국단 단원이었던 강원도 출신 유상근과 서울 출신의 최흥식은 광복 하루 전 뤼순 감옥에서 살해된다.

뤼순 감옥을 떠나면서 안중근이 쏘지 않은 마지막 총알 한 방의 의미가 궁금했다. 하얼빈에서 안중근이 쏜 총알은 모두 일곱 발이다. 권총에는 아직 한 발이 남아 있었다. 안중근은 왜 여덟 발을 장착하고 일곱 발만 쏜 채 한 발은 남겨 놓았을까? 일본인 검찰관은 "자살하기 위해 한 발을 남겨 놓은 것이 아니냐"라고 다그쳤다. 안중근은 단호한 어조로 부인했다. 법정 투쟁을 통해 시종일관 거사의 정당성을 설파했던 그가 자살을 생각했을 리 없다. 총알을 장전하던 안중근은 무슨 수를 써서라도 이토 히로부미를 죽이겠다고 결심했다. 이를 위해서는 총알을 최대한 장

위국헌신군인본분 휘호

전해야 했다. 7연발 권총에 최대한 장전하는 방법은 약실에 한 발을 넣고, 탄창에 일곱 발을 넣는 일이다. 약실까지 채운 여덟 발의 총알은 약지를 잘라 하늘에 맹세했던 분노의 표현이었다.

일곱 발을 쏜 뒤 안중근은 사격을 멈췄다. 안중근이 가장 먼저 탄창에 집어넣었을 마지막 한 발은, 거사 이후에도 일제와의 전쟁은 계속될 수밖에 없다는 것을 암시한 것은 아니었을까. 마지막 한 발은 이후 독립군들에 의해 일제를 향한 수천 발의 총알이 되었고, 안중근이 죽은 뒤 이봉창, 윤봉길 등 수많은 안중근이 그 뒤를 이었다. 마지막 한 발은 결코 한 발이 아니었다. 그 한 발은 독립전쟁을 수행하는 수천 발의 총알이 되었다. 안중근 의거는 독립전쟁을 시작한다는 선전포고였다.

관동주 법원 2층에 있는 안중근 의사 분향소에는 안 의사가 쓴 많은 글이 붙어 있다. 그중 일본인 헌병 지바 도시치[千葉十七] 간수에게 형장으로 끌려가기 직전 써 주었다는 '위국헌신군인본분(爲國獻身軍人本分)'이라는 글이 뤼순 감옥을 떠나는 순간까지 나를 붙잡고 있다. 나라 위해 헌신하는 것은 군인들만의 본분일까? 아니다. 이는 국민 모두의 책무이다. 그렇다면 이는 위국헌신국민본분(爲國獻身國民本分)으로 바뀌어야 하지 않을까? 그가 남긴 총알 한 발은 이제 국민 모두의 몫이 아닐까?

4. 신중국 건설 100대 영웅, 정율성

하얼빈 정율성 기념관

하얼빈시의 가장 번화가인 중앙대가 송화강(쑹화강) 인근에 중국인들에게 항일 혁명 음악가로 유명한 정율성을 기리는 '정율성 기념관'이 있다. 정율성은 항일 혁명 음악가, 신중국 건설 100대 영웅에 선정된 인물로 중국인들에게는 유명하지만 한국인에게는 낯선 인물이다. 정율성은 한국의 독립을 쟁취하기 위해 일본군과 치열하게 싸운 전사였다. 태항산 자락에 건립된 조선의용군 기념관의 중심인물도 윤세주와 정율성이었다.

정율성을 기린 기념관이 2009년 하얼빈에 건립되었다. 정율성 기념관 건립에는 하얼빈시 문화부 부국장이었던 조선족 동포 서학동의 역할이 컸다.

기념관 1층에 들어서면 정율성 흉상이 서 있고, 중국인민해방군의 행진 영상과 함께 강렬하고 웅장한 〈팔로군 행진곡〉이 우렁차게 흘러나와 방문객을 깜짝 놀라게 한다. 1층에서 2층으로 올라가는 실내 계단에서는 정율성의 대표작인 〈옌안송〉이 흘러나온다. 1, 2층 전시실에는 정율성 사진과 유품, 친필 악보, 북경 거주 당시 가옥 내 가구 등 220여 점이 전시되어 있다. 특히 정율성이 평생 간직해 온 세계명장전집과 레코드판이 소장되어 있고, 북한 거주 당시 김일성 북조선인민위원회 위원장으로부터 받은 포상장과 피아노도 전시되어 있어 눈길을 끈다. 그런데 상장이 재미있다. 북조선인민위원회 위원장 김일성이 준 것인데, 인공기가 아닌 태극기가 새겨져 있고 가운데는 무궁화 문양이었다. 상을 받

정율성 기념관(하얼빈)

은 날짜가 1948년 2월 8일이었다. 북한이 조선민주주의인민공화국 수립
(1948년 9월 9일) 이전에 태극기와 무궁화를 국기와 문양으로 사용한 증거
가 된다.

  정율성 기념관이 하얼빈에 설립될 수 있었던 것은 하얼빈과의 인연
때문이었다. 해방 후 정율성은 하얼빈의 농공업 생산 현장에서 활동 중
〈홍안령에서 내리는 눈꽃〉, 〈행복한 농장〉, 〈소홍안령송〉 등 향토성 짙은
작품을 창작하여 흑룡강 인민들의 추앙을 받는다. 특히 정율성의 부인
정설송은 중국 최초의 여자 대사로 덴마크에 재직 당시 치즈 등 유제품
기술을 하얼빈 지역에 이전, 합작 공장을 건설하는 데 한몫을 한다. 그
녀가 지원한 유제품 공장은 지금도 가동 중이다.

  정율성의 외동딸인 정소제는 기념관 개관식에서 부친의 기념관을 하
얼빈에 건립한 이유를, "하나는 하얼빈시가 음악 도시로 풍부한 문화
적 잠재력을 갖고 있고, 둘째는 하얼빈 인민들이 부친의 작품, 문장, 자

료에 대해 깊이 이해하고 있다"는 점을
들었다.

정율성이 독립운동을 위해 중국에
건너간 것은 1933년, 19살의 나이였다.
이후 1976년 사망할 때까지 중국은 그
가 삶의 대부분을 보낸 곳이다. 따라서
그를 기리는 기념 공간들이 많다.

서안의 팔로군판사처 기념관 '국제
우인' 명단에는 그의 이름이 새겨져 있
다. 사무실에는 정율성의 이력과 업적

정율성(1914~1976)

을 담은 서류도 보관되어 있다. 국제우인이란 중국 혁명에 참가하거나
지원한 해외 인사를 가리키는 말인데, 모두 47명이었다. 이 가운데는 필
자에게 낯익은 베트남 혁명의 아버지 호찌민, 님 웨일스의 저서『아리
랑』의 주인공 김산, 조선의용군 최후의 분대장이었던 연변 작가 김학철
도 있었다.

옌안[延安, 연안]은 대장정을 마무리한 중국공산당 중앙과 중앙군사위
원회가 1937년 1월부터 1947년 3월까지 장장 10여 년 동안 머문 중국
혁명의 사령부다. 이곳에 도착한 후 정율성은 섬북공학(陝北公學)과 노
신예술학원에서 음악을 공부했으며, 혁명 간부 양성소인 중국인민항일
군정대학 음악 교수가 된다. 그리고 그를 항일 음악가로 만든 〈팔로군
대합창〉과 〈옌안송〉 등을 발표한다. 따라서 그가 다닌 노신예술학원 기
념관에는 학생 정율성과 조교 정율성의 이름이 걸려 있고, 항일군정대
학 기념관과 옌안혁명 기념관에는 옌안에서 음악 활동을 하는 장면을
담은 사진 다수가 전시되어 있다.

노구교사건 50주년인 1987년에 개관한 북경 중국 인민 항일전쟁 기념관에는 정율성이 작곡한 〈팔로군 군가〉가 동판으로 제작되어 걸려 있다. 태항산 자락의 '조선의용군 기념관'에도 정율성 기념관이 건립되어 있다.

정율성은 한국인에게는 아직 낯선 인물이지만 결코 그를 놓쳐서는 안 된다. 정율성은 중국인들에게는 혁명 음악가로 알려져 있지만, 우리에게는 의열단 단장 김원봉이 만든 '조선혁명군사정치간부학교'를 졸업하고 의열단 단원으로, 태항산에서 조선의용군의 일원으로 일본군과 맞선 당당한 항일 독립투사이기 때문이다.

신중국 창건 영웅 100인

100만이 넘는 인민군이 국민당 군대를 물리치고 보무도 당당하게 자금성을 향해 진군하면서 〈팔로군 행진곡〉을 합창한다.

"전진, 전진, 전진!/ 우리의 대오는 태양을 향한다/ 조국의 대지에서/ 민족의 희망을 걸머지고/ 들어라! 군대의 함성 소리를/ 들어라! 혁명의 노래 소리를/ 최후의 승리를 향해!/ 전국의 해방을 향해!"

1949년 10월 1일 천안문 성루에 중화인민공화국의 국기인 홍기가 나부끼고, 마오쩌둥이 신중국을 선포하고 의장대를 사열할 때에 울려 퍼진 이 노래는 이후 1988년 중국인민해방군 군가로 격상된다. 1990년, 중국인민해방군 군가는 북경 아시안게임의 개막식 첫 프로그램으로 연주되어 13억 중국인의 가슴에 큰 감동을 준다. 그 군가를 작곡한 사람이 현대 중국의 3대 혁명 음악가로 추앙받고 있는 광주 출신의 정율성이다.

정율성 거리

2009년 10월 1일 중화인민공화국(중국)은 건국 60주년을 맞아 건국에 큰 공을 세운 이들을 영원히 기리기 위해 중국인 1억 명이 뽑은 신중국 창건 영웅 100인을 선정 발표했다. 그 속에 중국인민해방군 군가를 작곡한 중국 혁명 음악의 대부 정율성이 모택동, 주은래, 노신 등과 당당히 어깨를 나란히 한다. 그리고 그가 작곡한 〈팔로군 행진곡〉의 악보는 베이징 근교에 위치한 중국 인민 항일전쟁 기념관에 벽면을 가득 메운 동판으로 주조되어 전시된다.

신중국 창건 영웅 100인 중 정율성과 함께 조선인이 두 명 더 있다. 동북항일연합군 제2로군 제5군 제1사 여성유격대 전사였던 이봉선과 안순복이 그들이다. 100인 중 1위로 뽑힌 이봉선과 안순복은 1938년 10월 목단강(무단장)에서 6명의 여성 소속 부대원을 이끌고, 1천여 명의 일본관동군과 맞서 싸우다 적의 손에 죽기를 거부하고 강으로 뛰어들었다. 목단강시는 이들을 기리기 위해 1986년 9월 7일, 강변 공원 광장에 "팔녀투강 기념비"를 건립했다. 동상은 높이가 무려 13미터, 길이가 8.8미터나 되어 장엄하면서도 경건한 느낌을 준다.

정율성(1914~1976), 그는 1914년 광주 수피아여학교 교사였던 부친 정해업의 5남 3녀(2남과 장녀, 3녀는 어린 시절에 사망) 중 5남으로 태어나 3살 때인 1917년 전남 화순군 능주로 이사한 후 1922년 능주공립보통학교(능주초등학교)에 입학한다. 1924년 다시 광주로 이사한 후 광주 숭일학교로 전학했으며, 15세 때인 1929년 전주 신흥중학교에 진학했지만 부친 사망 후 학업을 중단한다.

19살이 되던 해인 1933년, 조선혁명군사정치간부학교 모집책이 되어 국내에 잠입한 넷째 형 정의은과 함께 중국 난징[南京]으로 건너가 조선혁명군사정치간부학교에 입학한다. 이 학교는 약산 김원봉이 이끌던 의열단의 항일투쟁 간부 양성소였다. 이후 그는 의열단원으로 난징 고루전화국에 침투하여 일본인을 상대로 첩보활동을 하다 1936년, 님 웨일스가 쓴 『아리랑』의 주인공인 김산 등이 결성한 조선민족해방동맹에 가입한다.

중국 혁명 음악의 대부

조선혁명군사정치간부학교 졸업 후 의열단 단원으로 비밀 임무를 수행하던 그는 상하이에서 레닌그라드(지금의 상트페테르부르크) 음대 출신의 크리노와(krenowa) 교수를 만나 성악과 작곡 등을 배우면서 인생의 전기를 맞는다. 크리노와는 정율성의 음악적 재질을 높게 평가하면서 "만약 이탈리아로 가 학습한다면 동방의 카루소가 될 것"이라고 격려를 아끼지 않는다. 크리노와는 정율성에게 상하이에서 열린 '세계 명곡 음악회'의 테너 선창을 맡긴다. 그리고 이탈리아 유학을 권한다. 그러나 정율성은 중국을 떠날 수도, 항일투쟁의 길을 비켜날 수도 없었다. 정부은이란

정율성 국제음악제

어릴 적 이름을 '선율로써 성공하겠다'는 의미에서 '율성(律成)'으로 개명한 것도 이 무렵이었다.

상하이로 건너가 5월 문예사 등에서 활동하던 중, 1937년 매형 박건웅이 중심이 된 조선민족해방동맹(해맹)의 특사 자격으로 시안[西安]의 팔로군판사처를 거쳐 옌안에 들어간다. 그는 옌안의 섬북공학 노신예술학교를 다니면서 불멸의 곡인 〈옌안송〉, 〈팔로군 행진곡〉, 〈연수요〉 등을 창작한다. 당시 옌안에서 중국공산당을 이끌던 마오쩌둥도 정율성의 노래를 좋아해 그의 노래를 자주 흥얼거렸다고 한다.

1940년대 그는 옌안에서 조직된 조선독립동맹에 참여하였고, 군사조직인 조선의용군에 소속되어 태항산에서 일본군과 치열하게 싸운다. 옌안에 되돌아온 후에는 조선혁명군정학교 교육장이 되어 조선의용군의 교육훈련을 담당한다. 지금 태항산 자락인 한단시 섭현에는 조선의용군 기념관과 함께 정율성 기념관이 건립되어 있다.

해방 직후 중국공산당의 명에 의해 평양에 들어가 북한인민군 군가가 된 〈조선인민군 행진곡〉을 작곡하기도 했다. 이 노래는 2000년 김대중 대통령과 김정일 국방위원장의 역사적인 6·15 남북정상회담 당시 공식적인 행사장에서도 연주되었다.

하지만 그의 말년은 불운했다. 1966년부터 10여 년간 벌어진 문화대혁명의 광풍에 중국과 북한의 인민군 군가를 작곡한 정율성조차도 공연 기회를 박탈당하고, 작품 활동에 제약을 받게 된다. 결국 그는 문화대혁명의 막바지인 1976년 12월, 조카 손녀인 은주를 데리고 베이징 근교의 강가를 산책하다 뇌일혈로 쓰러진다. 향년 62세였다. 현재 그는 중국의 국립묘지인 베이징 시내 팔보산 혁명 묘역에 안장되어 있다.

정율성 비문에는 "중국 인민은 그의 노래를 부르면서 일제 침략자들을 몰아냈고, 낡은 중국을 뒤엎었으며, 새 중국을 건립했다"라고 새겨져 있다. 그는 죽어 중화인민공화국을 세운 인민 영웅으로 추앙받는다. 그의 빛나는 업적은 조선의 자유와 독립에 대한 열망이 빚은 결실이기도 했다.

정율성 사후인 1993년 한·중 수교 1주년 기념 정율성 음악제가 문화관광부 주체로 세종문화회관에서 개최되었고, 2005년도에는 광주광역시 남구청 주최로 정율성 국제음악제가 개최되었다. 2007년부터는 광주와 베이징을 오가며 그를 기리는 음악제가 개최되고 있다. '정율성 국제음악제'는 오늘 그가 한·중 화해의 상징 인물로 다시 부활되었음을 보여 준다.

노블레스 오블리주, 정율성의 형제들

중국인민해방군 군가와 중국인들의 애창곡인 〈옌안송〉을 작곡한 정율성은 항일 음악가, 항일 전사로 알려져 있는데, 정율성뿐만 아니라 5남매 모두 치열한 항일 독립투사였다.

맏형인 정효룡(1894~1934)은 1919년 광주 3·10 만세 시위를 주도한 후 일제의 수배령을 피해 중국 상하이로 망명하여 임시정부 기관지 독립신문의 직원, 교통부 서기, 임시공채관리국 전라남도 광주군 공채모집위원 및 임시정부 지방 선전부 선전원으로 활동하였다. 그는 선전원 겸 군자금 모집위원 신분으로 한국에 파견되어 군자금을 모금하는 한편, 광주·화순 지방의 애국지사들을 만나 각 도에 선전부와 각 군에 선전대를 설치하는 등의 활동을 하다 일제에 검거되어 징역 1년을 선고받았다. 출소 후에 광주 본촌면 소작인회의 대표로 조선노농총동맹 발기대회에서 전형위원에 당선되는 등 노농운동을 전개하다 또다시 체포되었다. 정효룡은 장기간의 옥살이 등 후유증으로 광복을 보지 못한 채 1934년 8월 5일, 사망하였다.

둘째 형 정충룡(1901~1927)은 큰형 정효룡과 함께 광주 3·10 만세 시위운동을 주도하다 상하이로 망명하여 대한민국 임시정부의 추천으로 운남 육군 강무당에 입학하였다. 강무당 졸업 후 조선청년독립단의 대표로 대한민국 임시정부의 진로를 모색했던 국민대표회의에 참가하였다. 정충룡은 창조파와 임시정부를 유지하면서 개조, 보완해야 한다는 개조파 사이에서 갈등하다가 개조파 성명서에 서명하면서 새롭게 항일 독립이념을 정리하였다. 국민대표회의 이후 사천중경육군 30사 사령부에서 중좌로 근무하다 국민혁명군 제28군에 편입되어 북벌 전쟁 과정에서 치열하게 싸우다 사망하였다.

누나 정봉은(1908~1977)은 1927년 아버지 정해업과 함께 중국 한커우[漢口]에 들어가 대한민국 임시정부 선전부 부주임을 지낸 독립운동가 박건웅을 만나게 된다. 한커우에서 이탈리아 수녀가 창립한 한커우성요셉여자중학교 3학년에 편입하였지만, 오빠 정충룡의 죽음에 충격을 받아 국내로 돌아왔다가 1929년 수피아학교 고등과 2학년에 편입하였다. 이후 양림교회에서 교육활동을 하다, 1933년 봄 정의은과 함께 다시 중국으로 건너가 당시 조선혁명군사정치간부학교 교관이던 박건웅과 결혼한 후 독립운동가의 아내로서 치열한 삶을 살았다.

셋째 형 정의은(1912~1980)은 김원봉이 결성한 의열단의 단원으로 활동 중 조선혁명군사정치간부학교 2기생 전남 모집책 임무를 띠고 국내에 침투하였다. 당시 경상도 모집책은 시인 이육사였다. 그는 담양 출신의 김승곤과 김일곤, 나주 출신의 김재호 등 9명의 생도를 모집하였는데, 그중에는 동생 정율성과 조카 정국훈(큰형 정효룡의 아들)도 포함되어 있었다. 이후 상하이에서 독립운동을 하다가 조선혁명군사정치간부학교 연락 용의자로 체포되어 '3년간 중국 체류 금지' 조치를 받고 광주로 압송되어 일제의 끊임없는 감시를 받았다.

이처럼 정율성 집안은 5남매가 항일 독립운동에 나선 호남 최고의 명문가다. 정율성이 형 정의은을 따라 중국에 건너간 것은 조선혁명군사정치간부학교에 입학하기 위해서였다. 그는 중국공산당에 가입하여 활동했고, 〈옌안송〉과 〈팔로군 행진곡〉을 작곡하여 중국 혁명 음악가로 알려져 있지만, 한국인에게는 치열한 항일 독립전사였다.

1 김동삼(金東三, 1887~1937) 1911년 남만주 유하현(柳河縣, 류허)에서 이시영 등과 경학사와 신흥강습소를, 1913년 여준·이상룡 등과 교포들의 자치기관인 부민단을 조직했으며, 1918년 길림성 왕청에서 발표한 「무오독립선언」에 민족대표 39명 중 한 분으로 서명하였다. 1919년 군정부가 상해 임시정부에 직속되면서 서로군정서로 개칭되자 참모장이 되었다. 1923년 1월 국민대표회의에 서로군정서 대표로 참석하여 의장으로 피선된 뒤 개조파와 창조파를 조정하여 독립운동 기구를 일원화시키려 했으나 실패하고 만주로 돌아왔다. 1925년 1월 정의부가 조직되자 참모장 및 행정위원에 취임했다. 1931년 10월 하얼빈에서 일본 경찰에 붙잡혀 국내로 송환된 뒤 10년 형을 선고받았다. 서울 서대문형무소에서 복역하다 1937년 옥사했다.

2 남자현(南慈賢, 1872~1933) 1919년 3·1운동이 일어나자 만주로 망명하여, 서로군정서에서 일본군과 싸우다 부상을 입은 투사들을 간호했다. 1925년 박청산과 국내에 잠입하여 사이토 마코토[齋藤實] 총독 암살을 시도했으나 실패하고, 다시 만주로 돌아가 독립운동 단체의 통일을 위해 노력했다. 1933년 만주국 건국일인 3월 1일 이규동 등과 만주국 주재 일본대사 무토 노부요시[武藤信義]를 살해하기 위해 무기와 폭탄을 휴대하고 가다 2월 28일 체포되었다. 옥중에서 단식투쟁을 전개하다 병보석으로 출옥한 후 "독립은 정신으로 이루어진다"라는 말을 남기고 8월 22일 하얼빈의 여관에서 순국했다.

3 이조린(李兆麟, 1910~1946) 1932년 중국공산당에 가입한 후 중공만주성위 군사위원회 책임자, 동북항일연군 제6군 정치부 주임, 북만항일연군 총정치부 주임, 중공북만성위 조직부장 등을 역임하고 1939년 5월 동북항일연군 제3로군을 총지휘하였다. 항일 운동 중 항일연군 간부들을 거느리고 하얼빈에 들어와 송강성(지금의 흑룡강성) 부성장 겸 하얼빈 중·소 협회 회장을 지내기도 했다. 1946년 3월 9일 국민당 정부의 초청을 받고 유인되어 피살되었다.

4 일진회(一進會) 광무 8년(1904년)에 일제의 대한제국 강점을 도와준 친일적 정치단체. 1905년 일제가 을사조약을 강요할 때에 앞장을 섰고, 1909년 이토 히로부미에게 국권 강탈을 제안하는 따위의 친일 활동을 하다가 1910년 국권 강탈 후에 해산되었다.

9장

고구려 문화유산의 보고
집안

1. 천혜의 요새 졸본성

오녀산산성은 우루산성으로 불러야

숙소를 나온 버스가 환인 시내를 벗어나자마자 커다란 강을 끼고 달렸다. 중국인들은 이 강을 맑지 않다고 하여 혼강(渾江, 훈장)이라고 부른다. 이름처럼 강물은 매우 혼탁했다. 그러나 아무리 혼탁해도 이 강은 우리에게 소중한 비류수다. 고구려의 첫 수도였던 졸본을 가로지르는 그 유명한 비류수가 바로 이 강이기 때문이다. 고구려인들은 이 강을 중심으로 나라를 건국했고, 이곳을 터전으로 최강국 고구려를 일군 것이다.

오녀산산성으로 가기 위해서는 비류수 혼강을 따라가다 검가구에서 버스를 갈아타고 또 10여 분을 곡예하듯 올라가야 한다. 버스에서 내려 매표소 입구로 가면 유네스코 세계문화유산 표시가 새겨진 '오녀산산

오녀산산성 성벽 　　　　　　　　　　　　오녀산산성 표석

성'이라는 표지판이 서 있다.

오녀산산성은 고구려의 시조 주몽이 나라를 세우고 최초로 쌓은 도성으로, 이곳이 곧 졸본성이다. 광개토태왕릉비에는 "추모왕이 엄리대수를 건너 첫 도읍을 세운 곳은 홀본인데, 홀본은 비류골에 있고, 서쪽 산위에 성을 짓고 도읍하였다"는 기록이 있다. 12세기 중엽에 김부식이 쓴 『삼국사기』, 「동명왕편」에는 "졸본천(『위서』에는 '홀승골성')에 이르렀다. 그곳 토양이 비옥하고 산과 강이 험준한 것을 보고 마침내 도읍하고자 했으나, 미처 궁실을 지을 겨를이 없어 단지 비류수 옆에 초막을 엮고 지냈다"라고 기록되어 있다.

졸본성의 위치는 오랫동안 확인되지 않은 채로 남아 있었다. 그러다 중국이 1985년 오녀산에 텔레비전 송신탑을 세우는 과정에서 고구려 유물이 대량으로 출토되었다. 오녀산에서 출토된 고구려 유물을 광개토태왕릉비나 『삼국사기』의 기록과 비교 분석한 결과, 이곳이 졸본성으로 확인되었다. 오녀산산성이 졸본성, 즉 홀승골성이라면 비류수는 혼강이고 홀본은 환인이 된다.

오녀산산성 전경

　그런데 이곳이 고구려의 첫 도읍지로 세계문화유산에 등재됐다면 졸
본성이나 홀본성 혹은 홀승골성이 되어야 하는데, 이곳의 공식 명칭은
오녀산산성이다. 왜 이렇게 불리는 것일까? 이곳 표지판에 쓰인 것처럼
정말 'Five Ladies'라는 의미일까? 『고려사』, 「공민왕조」를 보면 오로산성
(五老山城) 또는 우라산성(于羅山城)이라는 표현이 나온다. 오로, 우라 등
은 뜻을 표시한 것이라기보다는 당시의 발음을 한자로 표기한 것이다.
또 청나라 말기인 1908년에 나온 『회인현황토지』에는 "옛날 다섯 명의
병사가 주둔하고 있어 오녀산산성이라는 명칭이 생겼다"라고 설명하고
있다.

　최근 서울대학교의 신용하 교수는 오녀산산성의 별칭인 오로산(五老山),
올라산(兀羅山), 우라산(于羅山)은 이 지역에서 사용된 고유 발음을 한자
화한 것으로, 오녀산산성은 이것이 졸본성임을 분명히 보여 주는 명칭
이라고 주장했다. 오녀산산성의 별칭 중에 오녀와 비슷한 발음인 우루

와 우라는 고구려 말로 왕이라는 뜻이며, 따라서 오녀산산성은 정확히 표현하자면 우루산성이고, 우루산성은 왕이 사는 산성, 즉 왕의 산성이라는 뜻이라고 한다. 이제 오녀산산성은 우루산성으로 불러야 하지 않을까?

우루산성에서 만난 온돌

이제 우루산성에 오를 차례. 높이는 823미터이지만, 버스로 600미터를 올라가므로 걸어서 올라야 하는 높이는 200여 미터에 불과한데, 정상에 오르려면 999개의 계단을 더 올라가야 했다.

가쁜 숨을 몰아쉬며 올라가다가 정상 직전에 만나는 암벽이 하늘과 닿는다는 천창문이다. 그 바윗돌을 보고 다시 올라가다 보면 오른쪽으로 큰 자연석 바위를 의지한 서문쪽 통로가 보이고, 그 통로를 지나면 성문으로서의 흔적이 유일하게 남아 있는 서문 터가 나온다. 서문에는 폭 3미터 정도의 정문 주춧돌과 대문을 세웠던 입구석, 그리고 계단과 보초병이 서 있던 자리까지 비교적 잘 보존되어 있다.

서문에서는 치와 옥수수 공법을 확인해 봐야 한다. 고구려 성의 특징 중 하나는 성벽 바깥쪽에 치를 설치해 방어력과 공격력을 강화시켰다는 점이다. 성벽을 직선으로 쌓으면 시각이 좁아져 사각지대가 생기므로 성벽 바로 밑으로 접근하는 적을 놓칠 수 있고, 공격도 전면에서만 할 수 있다. 따라서 성벽으로 접근하는 적을 일찍 관측하고, 공격 시에도 적의 정면과 양 측면, 즉 3면에서 칠 수 있도록 성벽의 일부를 튀어나오게 쌓은 것이 치성인데, 이를 치라고도 일컫는다. 꿩 치(雉) 자를 쓴 것은, 꿩이 몸을 감추고 적을 잘 엿보는 데서 비롯된 것이라고 한다.

오녀산산성에서 바라본 비류수 혼강

서문에서는 치와 함께 고구려 성곽 쌓기의 특징인 옥수수 공법을 확인할 수 있다. 옥수수처럼 뒤를 깎아 심는 공법이기 때문에 성은 무척 견고하다. 세워진 지 이천 년이 훨씬 넘었을 우루산성의 일부가 아직도 장엄한 모습으로 우리 앞에 서 있는 것은 이 때문이다.

서문에서 남문 쪽을 향하다 보면 1호 대형 건축 기지가 나온다. 주몽이 세운 왕궁이 있던 자리인데 지금은 주몽도, 왕궁도 흔적 없이 사라지고 없다. 당시의 주춧돌과 도자기, 그릇 파편만이 남아 주몽의 체취를 전해 줄 뿐이다.

여기서 조금 더 가면 태극정이 나온다. 태극정은 일종의 전망대로 동남쪽으로 굽이쳐 흐르는 혼강을 한눈에 볼 수 있다. 태극정에서 조금 더 오르면 천지가 있다. 하늘의 연못이 해발 800미터인 이곳에도 있었다. 천지는 주몽과 고구려 군인들의 목을 적셔 준 생명수였을 것이다. 주몽이 졸본성을 쌓는 데 크게 기여했을 천지의 물은 지금 마실 수 없

오녀산산성 천지

다. 천지는 온통 풀 속에 갇혀 있다. 빨간 글씨로 쓰인 표석이 없다면 발견하기도 쉽지 않아 보였다.

천지에서 조금 더 가자 병사들이 살았던 집단 거주지, 즉 숙영지가 나타났다. 그런데 이곳에 온돌이 있었다. 고구려의 난방 시설인 온돌은 고구려가 중국과 다른 독자적인 문화를 지닌 국가였음을 보여 주는 단적인 증거다. 고구려가 멸망한 뒤 그 땅에서 일어난 발해의 유적에서도 온돌이 발견되었다. 그랬다. 온돌은 발해가 고구려 문화를 계승한 근거이기도 했다. 어린 시절을 보낸 시골집에도 온돌이 있었다. 아궁이에 불을 지펴 방을 덥히는 난방 시설은 중국과 일본에는 없는 우리만의 고유한 문화다. 고구려의 첫 도읍지 우루산성에서 발견된 온돌에서 이천 년이 넘는 문화의 동질감을 진하게 확인할 수 있었다.

산 정상의 남쪽 끝에 우루산성에서 가장 전망이 뛰어나다는 점장대가 있다. 다른 한쪽에 '요녕제1경'이라고 새긴 표석도 서 있다. 저 멀리 환인댐과 환인 시내가 파노라마처럼 이어졌다.

비류수 혼강을 바라보니 다시 주몽이 떠올랐다. 부여의 왕자 대소의 무리에게 쫓기다가 만난 그 강, 엄리대수는 어디쯤일까? "나는 천제의 아들이며 하백의 따님을 어머니로 한 추모왕이다. 나를 위하여 갈대를 연결하고 거북이 무리를 짓게 하여라"라고 외치자 물고기와 자라가 떠올라 다리를 만들어 주었다는 강 말이다. 주몽이 강을 건너가서 비류곡 홀본 서쪽에 산성을 쌓고 도읍을 세웠다는 기록이 광개토태왕릉비에 있다. 자라 등을 타고 넘었다는 엄리대수가 혹시 비류수, 혼강은 아닐까? 긴박한 상황에서 벗어나 가슴을 쓸어내리는 주몽의 모습이 눈에 선하다.

점장대를 돌아 북서쪽으로 가면 동문에서 내려가는 가파른 계단이 나온다. 이 길을 일선천이라고 하는데 식량 조달로로 사용되었다고 한다. 그렇게 한 바퀴를 빙 돌고 나니 출발했던 서문 터가 나왔다.

멀리서 본 우루산성은 절벽과 산봉우리 그리고 성벽으로 둘러싸인 천혜의 요새지였다. 그러나 우루산성은 40여 년을 견디지 못했다. 주몽의 아들인 2대 유리왕 때 척박한 우루산성을 뒤로하고 곡창지대인 국내성으로 도읍을 옮겼기 때문이다.

2. 고구려 문화유산의 보고 집안

집안 입성

오전 6시 30분 통화(通化, 통하)역에 내리자마자 집안(集安, 지안)을 향했다. 120킬로미터가 남았다는 이정표가 답사팀을 흥분시킨다. 이곳에서 두 시간만 더 가면 꿈에 그리던 고구려를 만날 수 있다.

고구려의 첫 번째 수도는 우루산성이 있는 졸본(오늘날 환인)이었다. 800미터가 넘는 우루산성은 방어성으로서는 유리했지만 경제적 기반을 다지기에는 부적합했다. 그래서 2대 유리왕은 국내성을 쌓고 수도를 집안으로 옮겼다. 『삼국사기』에 보면 유리왕 21년 설지라는 신하가 집안을 돌아보고 와서 "산수가 깊고 땅이 비옥하여 오곡에 알맞으며 사슴, 물고기, 자라 등이 많아 이곳으로 나라의 도읍을 옮기면 백성의 이익이 무궁하고 전쟁의 화도 피할 수 있다"라고 보고했다. 유리왕 2년(AD 3년)에 졸본에서 집안으로 도성을 옮기면서 집안은 장수왕 15년(427년)까지 424년간 고구려의 수도가 된다.

통화에서 집안으로 가는 길은 비교적 잘 닦여 있었다. 장백산맥의 지맥인 노령산맥의 산봉우리들이 집안을 둘러싸고 있어, 집안 가는 길은 결코 녹록지 않았다. 통화의 평야 지대에서 집안으로 들어가는 산 입구에 산성이 있는데, 관마산성이다. 들어가는 입구부터가 요새였다.

노령산맥의 고개를 지나자 내리막길이 이어졌다. "좌측을 보십시오. 저 멀리 보이는 무덤이 장수왕릉입니다. 그리고 창밖에 보이는 무덤들이 모두 고구려 시대의 무덤이지요." 현지 가이드의 설명이 시작되기가 무섭게 답사팀의 두 눈은 일제히 왼쪽으로 향했다. 20만 명이 사는 집안시가 한눈에 들어왔다. 장수왕릉이 저 멀리에 위용을 뽐내며 당당하게 서 있었다.

호텔에 도착하자마자 서둘러 아침을 먹고 곧바로 달려간 곳이 집안 고구려 박물관이다. 세 칸으로 나뉜 전시실 가운데 중앙에 위치한 정청에는 실제 크기의 광개토태왕릉비 탁본이 걸려 있다. 크기가 주는 압도감에 고개를 한참 쳐들고서야 문제가 되는 신묘년(391년) 관련 기사와 광개토태왕이 사용한 영락(永樂)이라는 연호를 확인할 수 있었다. 집안의 박물관임에도 불구하고 정 탁본이 아니라 1928년 석회를 바르고 뜬 석회 탁본이었다. 글자는 선명했지만 석회 때문에 글자가 지워지고 변조되었을 소지가 있었다. 다른 곳은 몰라도 집안의 고구려 박물관만은 정 탁본이 걸려야 하지 않을까?

환도산성과 산성하 무덤떼

세상에서 유일한 곳, 가장 큰 곳, 가장 넓은 곳이라는 뜻을 지닌 환도산성은 국내성에서 북쪽으로 2.5킬로미터 떨어진, 해발 676미터 높이의 환도산에 위치하고 있다.

고구려는 산성과 평지성을 함께 축조하여 적절히 활용했다. 평지성인 국내성과 달리 유사시에는 산성인 환도산성으로 이동해 적과 싸울 수 있었다. 산성의 북쪽은 높고 남쪽은 낮은 지형으로 마치 키를 닮은 모습이다. 산성의 남쪽 아래로 압록강의 지류인 통구하가 흐르면서 자연스럽게 해자(垓字)를 이루고 있다. 멀리서 본 환도산성은 누가 보더라도 천혜의 요새지였다.

조금 걸어 오르니 환도산성의 표지판이 있고, 조금 더 올라가자 제법

환도산성 전망대

평평한 평지가 눈에 들어왔다. 조그마한 웅덩이가 잡초에 둘러싸여 있었는데, 고구려 군사들이 말에 물을 먹이던 곳, 음마지였다. 음마지 뒤쪽으로 높다랗게 돌로 쌓은 군사 지휘소 장대의 흔적이 남아 있다. 성안 동북쪽의 넓은 경사면에 길이가 남북 92미터, 폭이 동서 62미터의 궁전터가 있었다고 한다. 그러나 발굴 중이라는 이유로 접근이 허락되지 않아 성안을 살피는 것은 불가능했다. 심지어는 사진 한 장 찍을 수 없었다. 관리인을 구슬려 단체 사진 두어 장을 찍는 것으로 환도산성 답사를 마쳐야 했다.

집안은 어디를 둘러봐도 무덤으로 꽉 차 있다. 조사한 바에 따르면 1만 2,358기의 무덤이 있다고 한다. 1,500년이 지난 고분이 이처럼 한군데에 집중되어 있는 곳은 아마 집안뿐일 것이다.

환도산성을 나오자 잘 정비된 무덤떼가 답사팀을 맞는다. 산성하 무덤떼였다. 1993년에 대대적으로 보수했다고 하는데, 얼마나 충실하게 고증했는지는 모르지만 그나마 다행이었다. 산성하 무덤떼에는 돌무지 무덤과 돌방이 있는 봉토분 등 1,582기의 무덤이 밀집되어 있다. 대부

산성하 무덤떼

분은 사각형의 기단부를 큰 돌로 두른 다음 자갈돌로 채운 무덤이었다. 이곳에서는 이런 형식의 묘를 방단적석묘(方壇積石墓)라고 불렀다. 정상부에 돌방이 있는 것처럼 보였지만, 우리가 오른 무덤에서는 확인할 수 없었다.

이보다 더 큰 무덤은 계단식 돌무지무덤이다. 5단이나 7단의 돌단을 쌓아 그 속을 자갈돌로 채우고, 정상부 가까이에 돌방을 만드는 형태다. 이렇게 만든 무덤은 엄청난 규모가 된다. 계단식 돌무지무덤의 대표격인 장수왕릉은 7단이었다.

고구려 무덤떼는 단지 숫자 면에서만 우리를 압도한 것이 아니다. 더 놀라운 것은 무덤의 크기였다. 오후에 찾아간 장수왕릉은 한 변의 길이가 30미터가 넘었고, 다음 날 찾은 광개토태왕릉은 66미터였으며, 지나가는 차 속에서만 볼 수 있었던 천추릉(고국양왕릉 추정)은 85미터나 되었다.

아! 광개토태왕릉비

높이 6미터 39센티미터. 성인 남자 키의 세 배 이상 되는 광개토태왕릉비는 태왕릉에서 북동쪽으로 200여 미터 떨어진 곳에 서 있다. 만주의 광활한 영토를 호령하던 광개토태왕의 당당한 모습과 닮았다.

이 비의 주인공이 22년(391~412) 동안 고구려를 통치한 19대 광개토태왕이란 것을 모르는 사람은 없을 것이다. 그런데 광개토왕이 아닌 광개토태왕이라 불러야 하는 이유를 아는 사람은 드물다. 왜 그렇게 불리는지부터 살펴봐야 할 것이다. 광개토태왕이란 묘호는 다음 세 곳에서 명확하게 확인된다.

① **광개토태왕릉비**: 국강상광개토경평안호태왕(國岡上廣開土境平安好太王)

② **모두루 묘지**: 국강상광개토지호태성왕(國岡上廣開土地好太聖王)

③ **경주 호우총 출토 호우명 그릇**: 국강상광개토지호태왕(國岡上廣開土地好太王)

국강상은 태왕릉이 있는 땅 이름이므로 이를 제외하고 나면 공통적으로 들어간 광개토호태왕(廣開土好太王)이 남는다. 왕 중의 왕이라는 뜻의 태왕이라는 호칭이 광개토태왕의 진짜 묘호인 것이다. 태왕이라는 묘호는 광개토태왕이 썼던 영락(永樂)이라는 연호와 함께 고구려가 중국과 마찬가지로 독자적인 천하관과 세계관을 가진 국가였음을 보여 주는 단적인 증거다. 고구려는 중국의 제후국이 아니라 주변 제후국을 거느린 왕 중의 왕, 즉 하늘의 아들이 통치했던 동북아의 중심 국가였던 것이다. 고구려가 하늘의 아들이라는 것은 천제를 지내던 국동대혈에서도 확인할 수 있다.

태왕이란 묘호는 중원고구려비[1]나 태왕릉에서 출토된 벽돌과 청동방

지붕을 씌운 광개토태왕릉비

울에서도 확인할 수 있다. 그런데 우리는 왜 지금까지도 태왕이란 호칭을 쓰지 못하는 것일까? 왜 중국의 제후국을 자처하면서 당당함을 잊은 채 살아왔을까? 그 일그러진 출발은 언제부터였을까? 김부식은 『삼국사기』에서 왕 중의 왕이란 뜻인 '태왕' 대신 '왕'이라는 호칭을 썼고, 800년이 지난 지금까지 김부식이 사용한 호칭을 아무런 비판 없이 그대로 사용해 온 것이다.

능비는 동쪽에서 남쪽으로 45도 정도 비스듬히 서 있다. 동남쪽에서 서북쪽을 향해 서 있는 셈이다. 비신은 20센티미터 두께의 대석이 받치고 있는데 3면을 제외하고는 모두 깨져 있었다. 비신의 4면에는 약 10~15센티미터 크기의 1,775자가 새겨져 있다. 1,775자로 구성된 비문의 내용은 크게 세 부분으로 나뉜다. 첫 부분에는 고구려 시조 주몽부터 광개토태왕까지의 내력을 담고 있고, 둘째 부분에는 광개토태왕의 업적을 새겨 놓았는데 활발한 정복 활동이 주된 내용이다. 셋째 부분은 왕릉을 지키는 수묘인에 관한 기록이다.

광개토태왕릉비는 한일 관계보다 더 중요한 기사가 많음에도 불구하고 영락 5년 신묘년(395년) 기사와 영락 10년 경자년(400년) 기사 때문에 더 널리 알려진 것도 사실이다. 신묘년 기사는 1면 여덟째 줄, 밑에서 여덟 번째 글자부터 시작된다. 육안으로 봐서는 신묘년 정도의 글자만 보일 뿐 그 이상의 글자는 확인할 수 없다. 이 기사에 대해 해석상의 주어, 글자 변조의 문제 등 여러 문제를 학자들이 제기하고 있어 지금도 한·일 간의 쟁점[2]으로 남아 있다.

경자년 기사의 경우, 1981년 중국에서 뜬 정밀 탁본을 통해 일본이 주장해 온 왜만왜궤성(倭滿倭潰城)이 왜구대궤성(倭寇大潰城)으로 확인되었다. 탁본의 글자는 필자의 눈에도 만(滿)이 아닌 구(寇) 자로 보였다. '왜만왜궤성'은 "왜(倭)가 가득했다. 왜는 성을 무너뜨렸다"는 의미다. 그러나 '왜구대궤성'은 "왜구가 크게 무너졌다. 성……"으로 해석되어, 일본이 주장하는 4세기 말 왜의 한반도 지배설은 근본부터 무너진다.

1면 여덟째 줄, 밑에서 여덟 번째에 있는 신묘년 기사를 찾아보고, 1면 일곱 번째 줄 맨 위에서 영락이라는 광개토태왕의 연호를 확인한 것으로도 만족스러웠다.

동양의 피라미드 장수왕릉

광개토태왕릉비에서 1킬로미터도 안 되는 거리에 장수왕릉이 있다. 계단을 뛰어올라 우선 찾은 것이 4~5층 사이에 만들어진 장수왕(413~491)의 무덤방이었다. 방은 생각보다 넓은데, 관을 두었던 관대만이 놓여 있을 뿐 유물 한 점 남아 있지 않았다. 이미 도굴되어 버렸기 때문이다. 관대는 부부를 합장했음을 알려 주는 듯 2개가 놓여 있고, 관대 위에는 돈이 소복이 쌓여 있었다. 중국 돈도 많았지만 한국 돈도 많았다. 이곳을 찾은 한국인들이 장수왕에게 돈을 바치며 무슨 소원을 빌었을까?

능을 관리하는 빨간색 복장의 관리 아가씨가 답사팀을 맞이했다. 날마다 무덤방에 출근해, 장수왕을 지켜 주는 무덤방 속의 아가씨 얼굴은 의외로 밝은 모습이었다.

집안에는 왕릉으로 추정되는 무덤 7기가 있다. 태왕릉, 장수왕릉을 제외하고는 무덤의 주인이 추정만 될 뿐 누구인지 정확히 알려져 있지 않다. 거의 모든 유물들이 도굴되어 무덤의 주인을 가늠할 만한 결정적인 단서가 부족하기 때문이다.

광개토태왕릉비의 주인은 어떤 능에서 잠들어 있을까? 태왕릉비에서 200여 미터 떨어진 곳과 1킬로미터 정도 떨어진 곳에 각기 거대한 계단식 돌무지무덤이 있다. 태왕릉과 장군총으로 불리는 무덤이다. 태왕릉은 비와 가까이 있지만 방향상의 문제로, 장군총은 정면에 비가 있지만 거리상의 문제로 공방의 대상이 되어 왔다. 그러다가 최근 태왕릉으로 불리는 무덤에서 '태왕릉이 산처럼 안전하고 큰 바위처럼 단단하기를 비나이다(願太王陵 安如山 固如岳)'라고 새긴 벽돌과 '신묘년 호태왕 구십육(辛卯年好太王九十六)'이라 새겨진 청동방울이 발견되었다. 이로써 광개토태왕릉임이 밝혀진 것이다.

태왕릉이 광개토태왕의 무덤이라면 장군총이라 불린 무덤의 주인공은 누구일까? 오회분 5호 무덤에서 만난 중국인 학예연구사는, 중국 학계에서는 공식적으로 장군총을 장수왕릉으로 부른다고 알려 주었다.

무덤 양식 면에서 볼 때도 장수왕의 무덤으로 보는 것이 자연스럽다.

장수왕릉

고구려 왕릉의 형식인 계단식 돌무지무덤 중 제일 규모가 큰 것은 광개토태왕의 아버지인 고국양왕(384~391)의 무덤으로 알려진 천추릉이다. 그다음이 광개토태왕릉이며, 장군총으로 불리는 장수왕릉이 그다음이다. 장수왕릉이 조성될 무렵 비로소 거대한 계단식 돌무지무덤이 완성 단계에 이른 것이 아닐까? 신라의 감은사지 3층 석탑이 100여 년이 지나면서 불국사 3층 석탑으로 형식이 완성되었듯이, 왕의 묘제였던 계단식 돌무지무덤은 고국양왕, 광개토태왕릉을 거쳐 장수왕릉에 이르러 최대 걸작이 탄생했을 것이다.

　장군총은 100여 년 전 현지에 살던 농부들에 의해 붙여진 이름이다. 집안에 고구려의 수도가 있었다는 사실을 알지 못했던 농부들은 변방을 지키던 중국 장수의 무덤 정도로 생각했고, 그래서 장군총이라고 불렀던 것이다. 그러나 광개토태왕릉이 밝혀진 마당에 장수왕의 능이 거의 확실시되는 장군총은 마땅히 장수왕릉으로 불러야 하지 않을까?

5세기 말에 축조된 계단식 돌무지무덤인 장수왕릉은 잘 다듬은 매끈한 화강석을 7단으로 쌓고 그 위에 자갈을 채워 넣었다. 제1단의 한 변의 길이는 약 32미터이고, 높이는 12미터가 조금 넘는 거대한 규모다. 각 방면에는 자연석 3개가 기대져 있다. 무덤을 지탱하기 위한 용도인지 12지 신상과 같은 용도인지는 알 수 없다. 그러나 이 돌이 없는 뒷면의 돌계단이 밀려나온 것을 보면 버팀돌 역할을 한 것은 확실해 보였다.

시신을 모신 돌방은 한 변이 5.5미터인 정사각형 구조로, 제3단의 윗면이 돌방의 바닥이고, 제5단의 서남쪽으로 돌방의 문이 나 있다. 맨 꼭대기에 위치한 제단 윗면 가장자리에는 20여 개의 구멍이 뚫려 있고, 주변에서 기와와 벽돌이 많이 발견되었다고 한다. 이러한 흔적으로 미루어 일종의 사당 같은 건물이 무덤 위에 있었다고 추정하는 사람들도 있는데, 확실하지는 않다.

장수왕릉 정상에서 북쪽을 바라보면 마치 고인돌처럼 보이는 무덤이 있다. 딸린무덤이라 불리는 무덤, 배총이다. 원래 장수왕릉에는 4기의 딸린무덤이 있었다고 하는데 현재는 1기만이 남아 그 흔적을 전할 뿐이다. 장수왕릉보다 작을 뿐 축조 방식은 매우 흡사했다. 딸린무덤의 주인은 장수왕의 후궁이었다.

오회분 5호 무덤

고구려인들이 남긴 최고의 문화유산은 무엇일까? 필자는 고분 속의 벽화라고 생각한다. 교과서에 실린 무용도, 수렵도, 씨름도, 사신도 등은 문화적 자긍심으로 늘 남아 있다. 1994년, 조선일보사는 우리나라 최초로 집안에 있는 7개 무덤의 벽화를 촬영하여 '아! 고구려 고분벽화'라는 특별전시전을 개최했었다. 감격에 겨워 특별전을 관람하고 『집안 고구려 고분벽화』라는 도록을 사서 몇 번이고 보았던 기억이 새롭다.

오회분 5호묘

집안에는 1만 2,000여 기의 무덤이 있지만 그중 30여 기에만 벽화가 그려져 있다. 평양에 있는 50여 기를 합하면 약 80여 기의 무덤에 벽화가 있는 셈이다. 집안에 오기 전까지만 해도 굴식돌방무덤에는 모두 벽화가 있는 줄 알았는데, 극히 일부 무덤에만 벽화가 있었다. 백문이 불여일견이라고 했던가.

집안에 있는 대표적인 벽화 무덤으로는 무용총, 각저총, 모두루총, 장천리 1호분, 사신총, 오회분 5호 무덤 등이 있다. 그중 유일하게 관람이 허용된 곳이 오회분 5호 묘다.

고구려의 벽화는 크게 세 시기로 나뉜다. 인물과 일상생활을 그린 4~5세기, 인물과 풍속화를 그린 5~6세기, 사신도를 그린 6~7세기의 구분이 그것이다. 씨름도가 그려진 각저총이나 무용도가 그려진 무용총은 이 기준에 의하면 5~6세기 벽화가 된다.

무덤으로 들어서는 순간 무덤방 쪽에서 싸늘한 기운이 쏟아졌다. 높다란 이음 길을 5미터 정도 걸어가자 돌방이 모습을 드러냈다. 백열전등의 불빛에 온몸을 드러낸 오회분 5호 무덤의 강렬한 채색을 보면서 양동시장 한복집의 색동옷이 떠올랐다. 이 고분의 벽화는 회칠을 하고 그

위에 그림을 그린 것이 아니라 돌 위에 바로 그림을 그렸다. 결로현상에
도 떨어져 나갈 회가 없어서 더 생명력이 길어진 것일까? 훼손 정도는
꽤 심각한 편이었지만 그림 하나하나의 모습을 확인하기에는 충분했다.

네 벽에는 사신도가 그려져 있고, 정문에는 돌방을 수호하는 수호신
이 서 있다. 그러나 훼손이 심해 윤곽이 다른 그림에 비해 뚜렷하지는
않았다. 문을 향해 자세를 바로잡고 보니 좌청룡, 우백호, 전주작, 후현
무의 공식대로 앞은 주작, 왼쪽은 청룡, 오른쪽은 백호, 북쪽은 현무가
그려져 있다.

네 벽에 그려진 사신도 외에도, 벽과 천장이 맞닿은 굄돌 사면에는 꿈
틀거리는 용이, 그 위 삼각모줄임으로 생긴 8면에는 해신과 달신, 수레바
퀴 제조신, 농사신, 하늘을 나는 신선과 용들이 그려져 있고, 위 4면에는
용을 타고 악기를 연주하는 신선들과 별자리들이 표현되어 있다. 천장은
용과 호랑이가 서로 얽혀 싸우는 그림으로 마무리되어 있다.

네 벽에 그려진 벽화는 아무렇게나 그린 것이 아니었다. 널방 안은 하
나의 조그마한 우주였다. 인류 문명의 획기적인 진보를 이뤄 낸 신들의
이야기가 매우 사실적으로 그려져 있었고 북두칠성, 남두육성도 그려져
있었다. 청룡, 백호, 주작, 현무, 꿈틀거리는 용, 해신, 달신, 불의 신, 수레
바퀴신, 농사신, 신선, 별자리 그리고 각종 문양들……. 잊지 못할 감동
의 파노라마였다.

국동대혈

압록강변을 따라 올라가고 있다. 오전인데도 꽤 많은 북한 아이들이
압록강에 나와 미역을 감고 있었다. 압록강변에서 바라다보이는 건너 마

국동대혈

을이 북한의 문악리였다. 차가 멈춰 서고, 여기서부터는 걸어 올라가야 한다. 허름한 매표소 입구에 국동대혈을 알리는 간판이 서 있다. 40분 남짓 걸었을까? 정상 부근에 100명이 들어가고도 남을 만한 큰 동굴이 있다. 높이 10미터, 너비 25미터, 길이 20미터의 국동대혈이다. 모양새부터가 범상치 않았다. 그칠 새 없이 흐르던 땀이 마를 무렵, 다시 100여 미터를 더 올라가 통천동에 다다랐다. 길이 16미터, 너비 20미터, 높이 16미터로 하늘과 맞닿아 있는 이곳 통천동에서 고구려의 왕들은 하늘의 신을 맞이해 제사를 지냈다.

『예기』, 「왕제편」에 "천자는 천지에 제사 지내고 제후는 사직에 제사 지낸다(天子祭天地 諸侯祭社稷)"라고 쓰여 있다. 이것이 바로 천자와 제후국 왕의 위계를 제사를 통해 규정한 동아시아의 정치 질서였다. 그렇기 때문에 천자의 나라에는 하늘에 제사 지내는 천단이 있지만, 제후의 나라에는 토지신과 곡식 신에게 제사 지내는 사직단만 있었다. 고구려는 제후의 나라가 아니었다. 제후국을 거느린 태왕의 나라였다. 독자적인 연호를 썼으며 하늘에 직접 제사를 지냈다. 고구려가 국동대혈에서 하늘

국동대혈 안내판

에 제사 지냈다는 기록은 『후한서』의 「고구려전」에도 나온다. "그 나라
의 동쪽에 큰 동굴이 있어 수혈이라고 불렀는데, 또한 10월이면 맞이하
여 제사를 지냈다(其國東有大穴 號襚穴 亦以十月迎而祭之)"라는 대목이 그것
이다.

신라가 삼국을 통일한 뒤로 천제는 더 이상 행해지지 못했다. 그 이
유를 『삼국사기』는 다음과 같이 적고 있다. "천자는 천지와 천하의 명산
대천에 제사 지내고, 제후는 사직과 명산대천이 있는 곳에서 제사 지낸
다. 그렇기 때문에 어찌 감히 예를 벗어나 천지에게 제사 지낼 수 있겠
는가?

『예기』는 본래 천자와 제후국 간의 예법을 규정한 것이었지만, 한나라
이후로는 중국과 이웃 나라 간의 국제 질서에도 확대 적용되었다.

세월이 흘러 대한제국 시기에 환구단을 짓고 천제를 지낼 때까지 고
구려의 천제는 역사에 묻혀 있었다. 사직단에서만 제사 지내는 제후국
으로 전락하고 만 것이다. 제후국으로 전락하면서 자존심도, 자주정신
도, 자긍심도 함께 사라져 버렸다.

광개토태왕릉

집안을 떠나기 전 꼭 보아야 할 유적이 있다. 국내성이다. 어찌 보면 국내성은 고구려 문화유산 중 가장 의미 있는 곳일 수 있다. 도읍을 옮겨 집안에서 새롭게 시작한 고구려 역사의 출발지가 국내성이기 때문이다. 답사팀이 묵었던 취원호텔도 국내성 안에 자리 잡고 있다. 궁궐은 사라지고 그 자리에 호텔이 생겨나고, 아파트가 지어졌다.

국내성에 가득했을 고구려 건축물은 한 점의 흔적도 없이 사라져 버렸다. 성문과 궁궐도 지어졌을 텐데, 궁궐 터마저 파악하기가 쉽지 않다. 단지 성벽만이 남아 웅장했을 모습을 짐작케 했다. 30여 년 전만 하더라도 성인 남성의 키보다 높은 성벽이 남아 있었다고 하는데, 지금은 5단 내지 7단 정도 되는 초라한 성벽으로 변했다. 세월이 무섭고 무상했다.

집안에서의 마지막 답사는 광개토태왕릉이었다. 정문으로 들어서자 점점 다가오는 거대한 야산 같은 무덤이 답사팀을 압도했다. 밑변의 길이 66미터, 현재 남아 있는 높이만 해도 15미터로 장수왕릉의 4배가 넘었다. 무덤 정상에 오르는 것조차 힘이 들었다.

광활한 만주 벌판을 호령하던 광개토태왕의 무덤은 그 오랜 세월을 이기지 못하고 여기저기 허물어져 있다. 무너져 내린 돌 사이로 고구려 돌무지무덤의 특징인 버팀돌이 나뒹굴고 있다. 세월 탓만은 아니었다. 도굴꾼들의 무자비한 도굴과 우리들의 무관심도 한몫 거들었을 것이다.

1930년대 국내성 성벽

무덤의 정상 부근에 널방이 있었다. 널방의 크기는 너비 2.8미터, 높이 1.5미터로 의외로 좁았다. 능의 크기는 장수왕의 4배가 넘는데 널방은 4분의 1도 안 되었다. 모든 흔적은 사라지고 관을 놓았던 관대만 나란히 놓여 있을 뿐이었다.

능 정상에 올랐다. 집안시가 한눈에 내려다보였다. 저 멀리 오회분 5호 무덤과 무덤 옆을 지나는 것조차 허락되지 않았던 무용총, 각저총, 오는 길에 차 안에서 바라본 서대릉(미천왕릉 추정), 천추릉(고국양왕릉 추정)도 한눈에 들어왔다. 눈길이 장수왕릉에 머물렀다. 광개토태왕릉의 정상에 서만 볼 수 있는 광경이었다.

허물어진 광개토태왕릉

광개토태왕릉 전경

광개토태왕릉 돌방

3. 유리벽에 갇힌 광개토태왕릉비

다시 찾은 집안

2009년 8월 집안을 다시 찾았다. 7년 만에 다시 찾은 집안은 참 많이 변해 있었다. 하루가 다르게 변화하는 중국을 집안에서도 실감했다. 제일 큰 변화는 고구려 역사의 둔갑이었다. 모든 고구려 유적은 중국식으로 포장되고, 중국의 역사로 둔갑되어 유네스코 세계문화유산으로 등재되었다. 가슴 아픈 변화였다.

먼저 환도산성에 올랐다. 7년 전 환도산성을 찾았을 때는 발굴 중이라는 이유로 음마저 위로는 들어갈 수 없었다. 산성 입구인 남문 터와 전망대가 복원되어 있다. 왕궁 터는 복원 중이라 이번에도 먼발치에서 바라볼 수밖에 없었다.

7년 전 가장 감동적이었던 고구려 유적 중 하나는 오회분 5호 무덤이었다. 어둠 속에서 손전등을 비추며 불빛을 쫓아가며 보았던 고구려 벽화는 일생 최고의 감동이었다. 그런데 이번에는 그런 감동을 느낄 수 없었다. 무덤 입구를 확장해 새로 꾸며 놓았고, 무덤방에는 백열전등을 내내 밝혀 놓고 있었다. 그 열기 때문인지, 무덤 속 벽화는 심각하게 훼손되었다. 붉은색과 푸른색이 탈색되는 백화현상까지 나타나고 있었다. 불빛으로 내부가 온통 밝아 벽화 하나하나를 쫓아가며 감상할 수도 없었다. 더군다나 밀려드는 관광객들 때문에 5분도 채 지나지 않아 무덤방을 비워 줘야 했다. 중국의 무덤 관리에 답사팀은 분통을 터뜨렸다. 중국은 고구려 유적을 보존 관리하기보다는 돈벌이에 급급할 뿐이었다.

집안 고구려 유적의 상징인 광개토태왕릉비를 찾았다. 광개토태왕릉비는 유리 보호각에 갇혀 있었다. 7년 전에는 정자 형태의 지붕만 씌워져 있었는데, 비바람에 손상될 것을 우려해 중국 당국이 손을 쓴 것이지만 이건 아니다 싶다. 유리 보호각에 바람이라도 통할 수 있게 구멍을 내 주었어야 했다. 이 지역의 8월 초 바깥 온도가 30도가 넘는다. 유리 보호각 안은 찜통이 따로 없었다. 5분을 채 견

유리벽에 갇힌 광개토태왕릉비

디지 못하고 광개토태왕릉비와 이별할 수밖에 없었다.

광개토태왕릉비 바로 뒤에 광개토태왕릉이 있다. 7년 전에는 능비와 능 사이가 민가로 가득 차 있었는데, 지금은 모두 철거되고 잔디공원으로 바뀌었다. 예전 태왕릉 앞에 있던 조선족태왕릉소학교는 유물 전시관으로 바뀌어 장수왕릉과 광개토태왕릉, 광개토태왕릉비의 옛 사진을 전시하고 있다. 태왕릉은 여전히 무너진 모습 그대로였다. 나무 계단을 무덤 꼭대기까지 이어지게 해서 무덤방까지 오를 수 있게 만들어 놓은 것은 달라진 모습이었다.

장수왕릉 주변도 깔끔히 정비되었다. 민가는 철거되고, 철거된 곳에 주차장과 대형 식당, 상점이 들어서 있다. 예전에는 돌방에도 출입할 수 있었는데 지금은 출입이 금지되어 있다.

시간을 내어 장수왕릉을 한 바퀴 돌아보는데, 답사팀의 장용준 선생이 큰 소리로 부른다. 달려가 보니 장수왕릉이 무너지지 않은 비밀이 있었다. 장수왕릉은 어떻게 1,500년의 세월을 무너지지 않고 꿋꿋하게 버

집안 박물관

터 냈을까? 우선 장수왕릉을 바치고 있는 사방의 보호석이 큰 역할을 했다. 그런데 무엇보다 돌을 쌓아 올린 기술에 그 비밀이 숨어 있었다. 벽돌처럼 반듯하게 다듬은 돌의 윗부분을 10분의 1 정도 얇게 깎았는데, 이 깎은 면에 윗돌을 얹어 서로 고정시킨 것이다. 대단한 발견은 아니었지만, 괜히 즐거웠다. 이것이 답사의 즐거움이 아니겠는가?

새로 단장된 연꽃 모양의 집안 박물관은 동북공정의 성과물을 전시하기 위한 기획 박물관 같았다.

제1전시실의 주제는 한당고국(漢唐古國), 즉 한나라와 당나라 때의 옛 국가였다. 동북공정의 의미를 그대로 보여 주는 주제다. 그래서 "고구려는 중원 역대 왕조로부터 책봉을 받았고 멸망한 후에는 유민이 한족과 기타 민족으로 융합됐다"라거나, "고구려는 북위 등 중원 왕조에 사신을 보내 조공을 바쳤고, 중원 왕조는 현토군을 통해 고구려에 조복의책(朝服衣幘)을 내렸다. 고구려 왕과 귀족은 한나라의 관복과 의장을 사용

했고, 수나라 당나라 때는 책
봉을 받고 인수(印綬)를 받았
다"라고 설명하는 등 고구려
를 중원 왕조에 복속된 국가
로 서술하고 있다.

장수왕릉이 무너지지 않은 이유

　제2전시실은 웅거요동(雄據
遼東)으로 고구려가 요동에서
발전해 가는 과정이, 제3전시실은 산지민풍(山地民風)으로 고구려인들의
생활상이, 제4전시실은 금과철마(金戈鐵馬)로 각종 무기, 마구 등이 전시
되어 있었고, 제5전시실은 상장유풍(喪葬遺風)으로 무덤에서 발견된 벽
화와 유물을 소개하고 있다. 제6전시실은 광개토태왕비와 관련된 유물
전시실로 호태왕비 탁본과 사진, 비문을 연구한 책을 전시하고 있다.

　동북공정에 맞춰 건립된 새 집안 박물관은 고구려가 중국의 지방정권
이라는 논리에 충실했다. 그래서인지 유독 한국인들의 사진 촬영을 막
아섰다.

　7년 만에 다시 만난 고구려 유적은 너무 많이 변해 있었다. 박물관에
서 보듯 곳곳에 동북공정의 의도가 도사리고 있었고, 돈을 벌기 위한
상술도 묻어 있었다. 그러나 변하지 않은 것도 있었다. 압록강은 유유히
흐르고 있었고, 압록강 건너로 보이는 북한 땅의 척박한 모습은 예나 지
금이나 변함이 없었다. 광개토태왕릉과 장수왕릉도 그 자리를 묵묵히
지키고 있었다.

　고구려의 역사도 왜곡되지 않은 모습으로 오랫동안 남아 있었으면 좋
으련만 싶다.

백두산 천지

백두산으로 가려면 통화로 되돌아가야 한다. 집안으로 들어올 땐 고구려에 대한 그리움 때문에 두 시간이 무척 길게 느껴졌다. 그러나 되돌아 나오는 길은 금방이었다. 저녁을 먹고 11시에 이도백하행 기차에 올랐다. 6인 1실의 침대차인데, 심양에서 통화로 올 때 이미 타 본 경험이 있어서 그런지 쉽게 적응했다. 꿈처럼 지나간 고구려와의 만남으로 피곤함이 밀려와 쉽게 잠이 들었다. 눈을 뜨니 이도백하다.

역사를 빠져나오자마자 천지가 그려진 손수건과 지도를 팔려고 초등학생으로 보이는 아이들이 몰려들었다. 천 원에 한 장 하던 수건이, 답사팀을 태운 차가 떠나갈 무렵이 되자 넉 장으로 값이 내렸다. 아이들의 수건 파는 소리가 애원에 가까웠다. 그 모습을 보니 미군을 쫓아다니며 껌과 초콜릿을 달라던 1950년대 우리들의 모습이 떠올랐다. 천 원을 주고 두 장의 수건을 샀으니 중국 아이들 입장에서는 두 배나 비싸게 판 셈이었다.

천지에 오르려면 입구에서 지프차를 타야 했다. 20여 분을 달려 백두산 천문봉에 도착했다. 천문봉 아래로 하늘의 연못, 천지가 펼쳐졌다. 눈앞을 가득 채운 천지는 장엄했다. 그리움 때문이었을까. 진하게 밀려오는, 복받쳐 오는 그 어떤 느낌으로 가슴이 꽉 차올랐다. 천지는 나에게, 우리 민족에게 무엇이기에 이토록 진한 감동으로 다가오는 것일까?

20여 분 동안 천지는 변화무쌍한 모습을 보여 주었다. 구름이 천지를 휘감기도 하고, 천지가 하늘 속에 잠기기도 했다. 신비스러운 자태요, 그리움이며 사랑이었다. 또한 이곳은 한민족에게는 꿈과 희망의 근원지였다.

384미터 깊이의 하늘 연못 천지는 오랫동안 그 알몸을 감상하도록 허락하지 않았다. 비바람이 한 번 세차게 휘몰아치더니 갑자기 안개 속에 그 자취를 감추고 만다. 순식간에 일어난 일이었다.

만약 20분만 늦게 올라왔어도 천지를 보지 못했을 것이다. 천지를 보지 못하면 한 시간이고 두 시간이고 버텨 볼 생각이었다. 그러나 비바람을 맞으면서 30분 이상 천지에 머무른다는 건 쉬운 일이 아니었다. 열 번 오르면 세 번만 그 얼굴을 보여 준다던 천지를 본 것은 큰 행운이었다.

감격에 젖은 나머지 천지 중앙에서 한쪽 영역을 생각해 볼 여유가 없었다. 어디에도 북한과 중국을 나누는 선은 없었다. 분명히 국경선이라 불리는 선은 있을 것이다. 그 선을 보았어야 했는데, 오늘날 백두산이 처한 현실을 백두산 꼭대기에서 확인해 보아야 했는데, 너무 들뜬 나머지 그 선을 놓치고 말았다. 올라올 때는 들뜬 마음에 보이지도 않던 '장백산(長白山, 창바이산)'이라는 푯말이 내려갈 때는 유독 크게 보였다. 답사팀이 서 있던 곳은 우리의 백두산이 아닌 중국의 장백산이었고, 우리의 천지가 아닌 중국의 천지였다.

천지의 물은 천황봉과 용문봉 사이의 달문을 통해서만 밖으로 흘러나간다. 그리고 1,250미터를 흘러간 뒤 68미터의 거대한 폭포를 이룬다. 이것이 장백폭포다. 장백폭포는 예전과 다름없이 엄청난 위용을 자랑하고 있다. 이 물이 토문을 통해 송화강으로 흘러 들어간다. 천지의 물이 서쪽으로 흘러 압록강을 이루고, 동쪽으로 흘러 두만강을 이룬다는 통설은 틀린 말이다. 압록강과 두만강은 백두산 자락의 땅속에서 시원한다.

다시 천지를 찾았다. 천지는 거기 그대로 있었지만, 지프차를 타기 위해 2시간 이상 기다려야 했다. 100대가 넘는 지프차가 끊임없이 관광객

백두산 천지

장백폭포

을 실어 날랐지만 밀려드는 관광객을 다 이겨 내지 못하였다. 1992년, 2002년 찾아왔던 천지는 한적했다. 2009년에 다시 찾은 천지는 경제력이 향상된 중국인들로 발 디딜 틈이 없었다.

천지는 여전히 장엄했지만 사람들로 꽉 차 버린 중국 쪽의 천지는 예전의 감동을 잃어 가고 있었다. 그리움도 사랑도 식어 버렸다. 어딘지 모르게 허전했다. 천지와의 세 번째 만남이어서 그랬을지도 모른다. 그러나 필자의 눈은 북한에 속해 있는 천지에 고정되어 북한에서 바라 볼 천지를 그리고 있었다.

장군봉에서 천지를 내려다보는 꿈은 언제쯤 이루어질까?

1 **중원고구려비**(中原高句麗碑) 충청북도 충주시 가금면 용전리 입석마을에 있는 고구려비로, 국보 제205호로 지정되어 있다. 총 높이 203cm, 비면 높이 144cm, 너비 55cm로, 고구려 광개토태왕릉비를 축소한 듯한 모양의 비다. 마모가 심해 내용을 다 파악할 수는 없지만, 당시 신라와 고구려의 국제관계, 영역 문제를 비롯해 고구려인의 국제 질서에 대한 인식을 알 수 있는 귀중한 자료이다.

2 **신묘년 기사에 대한 논쟁** 일본은 신묘년 기사를 "왜가 바다를 건너와서 백제와 신라 등을 깨고 신민으로 삼았다(倭以辛卯年來渡海破百殘□□□羅以爲臣民: □는 훼손된 글자)라고 해석, 4세기 후반 신공황후가 한반도 남부 지역을 정벌했다는 임나일본부설의 근거로 제시하면서 한일 간에 뜨거운 논쟁이 일었다. 1930년대 말 민족주의 사학자 정인보는 '도해파(渡海破)'의 주어를 고구려로 보고 "왜가 신묘년에 왔으므로 (광개토태왕)이 바다를 건너가 왜를 깨뜨리고 백제와 □□ 신라를 신민으로 삼았다"라고 해석하여 일제와 다른 견해를 제시했다. 1972년 재일동포 사학자였던 이진희는 석회를 발라 광개토태왕의 일부 글자를 변조했다고 주장하여 큰 파문이 일기도 했다. 1981년 이형구는 글자의 짜임새, 글체의 불균형 등을 근거로 '왜(倭)'는 '후(後)'를, '래도해파(來渡海波)'는 '불공인파(不貢因破)'를 일본인이 위작한 것이라고 지적하였다. 이형구의 주장대로라면 신묘년 기사는 "백제와 신라는 예로부터 고구려의 속국으로 조공을 바쳐 왔는데, 그 뒤 신묘년(391년)부터 조공을 바치지 않으므로 백제, 왜, 신라를 공격하고 격파해 신민으로 삼았다는 내용이 된다. 2005년 서예가인 김병기는 글의 수평 수직 획형, 기울기, 별획, 날획 및 도획 등의 검토를 통해 신묘년 기사가 조작됐음을 증명하고 '渡海波(도해파)'는 원래 '入貢于(입공우)'였다고 주장하였다. 최근에는 중국인 학자 왕건군이 가세하여 진일보된 주장을 펼치고 있지만 아직 명쾌한 결론은 나오지 않고 있다.

10장

해동성국 발해의 수도
흑룡강성 영안시 발해진

1. 만주의 발해 유적

160년 발해 수도 상경용천부

왕청에서 점심 식사 후 영안시(寧安市, 닝안시) 발해진을 향해 출발했다.
깊은 계곡으로 난 기찻길을 따라 2시간 30여 분을 달리자 대평야가 눈
앞에 펼쳐진다. 이 드넓은 평야를 경박호가 적셔 준다. 이곳 대평야 지대
에 160여 년간 발해의 수도, 상경용천부가 자리하고 있었다.

만주 지역 답사는 이번이 처음은 아니다. 백두산 천지를 오르고, 고구
려 유적지를 살피고 봉오동, 청산리, 용정, 명동촌에서 독립군의 흔적을
찾아다니면서도 상경용천부는 늘 답사 코스에서 제외되었다. 시간에 쫓
긴 탓도 있지만, 몇 년 전만 해도 이곳의 교통이 매우 불편했다.

상경용천부는 16킬로미터의 외성을 쌓고 그 안에 4.5킬로미터의 내성
을 둘러쳤으며, 내성 안에 궁성을 만들었다. 당나라의 수도였던 장안성

이 세계 최고의 도시였다면, 상경성은 동북아 최고의 도시였다.

외성은 하단을 돌로 판축하고 그 위에 흙을 쌓아 만든 토성이라고 한다. 답사팀 일행을 태운 버스는 외성을 그대로 통과해 내성으로 진입해 버려 외성을 확인할 수 없었다. 내성 입구에는 매표소가 있고, 매표소 옆은 상경성 발굴 후 출토된 유물을 전시해 놓은 박물관이었다. 박물관의 전시 시설은 여러모로 미흡했지만, 상경성 복원 모형도를 비롯해 발해 기와, 불상, 석재, 사리금합 등 발해 유물이 전시되어 있었다. 결코 많지 않은 유물이었지만, 필자가 지금껏 봐 온 발해 관련 유물보다 훨씬 더 많았다.

발해국 상경용천부 유지비

복원된 상경성 성벽과 오문

최근 박물관은 흥륭사 옆에 새로 건립되어 이전했다.

발해 박물관을 지나 조금 더 가자 복원된 내성의 성벽이 보였다. 드디어 내성 입구에 도착한 것이다. 입구에는 상경성 복원 조감도를 비롯해 안내판과 '발해국 상경용천부 유지(渤海國上京龍泉府遺址)'라고 쓰인 표석이 서 있다.

이 비는 주변의 현무암과는 달리 하얀 대리석으로, 주변 돌과는 색깔부터 달랐다. 원래 이 대리석 표석은 지청천이 이끈 한국독립군과 중국호로군이 연합하여 1933년 동경성(발해 당시의 이름은 상경용천부)을 탈환할 당시 죽은 일군의 영혼을 위로하기 위해 일본이 세운 충혼비였다.

1982년 흑룡강성 인민정부는 충혼비를 깎아 없애고 앞면에 발해국 상경용천부 유지라고 새겼다. 그리고 뒷면에는 "발해는 중국 당나라 대의 속말말갈족이 건국한 나라"라고 새겨 놓았다. 즉 발해는 고구려와는 전혀 관계없는 중국 당나라 시기의 지방 정권으로 중국의 역사라는 의도가 고스란히 담긴 문구다. 발해를 당나라 시기 고구려 계통이 아닌 속말말갈족이 세운 국가라는 해석은 중국의 입장을 고스란히 담은 동북공정의 결과물과 일치한다.

중국은 1983년 중국사회과학원 산하에 중국변강사지연구중심을 설립, 고구려를 비롯한 우리 역사를 정치적인 목적으로 왜곡하기 시작했다. 그런데 이 비문을 새긴 연도는 1982년이었다. 이미 중국은 결론을 내려놓고 동북공정을 통해 이론을 보강하는 작업을 했다고 볼 수밖에 없다.

상경용천부를 복원한 직후 나무로 된 안내판이 입구에 세워져 있었다. 2017년 다시 와 확인해 보니 이 안내판은 사라지고 없다. 그러나 그 안내판에도 "발해국은 당나라 때의 지방민족 정권으로 속말말갈족이 주체……"라고 새겨져 있었다. 동북공정을 단행한 중국의 의도가 고스란히 담긴 이 문구에 답사팀은 분노했다.

발해국 상경용천부 유지라는 표석을 지나자 바로 궁성의 남문인 오문(午門) 터가 나왔다. 오문을 통과하면 상경 궁성 안에 들어서는 셈이다. 남문의 성벽은 높이 6미터, 동서 60미터, 남북 20미터 정도가 복원되어 있다. 성벽 위에는 네 줄로 배열된 초석 50여 개만이 남아 이곳에 거대한 누각(오봉루)이 있었음을 알려 준다.

누각에 올라 북쪽을 향해 서자, 한 줄로 늘어선 5개의 궁전 터가 한눈에 들어왔다. 거대한 궁궐의 모습이 눈앞에 어른거렸다. 남문에서 제

1궁전 터까지가 200미터, 1궁전 터에서 2궁전 터까지는 150미터, 2궁전 터에서 3궁전 터까지는 130미터, 3궁전 터에서 4궁전 터까지는 30미터, 4궁전 터에서 5궁전 터까지가 80미터다. 이 궁전 중에서 제2궁전이 가장 컸다고 한다.

발해 궁궐 터 전경

그러나 웅장하고 화려했던 전각은 간 데없고 커다란 초석만이 덩그러니 남아 있다. 그 초석에서 발해의 영광을 붙잡아 내기란 쉽지 않았다. 폐허가 된 왕궁 터에 서서 발해는 어디에 있었으며, 어떤 나라였고, 우리에게는 어떤 의미인지를 자문해 보았다.

동쪽 성벽에서 바라본 오봉루

대조영, 무왕, 문왕, 선왕이 차례로 떠올랐다. 산동반도를 공격하는 장문휴, 기억에서 사라진 발해 제국을 되살린 유득공, 발해를 꿈꾸었던 가수 서태지와 함께 동모산, 인안·대흥이라는 발해 연호, 해동성국이라는 별칭, 5경 15부 62주의 행정구역도 떠올랐다. 발해는 떠올린 이미지 속에 오랫동안 머물렀다. 그러나 그뿐이었다.

남문으로 돌아오는 길에 본 왕궁 터는 폐허 그 자체였다. 각 궁전 사이에서는 인근에 사는 농민들이 밭을 경작하고 있었다. 한때는 거대한 제국이었지만 이제 폐허만 남기고 역사 속으로 사라진 발해에 대한 안타까움, 발해의 역사를 우리 역사로 확고히 자리매김하지도 못한 채 중국이 잠식하도록 버려둔 데 대해 죄책감과 분노가 일었다.

흥륭사 석등은 발해 문화의 규모

한국사 교과서에 소개된 발해 유물로는 길림성 돈화(敦化, 둔화)시 정혜 공주 묘 앞의 돌사자상과 영안시 발해진 흥륭사 석등이 있다. 돌사자상이 고구려의 패기와 정열을 물려받았다면, 흥륭사 석등은 발해 문화의 규모를 짐작케 해 주는 석조 미술의 대표작으로 발해 문화의 상징이자 자존심이다.

발해의 수도였던 상경용천부 평면도를 보면 외성 안에 사찰 10여 개가 있었을 것으로 추정된다. 발해도 신라처럼 불교 국가였다. 발해 문화의 자존심인 석등이 남아 있는 흥륭사는 제2절터로, 상경용천부의 정남쪽에 위치하고 있다. 제2절인 흥륭사는 1,200여 년 전 상경용천부 남문 앞 주작대로 양측에 대칭으로 건축된 절이었다.

마을을 지나 외성 안에 위치했던 흥륭사에 도착했다. 그러나 주작대로는 확인할 수 없었다. 들어선 마을과 논밭이 도로를 삼켜 버렸기 때문이다. 지금의 흥륭사도 발해 당시 만들어진 건물은 아니다. 청나라 강희 원년(1713년)에 복원되었다가, 1861년 지금의 흥륭사로 중창되었다.

절 안으로 들어서니 큰 마당 주변에 돌거북과 비석 등 석조 유물이 어지럽게 널려 있다. 이 중 일부는 발해의 것이지만, 대부분은 청대의 유물이었다. 10여 개 사찰 중 유일하게 복원된 흥륭사였지만, 기둥이 부서지고 지붕에는 낙엽과 잡초가 무성했다. 관성전, 사대천왕전, 대웅보전을 지나 안쪽으로 더 들어가니 그토록 보고 싶어 했던 발해 석등이 웅장한 자태를 뽐내며 서 있다. 교과서에서만 보았던 발해 문화의 자존심, 발해 석등을 드디어 만난 것이다.

석등의 크기는 보통 3미터 내외이다. 발해 석등과 함께 교과서에 소개된 8세기 중엽의 법주사 쌍사자 석등은 3.3미터다. 그런데 발해 석등은 무려 6미터나 된다. 원래는 6.4미터였는데 상륜부 일부가 훼손되어 6미터라고 한다. 6미터가 넘는 석등을 보기는 이번이 두 번째였다. 구례 화엄사에도 9세기 말경에 제작된 6.4미터의 석등이 있다. 6.4미터인 화엄사 각황전 앞 석등에는 대한민국 최대 석등이라는 설명이 붙어 있다. 그렇다면 발해 석등도 우리 역사상 최대의 석등이 아닌가? 발해 석등

흥룡사 석등

의 크기를 통해 발해 문화의 규모를 짐작해 볼 수 있었다.

현무암으로 된 석등의 기다란 기둥돌 위아래로 연꽃을 새겨 놓았는데 선이 굵고 명확하게 표현되어 있어 강하고 힘찬 고구려 양식을 계승했음을 보여 주었다. 화사석(석등의 중대석 위에 있는, 등불을 밝히도록 된 부분) 위의 지붕돌은 팔작지붕인데 한국의 석등에서는 볼 수 없는 양식으로, 신라 하대 승려들의 무덤인 승탑을 연상케 했다. 6.4미터의 크기와 연꽃 문양에 웅대함이 서려 있다면, 지붕의 기왓골이나 서까래는 오밀조밀한 세밀함이 엿보인다. 발해 석등에는 발해의 웅장함과 세밀함이 함께 살아 있었다.

석등은 삼성전 앞마당에 있다. 원래 석등과 석탑은 대웅전 앞에 있어야 하는데 이곳의 석등은 대웅보전을 등지고 서 있다. 석등의 위치가 잘못된 것이 아니라, 훗날 대웅보전을 복원하면서 위치를 잘못 잡은 것은 아닐까? 아무튼 답답했다. 삼성전에는 현판마저 걸려 있지 않았고, 떨어

법주사 석등   화엄사 석등

져 나간 현판은 그냥 방치되고 있었다. 삼성전 안에는 문왕이 상경용천부를 세우면서 만들었다고 전해지는 3.3미터 높이의 거대한 돌부처가 앉아 있다. 발해의 부처를 만난 것이다.

정혜·정효 공주 무덤

발해의 영역에서 발해를 확인하는 작업은 결코 쉽지 않다. 발해인이 남긴 기록도, 유적·유물도 거의 남아 있지 않기 때문이다. 그래도 200년 넘게 해동성국으로 위엄을 떨쳤던 발해의 흔적이 없을 수는 없다. 그 흔적을 연해주 블라디보스토크에 있는 극동대학교 한국학 대학 야외 전시장에서 만났다. 또 아르세니예프 박물관에 전시된 토기 조각에서도 확인했다.

발해는 만주에서 훨씬 쉽게 만날 수 있다. 발해가 도읍으로 삼았던

구국(舊國)과 중경현덕부, 상경용
천부가 있기 때문이다. 이미 서술
한 것처럼 흑룡강성 영안시 발해
진에 남아 있는 동북아 최대 도
시 상경용천부에서 발해를 통째
로 만나기도 했다. 흥륭사에서는
발해 석등을 만나 발해 문화의
규모를 확인했다.

정효공주 무덤방

더 만나야 할 발해의 흔적은
건국 터인 동모산과 발해 지역을 통틀어 유일하게 발해인의 기록이 발
견된 정혜·정효 공주 무덤이다. 첫 수도였던 구국의 흔적도 찾아야 한
다. 상경용천부를 떠나면서 발해의 나머지 흔적을 더듬어 본 것은 이 때
문이었다.

698년 대조영이 고구려와 말갈 유민들을 이끌고 와서 발해를 건국한
곳이 동모산이다. 발해의 건국지 동모산은 중국 길림성 돈화시에서 동남
으로 12킬로미터 떨어진 지금의 성산자산성이다. 산성 입구에는 1980년
4월 20일 중국 길림성 인민정부가 길림성 문물보호단위로 공포한 뒤 돈
화시 인민정부에서 세운 비 2기가 서 있다. 한글로 새긴 비에는 "성산자
산성은 당나라 발해국 초기 성지로 발해 제1대왕 대조영이 자리를 잡았
다고 한 동모산으로 고증되었다"라고 쓰여 있다.

동모산이 건국지라면, 구국은 발해의 첫 도읍지다. 구국의 위치에 대
해서는 견해가 엇갈린다. 『구당서』에는 "대조영이 동모산과 그 아래에
도읍지를 정하고 구국이라 했다"라는 기록만 있을 뿐 더 이상의 구체적
인 언급은 없다. 현재 구국으로 추정되는 곳은 오동성과 영승 유적지다.

오동성과 영승 유적지는 모두 동모산인 성산자산성 가까이에 있다. 그리고 4킬로미터 거리에 발해 왕족의 무덤이 모여 있는 육정산 고분군이 있다.

육정산 고분군에는 발해 3대 문왕 대흠무의 둘째 딸 정혜공주의 무덤을 비롯해 1대 대조영, 2대 무왕, 3대 문왕의 무덤도 있었을 것으로 추정되지만 워낙 훼손이 심해 어떤 고분이 어느 왕의 것인지 확인할 수 없다.

1949년 연변대학에서 정혜공주 묘를 발굴했다. 이미 도굴된 뒤였지만 성과도 있었다. 정혜공주 묘비명, 옥구슬, 도금한 구리 못 등이 출토되었다. 한국사 교과서에 실린 돌사자상도 이곳 정혜공주 무덤에서 출토된 것이다. 정혜공주 비문에는 700여 자가 해서체로 쓰여 있다. 이 비문을 해석함으로써 육정산이 발해 왕실의 묘지였고, 돈화가 발해의 구국임을 확인할 수 있었다. 수도가 상경용천부에 있을 때에도 왕족이 죽으면 구국까지 시신을 모셔 왔다고 한다.

3대 문왕 대흠무는 742년 돈화의 구국에서 중경으로 도읍을 옮겼다. 중경을 도읍으로 삼은 기간은 길지 않았다. 13년 후 다시 상경성으로 옮겨 갔기 때문이다. 두 번째 도읍지 중경은 지금의 길림성 화룡시 서고성자촌의 서고성이다. 서고성은 화룡에서 용정 가는 길 오른쪽, 평강벌이 시작되는 부근에 있다.

1980년 서고성에서 가까운 지점인 화룡시 용수향 용두산 자락에서 문왕의 넷째 딸인 정효공주 무덤이 발견되었다. 육정산에 묻힌 정혜공주는 마흔 살인 777년에, 용두산 고분군에 묻힌 정효공주는 서른여섯 살인 792년에 세상을 떴다. 두 공주의 묘비는 발해인이 남긴 유일한 기록으로 발해사를 연구하는 데 귀중한 1차 사료다.

정효공주 무덤은 열다섯 계단을 내려간 4미터 깊이에 있다. 길림성 정부는 건물을 지어 그 안에 무덤을 보호하고 있다. 무덤의 천장은 기다란 돌을 계단식으로 쌓아 올린 모줄임 구조로 되어 있다. 이러한 구조는 고구려만의 고분 축조 양식으로 발해가 고구려를 계승했음을 확인시켜 준다. 무덤 칸 벽은 검은 벽돌을 쌓아 회칠을 한 뒤 벽화를 그렸다. 벽화에는 수문장, 시종무관, 내시, 약사 등 12명의 인물이 그려져 있다.

돌사자상

2. 고구려, 발해 역사를 삼켜 버린 동북공정

동북공정이란

고구려, 발해 관련 유적지 답사에는 늘 중국 공안들이 함께했고, 사진 촬영도 허용되지 않았다. 오녀산산성과 상경성도 중국식으로 복원되었다. 몇 년 전 요동에서 보았던 다롄의 고구려 비사성도 대흑산산성으로 이름이 바뀌었을 뿐만 아니라 고구려 성과는 전혀 다른 모습으로 복원되어 있었다.

고구려, 발해의 옛 땅을 떠나면서 중국의 치밀한 역사 왜곡 과정을 되짚어 봐야 할 필요성을 느꼈다. 왜곡한 내용과 의도가 무엇인지를 알아야 어떻게 대응할 것인지를 고민할 수 있기 때문이다.

중국은 1983년 중국사회과학원 산하에 중국변강사지연구중심을 설립했다. 만주 지역의 역사 연구를 목적으로 설립된 이 연구센터는 1998년 9월, '조선반도(한반도) 형세의 변화가 동북 지역 안정에 가하는 충격'이라는 제목의 보고서를 제출하면서 고구려를 비롯한 우리 역사를 정치적인 목적으로 왜곡하기 시작했다. 그리고 2002년부터 2007년까지 1,500만 위안을 투자해 동북공정(동북 변경의 역사와 현상 연구 공정)을 발족하여 고구려를 비롯한 고조선, 부여, 발해의 역사를 자국사로 편입하는 연구를 진행했다.

그 결과는 우리가 알고 있는 대로 매우 충격적이다. 우리 민족의 기원인 단군조선은 철저히 부정되고, 고구려는 물론 부여·발해의 역사마저 중국의 지방 정권으로 전락했다. 고려가 고구려와는 무관하게 신라 땅에서 건국된 국가라는 억지 주장도 폈다. 만리장성이 북한의 청천강, 더 나아가 대동강에까지 이르렀다면서 한강 이북은 중국의 옛 땅이라는 주장도 서슴지 않았다. 정말 어처구니없는 주장이다.

중국의 억지 주장과 우리의 입장을 간략히 정리해 보면 다음과 같다.

중국의 주장: 고조선은 기자조선 → 위만조선 → 한사군으로 이어지는 중국 사다.

우리의 입장: 고조선은 독자적인 청동기 문화를 이룩한 단군조선의 나라다.

중국의 주장: 진시황제의 장성은 대동강까지 이르렀다.

우리의 입장: 중국 문헌과 유물을 통해 볼 때 장성은 요하까지만 축조되었다.

중국의 주장: 부여족은 한민족과 아무 관계가 없는 중국 고대 소수민족 중의 하나였다.

우리의 입장: 부여는 고대 한국 민족의 원류인 예맥족이 세운 나라다.

중국의 주장: 고구려는 중국 민족이 세운 중국의 지방 정권이다.

우리의 입장: 고구려는 민족의 기원과 역사 계승 의식 모두 중국과 별개인 우리의 자주 국가다.

중국의 주장: 고구려는 고대 중국의 영토 안에서 성립·발전·멸망하였으므로 중국의 지방 정권이다.

우리의 입장: 고구려는 한 군현 세력을 몰아내는 과정에서 건국 발전한 독립 국이다.

중국의 주장: 고구려는 중국과 조공·책봉 관계를 맺은 지방 정권이다.

우리의 입장: 조공·책봉은 외교의 한 형식이자 국제 무역의 한 형태였다.

중국의 주장: 고구려와 수·당 간의 전쟁은 중국 내부의 통일 전쟁이다.

우리의 입장: 고구려가 동아시아의 패권을 차지하기 위한 중국의 침략에 맞서 싸운 국제 전쟁이었다.

중국의 주장: 고려는 고구려를 계승한 나라가 아니다.

우리의 입장: 중국인들도 고려가 고구려의 계승국이라고 기록했다.

중국의 주장: 발해의 국호는 말갈국이다.

우리의 입장: 발해는 처음에는 진국, 이후에는 고려 혹은 고려국이라고도 불렀다.

중국의 주장: 발해는 중국의 지방 정권이다.

우리의 입장: 발해는 고구려 계승 의식을 분명히 하며, 자주 독립 국가로서 성장 발전했다.

중국의 주장: 발해사는 중국 당나라 역사의 일부로서, 한국사가 아니다.

우리의 입장: 발해는 신라와 더불어 남북국시대를 이룬, 한국사의 일부이다.

『동북공정 바로 알기』(동북아역사재단, 2009)

동북공정의 의도

중국은 왜 한국의 반발에도 불구하고 동북공정을 추진했으며 고조선·고구려·발해의 역사를 자국의 역사로 만들었는지 그 의도를 살펴봐야 한다. 앞으로 어떻게 대처할지를 모색하기 위해서다.

동북공정의 의도는 다음과 같이 몇 가지로 정리할 수 있다.

첫째, 만주 지역 조선족을 단속하기 위해서다. 중국은 56개 민족으로 구성된 다민족 국가지만 90퍼센트 이상이 한족이다. 그럼에도 불구하고 중국은 소수민족에 대해 예민하다. 구소련이 붕괴되면서 15개 민족이 분리 독립하는 것을 목격했기 때문이다. 2009년 우루무치에서 발생한 위구르족과의 충돌에 중국이 강경 대응한 것도 이런 이유에서다. 동북 3성에는 만주족을 비롯해 수많은 소수민족이 있지만 대부분은 의지처가 없어 중국화되고 있다. 그러나 200만 명에 가까운 조선족은 고유의 언어와 문화를 가지고 있으며 민족의식도 매우 강하다. 더욱이 이들에게는 한국이라는 든든한 배후가 있다. 중국은 조선족이 한국의 정세변화에 동요하지 않도록 중국 국민으로서의 정체성을 확립할 필요성을 느꼈을 것이다.

둘째, 향후 전개될 수 있는 간도 지역의 분쟁을 미리 차단하기 위해서다. 간도를 포함한 만주 지역은 석유와 식량 등 자원 문제, 조선족을 비롯한 소수민족 문제, 간도에 대한 영유권 문제 등 경제적·역사적으로 매우 예민한 지역이며, 추후 전개될 세계 질서 혹은 동아시아 질서에서 각국의 힘이 충돌할 가능성이 매우 높은 지역이다. 특히 1909년 일본과 체결한 간도협약은 국제 분쟁의 소지가 있는 조심스러운 뇌관이라고 할 수 있다. 1909년 당시 대한제국의 외교권을 강탈한 일제가 만주 지역의 철도 부설권 등을 얻기 위한 대가로 간도 지역을 중국에 넘겨준 간도협약은 우리의 대응에 따라 국제적 사법심판의 대상이 될 수도 있다. 따라서 중국 입장에서는 어떻게든 간도 지역에 대한 영유권 주장을 확고히 펼쳐야 한다.

셋째, 고조선, 고구려, 발해의 역사를 한국사로 인정할 경우 몽골, 베트남, 중앙아시아의 일부 국가가 원나라나 진·한 시기 남월, 서역사 등을 자국사로 주장하는 상황을 미리 차단해야 할 필요성 때문이다.

넷째, 동북공정은 북한의 정세 변화 시 북한 지역에 대한 우월권을 확보하기 위한 국가주의적 전략과 관련된 연구다.

북한 정권에 변화가 생길 경우 고조선, 고구려, 발해는 중국의 지방 정권이었다는 역사적 연고권을 주장하면서 친중 군부 정권을 세울 가능성이 있다. 이는 통일한국을 구상하는 우리에게는 상상하기도 싫은 불행한 상황을 낳을 수도 있다.

동북공정은 끝났지만 그에 따른 결과는 중국인에게 사실로 인식되고 있다. 이 중 일부는 역사적 근거와는 관계없이 자민족 중심주의 경향을 노골적으로 드러내고 있을 뿐 아니라 더 나아가 반한 감정까지 생겨나고 있다. 이는 중국인들의 잘못된 한국사관, 동아시아 역사관, 세계관을 고착시켜 향후 한·중 간의 역사 갈등을 더욱 악화시킬 우려가 있다. 이러한 역사 왜곡은 향후 한국과 중국 사이에 큰 재앙이 될 수 있다. 동북공정의 결과가 야기할 역사가 두렵고 무섭다.

이제 중국이 추진한 동북공정의 목표는 분명해졌다. 중국 공안이 답사팀을 끝까지 따라붙었던 이유도 명확해졌다. 그럼 우리는 어떻게 대처할 것인가? 우리의 역사를 송두리째 도둑맞고도 가만히 있어야만 하는가? 역사 교사로서 내가 할 일은 무엇인가?

유득공의 발해 인식

668년 고구려가 멸망하면서 만주와 연해주의 거대한 영역이 우리 역사에서 완전히 사라지는 듯했다. 그러나 30년 뒤인 698년 고구려의 땅에서 고구려를 계승한 국가가 건립되었다. 대조영이 건국한 발해는 226년간 존속했지만, 오랫동안 우리의 기억에서 잊힌 왕국이었다.

그런 발해를 우리 앞에 되살려 낸 인물이 『발해고』를 쓴 유득공(1749~1807)이다. 유득공은 발해가 고구려를 계승한 국가라고 당당히 외쳤다.

> 부여가 망하고 고구려가 망한 다음 신라가 남방을 차지하고 대조영이 북방을 차지하고는 발해라 하였으니, 이것을 남북국이라 한다. 당연히 남북국을 다룬 역사책이 있어야 하는데, 고려가 편찬하지 않은 것은 잘못이다. 저 대조영이 어떤 사람인가? 바로 고구려 사람이다. 그들이 차지하고 있던 땅은 어떤 땅인가? 바로 고구려 땅이다.
>
> 유득공, 『발해고』(서해문집, 2006), 37쪽

유득공의 발해 인식은 19세기에 대동여지도를 그린 고산자 김정호(1804~1866)로 이어졌다. 김정호가 쓴 지리서 『대동지지』의 서술을 보자.

> 삼한의 여러 나라들이 통합되어 삼국을 이루었으니 신라, 가야, 백제가 그것이다. 그 후 가야가 망하고 고구려가 남쪽으로 천도하여 다시금 삼국을 이루었다. 고구려와 백제가 멸망한 뒤 50년 만에 발해가 다시 고구려의 옛 땅을 이어받아 신라와 더불어 200년간 남북국을 이루었다.
>
> 김정호, 『대동지지』(이회문화사, 2004)

유득공의 『발해고』

그렇지만 발해의 역사는 우리에게 먼 곳에 있다. 발해의 영역이 구소련이나 중국, 북한 지역에 속해 있다는 지리적 여건도 한 원인이었다. 발해 연구자가 절대적으로 부족하다는 점도 발해가 우리 곁으로 가까이 다가올 수 없는 이유다. 그러는 사이 중국은 동북공정을 통해 고구려는 물론 발해마저 자기의 역사로 둔갑시켜 버렸다.

중국은 엄청난 돈을 투자해 고구려, 발해는 물론 중국 변방의 모든 역사를 자국의 역사로 만들고 있는데, 우리는 도리어 유득공의 발해 인식마저 삭제해 버리지 않았는가? 1993년도에 간행된 고등학교 국사 교과서에는 유득공의 발해 인식이라는 읽기 자료 항목을 설정하고, 위에 소개한 『발해고』 일부를 소개하고 있었다. 그런데 1997년판 교과서에는 아예 빠져 버렸다. 가수 서태지마저 〈발해를 꿈꾸며〉를 불러 발해를 되새기고 남북의 분단이 통일로 이어지기를 열망하고 있는데, 정작 발해를 품고 알려야 할 역사 교과서는 발해를 하나씩 외면하고 있다.

발해를 떠나면서 유득공을 떠올린 이유다.

삶의 행복을 꿈꾸는 교육은 어디에서 오는가?

미래 100년을 향한 새로운 교육 **혁신교육을 실천하는 교사들의 필독서**

▶ 교육혁명을 앞당기는 배움책 이야기
혁신교육의 철학과 잉걸진 미래를 만나다!

한국교육연구네트워크 총서

01 핀란드 교육혁명
한국교육연구네트워크 엮음 | 320쪽 | 값 15,000원

02 일제고사를 넘어서
한국교육연구네트워크 엮음 | 284쪽 | 값 13,000원

03 새로운 사회를 여는 교육혁명
한국교육연구네트워크 엮음 | 380쪽 | 값 17,000원

04 교장제도 혁명
한국교육연구네트워크 엮음 | 268쪽 | 값 14,000원

05 새로운 사회를 여는 교육자치 혁명
한국교육연구네트워크 엮음 | 312쪽 | 값 15,000원

06 혁신학교에 대한 교육학적 성찰
한국교육연구네트워크 엮음 | 308쪽 | 값 15,000원

07 진보주의 교육의 세계적 동향
한국교육연구네트워크 엮음 | 324쪽 | 값 17,000원
2018 세종도서 학술부문

08 더 나은 세상을 위한 학교혁명
한국교육연구네트워크 엮음 | 404쪽 | 값 21,000원
2018 세종도서 교양부문

09 비판적 실천을 위한 교육학
이윤미 외 지음 | 448쪽 | 값 23,000원

10 마을교육공동체운동: 세계적 동향과 전망
심성보 외 지음 | 376쪽 | 값 18,000원

혁신학교
성열관·이순철 지음 | 224쪽 | 값 12,000원

행복한 혁신학교 만들기
초등교육과정연구모임 지음 | 264쪽 | 값 13,000원

서울형 혁신학교 이야기
이부영 지음 | 320쪽 | 값 15,000원

혁신교육, 철학을 만나다
브렌트 데이비스·데니스 수마라 지음
현인철·서용선 옮김 | 304쪽 | 값 15,000원

한국교육연구네트워크 번역 총서

01 프레이리와 교육
존 엘리아스 지음 | 한국교육연구네트워크 옮김
276쪽 | 값 14,000원

02 교육은 사회를 바꿀 수 있을까?
마이클 애플 지음 | 강희룡·김선우·박원순·이형빈 옮김
356쪽 | 값 16,000원

03 비판적 페다고지는 세상을 변화시킬 수 있는가?
Seewha Cho 지음 | 심성보·조시화 옮김 | 280쪽 | 값 14,000원

04 마이클 애플의 민주학교
마이클 애플·제임스 빈 엮음 | 강희룡 옮김 | 276쪽 | 값 14,000원

05 21세기 교육과 민주주의
넬 나딩스 지음 | 심성보 옮김 | 392쪽 | 값 18,000원

06 세계교육개혁: 민영화 우선인가 공적 투자 강화인가?
린다 달링-해먼드 외 지음 | 심성보 외 옮김 | 408쪽 | 값 21,000원

07 콩도르세, 공교육에 관한 다섯 논문
니콜라 드 콩도르세 지음 | 이주환 옮김 | 300쪽 | 값 16,000원

대한민국 교사, 어떻게 가르칠 것인가?
윤성관 지음 | 320쪽 | 값 15,000원

아이들을 어떻게 가르칠 것인가
사토 마나부 지음 | 박찬영 옮김 | 232쪽 | 값 13,000원

모두를 위한 국제이해교육
한국국제이해교육학회 지음 | 364쪽 | 값 16,000원

경쟁을 넘어 발달 교육으로
현광일 지음 | 288쪽 | 값 14,000원

혁신교육 존 듀이에게 묻다
서용선 지음 | 292쪽 | 값 14,000원

 다시 읽는 조선 교육사
이만규 지음 | 750쪽 | 값 33,000원

 대한민국 교육혁명
교육혁명공동행동 연구위원회 지음 | 224쪽 | 값 12,000원

 독일 교육, 왜 강한가?
박성희 지음 | 324쪽 | 값 15,000원

 핀란드 교육의 기적
한넬레 니에미 외 엮음 | 장수명 외 옮김 | 456쪽 | 값 23,000원

 한국 교육의 현실과 전망
심성보 지음 | 724쪽 | 값 35,000원

▶ 비고츠키 선집 시리즈
발달과 협력의 교육학 어떻게 읽을 것인가?

 생각과 말
레프 세묘노비치 비고츠키 지음
배희철·김용호·D. 켈로그 옮김 | 690쪽 | 값 33,000원

 도구와 기호
비고츠키·루리야 지음 | 비고츠키 연구회 옮김
336쪽 | 값 16,000원

 어린이 자기행동숙달의 역사와 발달 I
L.S. 비고츠키 지음 | 비고츠키 연구회 옮김
564쪽 | 값 28,000원

 어린이 자기행동숙달의 역사와 발달 II
L.S. 비고츠키 지음 | 비고츠키 연구회 옮김
552쪽 | 값 28,000원

 어린이의 상상과 창조
L.S. 비고츠키 지음 | 비고츠키 연구회 옮김
280쪽 | 값 15,000원

 비고츠키와 인지 발달의 비밀
A.R. 루리야 지음 | 배희철 옮김 | 280쪽 | 값 15,000원

 수업과 수업 사이
비고츠키 연구회 지음 | 196쪽 | 값 12,000원

 비고츠키의 발달교육이란 무엇인가?
비고츠키교육학실천연구모임 지음 | 412쪽 | 값 21,000원

 비고츠키 철학으로 본 핀란드 교육과정
배희철 지음 | 456쪽 | 값 23,000원

 성장과 분화
L.S. 비고츠키 지음 | 비고츠키 연구회 옮김
308쪽 | 값 15,000원

 연령과 위기
L.S. 비고츠키 지음 | 비고츠키 연구회 옮김
336쪽 | 값 17,000원

 의식과 숙달
L.S 비고츠키 | 비고츠키 연구회 옮김
348쪽 | 값 17,000원

 분열과 사랑
L.S. 비고츠키 지음 | 비고츠키 연구회 옮김
260쪽 | 값 16,000원

 성애와 갈등
L.S. 비고츠키 지음 | 비고츠키 연구회 옮김
268쪽 | 값 17,000원

  관계의 교육학, 비고츠키
진보교육연구소 비고츠키교육학실천연구모임 지음
300쪽 | 값 15,000원

 비고츠키 생각과 말 쉽게 읽기
진보교육연구소 비고츠키교육학실천연구모임 지음
316쪽 | 값 15,000원

교사와 부모를 위한 비고츠키 교육학
카르포프 지음 | 실천교사번역팀 옮김 | 308쪽 | 값 15,000원

▶ 살림터 참교육 문예 시리즈
영혼이 있는 삶을 가르치는 온 선생님을 만나다!

 꽃보다 귀한 우리 아이는
조재도 지음 | 244쪽 | 값 12,000원

 성깔 있는 나무들
최은숙 지음 | 244쪽 | 값 12,000원

 선생님이 먼저 때렸는데요
강병철 지음 | 248쪽 | 값 12,000원

 서울 여자, 시골 선생님 되다
조경선 지음 | 252쪽 | 값 12,000원

아이들에게 세상을 배웠네
명혜정 지음 | 240쪽 | 값 12,000원

 행복한 창의 교육
최창의 지음 | 328쪽 | 값 15,000원

 밥상에서 세상으로
김흥숙 지음 | 280쪽 | 값 13,000원

 북유럽 교육 기행
정애경 외 14인 지음 | 288쪽 | 값 14,000원

 우물쭈물하다 끝난 교사 이야기
유기창 지음 | 380쪽 | 값 17,000원

▶ 4·16, 질문이 있는 교실 마주이야기
통합수업으로 혁신교육과정을 재구성하다!

 통하는 공부
김태호·김형우·이경석·심우근·허진만 지음
324쪽 | 값 15,000원

 미래교육의 열쇠, 창의적 문화교육
심광현·노명우·강정석 지음 | 368쪽 | 값 16,000원

 내일 수업 어떻게 하지?
아이함께 지음 | 300쪽 | 값 15,000원
2015 세종도서 교양부문

 주제통합수업, 아이들을 수업의 주인공으로!
이윤미 외 지음 | 392쪽 | 값 17,000원

 인간 회복의 교육
성래운 지음 | 260쪽 | 값 13,000원

 수업과 교육의 지평을 확장하는 수업 비평
윤양수 지음 | 316쪽 | 값 15,000원
2014 문화체육관광부 우수교양도서

 교과서 너머 교육과정 마주하기
이윤미 외 지음 | 368쪽 | 값 17,000원

 교사, 선생이 되다
김태은 외 지음 | 260쪽 | 값 13,000원

 수업 고수들 수업·교육과정·평가를 말하다
박현숙 외 지음 | 368쪽 | 값 17,000원

 교사의 전문성, 어떻게 만들어지나
국제교원노조연맹 보고서 | 김석규 옮김 392쪽 | 값 17,000원

 도덕 수업, 책으로 묻고 윤리로 답하다
울산도덕교사모임 지음 | 320쪽 | 값 15,000원

 수업의 정치
윤양수·원종희·장군 지음 | 280쪽 | 값 14,000원

 체육 교사, 수업을 말하다
전용진 지음 | 304쪽 | 값 15,000원

 학교협동조합,
현장체험학습과 마을교육공동체를 잇다
주수원 외 지음 | 296쪽 | 값 15,000원

 교실을 위한 프레이리
아이러 쇼어 엮음 | 사람대사람 옮김 | 412쪽 | 값 18,000원

 거꾸로 교실,
잠자는 아이들을 깨우는 수업의 비밀
이민경 지음 | 280쪽 | 값 14,000원

 마을교육공동체란 무엇인가?
서용선 외 지음 | 360쪽 | 값 17,000원

 교사는 무엇으로 사는가
정은균 지음 | 292쪽 | 값 15,000원

 교사, 학교를 바꾸다
정진화 지음 | 372쪽 | 값 17,000원

 마음의 힘을 기르는 감성수업
조선미 외 지음 | 300쪽 | 값 15,000원

 함께 배움
학생 주도 배움 중심 수업 이렇게 한다
니시카와 준 지음 | 백경석 옮김 | 280쪽 | 값 15,000원

 작은 학교 아이들
지경준 엮음 | 376쪽 | 값 17,000원

 공교육은 왜?
홍섭근 지음 | 352쪽 | 값 16,000원

 아이들의 배움은 어떻게 깊어지는가
이시이 준지 지음 | 방지현·이창희 옮김 | 200쪽 | 값 11,000원

 자기혁신과 공동의 성장을 위한
교사들의 필리버스터
윤양수·원종희·장군·조경삼 지음 | 280쪽 | 값 14,000원

 대한민국 입시혁명
참교육연구소 입시연구팀 지음 | 220쪽 | 값 12,000원

함께 배움 이렇게 시작한다
니시카와 준 지음 | 백경석 옮김 | 196쪽 | 값 12,000원

 함께 배움 교사의 말하기
니시카와 준 지음 | 백경석 옮김 | 188쪽 | 값 12,000원

 교육과정 통합, 어떻게 할 것인가?
성열관 외 지음 | 192쪽 | 값 13,000원

 학교 혁신의 길, 아이들에게 묻다
남궁상운 외 지음 | 272쪽 | 값 15,000원

 프레이리의 사상과 실천
사람대사람 지음 | 352쪽 | 값 18,000원
2018 세종도서 학술부문

 혁신학교, 한국 교육의 미래를 열다
송순재 외 지음 | 608쪽 | 값 30,000원

 페다고지를 위하여
프레네의 『페다고지 불변요소』 읽기
박찬영 지음 | 296쪽 | 값 15,000원

 **노자와 탈현대 문명**
홍승표 지음 | 284쪽 | 값 15,000원

 선생님, 민주시민교육이 뭐예요?
염경미 지음 | 244쪽 | 값 15,000원

 어쩌다 혁신학교
유우석 외 지음 | 380쪽 | 값 17,000원

 미래, 교육을 묻다
정광필 지음 | 232쪽 | 값 15,000원

 대학, 협동조합으로 교육하라
박주희 외 지음 | 252쪽 | 값 15,000원

 입시, 어떻게 바꿀 것인가?
노기원 지음 | 306쪽 | 값 15,000원

 촛불시대, 혁신교육을 말하다
이용관 지음 | 240쪽 | 값 15,000원

 라운드 스터디
이시이 데루마사 외 엮음 | 224쪽 | 값 15,000원

 미래교육을 디자인하는 학교교육과정
박승열 외 지음 | 348쪽 | 값 18,000원

 흥미진진한 아일랜드 전환학년 이야기
제리 제퍼스 지음 | 최상덕·김호원 옮김 | 508쪽 | 값 27,000원

 교사를 세우는 교육과정
박승열 지음 | 312쪽 | 값 15,000원

 전국 17명 교육감들과 나눈
교육 대담
최창의 대담·기록 | 272쪽 | 값 15,000원

 들뢰즈와 가타리를 통해
유아교육 읽기
리세롯 마리엣 올슨 지음 | 이연선 외 옮김 | 328쪽 | 값 17,000원

 학교 민주주의의 불한당들
정은균 지음 | 276쪽 | 값 14,000원

 교육과정, 수업, 평가의 일체화
리사 카터 지음 | 박승열 외 옮김 | 196쪽 | 값 13,000원

 학교를 개선하는 교장
지속가능한 학교 혁신을 위한 실천 전략
마이클 풀란 지음 | 서동연·정효준 옮김 | 216쪽 | 값 13,000원

 공자뎐, 논어는 이것이다
유문상 지음 | 392쪽 | 값 18,000원

 교사와 부모를 위한
발달교육이란 무엇인가?
현광일 지음 | 380쪽 | 값 18,000원

 교사, 이오덕에게 길을 묻다
이무완 지음 | 328쪽 | 값 15,000원

 낙오자 없는 스웨덴 교육
레이프 스트란드베리 지음 | 변광수 옮김 | 208쪽 | 값 13,000원

 끝나지 않은 마지막 수업
장석웅 지음 | 328쪽 | 값 20,000원

 경기꿈의학교
진흥섭 외 지음 | 360쪽 | 값 17,000원

 학교를 말한다
이성우 지음 | 292쪽 | 값 15,000원

 행복도시 세종, 혁신교육으로 디자인하다
곽순일 외 지음 | 392쪽 | 값 18,000원

나는 거꾸로 교실 거꾸로 교사
류광모·임정훈 지음 | 212쪽 | 값 13,000원

 교실 속으로 간 이해중심 교육과정
온정덕 외 지음 | 224쪽 | 값 13,000원

교실, 평화를 말하다
따돌림사회연구모임 초등우정팀 지음 | 268쪽 | 값 15,000원

폭력 교실에 맞서는 용기
따돌림사회연구모임 학급운영팀 지음 | 272쪽 | 값 15,000원

학교자율운영 2.0
김용 지음 | 240쪽 | 값 15,000원

그래도 혁신학교
박은혜 외 지음 | 248쪽 | 값 15,000원

학교자치를 부탁해
유우석 외 지음 | 252쪽 | 값 15,000원

학교는 어떤 공동체인가?
성열관 외 지음 | 228쪽 | 값 15,000원

국제이해교육 페다고지
강순원 외 지음 | 256쪽 | 값 15,000원

교사 전쟁
다나 골드스타인 지음 | 유성상 외 옮김 | 468쪽 | 값 23,000원

미래교육, 어떻게 만들어갈 것인가?
송기상·김성천 지음 | 300쪽 | 값 16,000원

인공지능 시대의 사회학적 상상력
홍승표 지음 | 260쪽 | 값 15,000원

선생님, 페미니즘이 뭐예요?
염경미 지음 | 280쪽 | 값 15,000원

시민, 학교에 가다
최형규 지음 | 260쪽 | 값 15,000원

▶ 교과서 밖에서 만나는 역사 교실
상식이 통하는 살아 있는 역사를 만나다

전봉준과 동학농민혁명
조광환 지음 | 336쪽 | 값 15,000원

교과서 밖에서 배우는 역사 공부
정은교 지음 | 292쪽 | 값 14,000원

남도의 기억을 걷다
노성태 지음 | 344쪽 | 값 14,000원

팔만대장경도 모르면 빨래판이다
전병철 지음 | 360쪽 | 값 16,000원

응답하라 한국사 1·2
김은석 지음 | 356쪽·368쪽 | 각권 값 15,000원

빨래판도 잘 보면 팔만대장경이다
전병철 지음 | 360쪽 | 값 16,000원

즐거운 국사수업 32강
김남선 지음 | 280쪽 | 값 11,000원

영화는 역사다
강성률 지음 | 288쪽 | 값 13,000원

즐거운 세계사 수업
김은석 지음 | 328쪽 | 값 13,000원

친일 영화의 해부학
강성률 지음 | 264쪽 | 값 15,000원

강화도의 기억을 걷다
최보길 지음 | 276쪽 | 값 14,000원

한국 고대사의 비밀
김은석 지음 | 304쪽 | 값 13,000원

광주의 기억을 걷다
노성태 지음 | 348쪽 | 값 15,000원

조선족 근현대 교육사
정미량 지음 | 320쪽 | 값 15,000원

선생님도 궁금해하는 한국사의 비밀 20가지
김은석 지음 | 312쪽 | 값 15,000원

다시 읽는 조선근대 교육의 사상과 운동
윤건차 지음 | 이명실·심성보 옮김 | 516쪽 | 값 25,000원

걸림돌
키르스텐 세롭-빌펠트 지음 | 문봉애 옮김
248쪽 | 값 13,000원

음악과 함께 떠나는 세계의 혁명 이야기
조광환 지음 | 292쪽 | 값 15,000원

역사수업을 부탁해
열 사람의 한 걸음 지음 | 388쪽 | 값 18,000원

논쟁으로 보는 일본 근대 교육의 역사
이명실 지음 | 324쪽 | 값 17,000원

진실과 거짓, 인물 한국사
하성환 지음 | 400쪽 | 값 18,000원

 다시, 독립의 기억을 걷다
노성태 지음 | 320쪽 | 값 16,000원

 우리 역사에서 사라진 근현대 인물 한국사
하성환 지음 | 296쪽 | 값 18,000원

 한국사 리뷰
김은석 지음 | 244쪽 | 값 15,000원

 꼬물꼬물 거꾸로 역사수업
역모자들 지음 | 436쪽 | 값 23,000원

 경남의 기억을 걷다
류형진 외 지음 | 564쪽 | 값 28,000원

▶ 더불어 사는 정의로운 세상을 여는 인문사회과학
사람의 존엄과 평등의 가치를 배운다

 밥상혁명
강양구·강이현 지음 | 298쪽 | 값 13,800원

좌우지간 인권이다
안경환 지음 | 288쪽 | 값 13,000원

 도덕 교과서 무엇이 문제인가?
김대응 지음 | 272쪽 | 값 14,000원

 민주시민교육
심성보 지음 | 544쪽 | 값 25,000원

 자율주의와 진보교육
조엘 스프링 지음 | 심성보 옮김 | 320쪽 | 값 15,000원

 민주시민을 위한 도덕교육
심성보 지음 | 500쪽 | 값 25,000원
2015 세종도서 학술부문

 민주화 이후의 공동체 교육
심성보 지음 | 392쪽 | 값 15,000원
2009 문화체육관광부 우수학술도서

 교과서 밖에서 배우는 인문학 공부
정은교 지음 | 280쪽 | 값 13,000원

 갈등을 넘어 협력 사회로
이창언·오수길·유문종·신윤관 지음 | 280쪽 | 값 15,000원

 오래된 미래교육
정재걸 지음 | 392쪽 | 값 18,000원

 동양사상과 마음교육
정재걸 외 지음 | 356쪽 | 값 16,000원
2015 세종도서 학술부문

 대한민국 의료혁명
전국보건의료산업노동조합 엮음 | 548쪽 | 값 25,000원

 교과서 밖에서 배우는 철학 공부
정은교 지음 | 280쪽 | 값 14,000원

 교과서 밖에서 배우는 고전 공부
정은교 지음 | 288쪽 | 값 14,000원

 교과서 밖에서 배우는 사회 공부
정은교 지음 | 304쪽 | 값 15,000원

 전체 안의 전체 사고 속의 사고
김우창의 인문학을 읽다
현광일 지음 | 320쪽 | 값 15,000원

 교과서 밖에서 배우는 윤리 공부
정은교 지음 | 292쪽 | 값 15,000원

 카스트로, 종교를 말하다
피델 카스트로·프레이 베토 대담 | 조세종 옮김
420쪽 | 값 21,000원

 한글 혁명
김슬옹 지음 | 388쪽 | 값 18,000원

 일제강점기 한국철학
이태우 지음 | 448쪽 | 값 25,000원

 우리 안의 미래교육
정재걸 지음 | 484쪽 | 값 25,000원

 한국 교육 제4의 길을 찾다
이길상 지음 | 400쪽 | 값 21,000원

 왜 그는 한국으로 돌아왔는가?
황선준 지음 | 364쪽 | 값 17,000원

 마을교육공동체 생태적 의미와 실천
김용련 지음 | 256쪽 | 값 15,000원

▶ 평화샘 프로젝트 매뉴얼 시리즈
학교폭력에 대한 근본적인 예방과 대책을 찾는다

 학교폭력 어떻게 만들어지는가
문재현 외 지음 | 300쪽 | 값 14,000원

 아이들을 살리는 동네
문재현·신동명·김수동 지음 | 204쪽 | 값 10,000원

 학교폭력, 멈춰!
문재현 외 지음 | 348쪽 | 값 15,000원

 평화! 행복한 학교의 시작
문재현 외 지음 | 252쪽 | 값 12,000원

 왕따, 이렇게 해결할 수 있다
문재현 외 지음 | 236쪽 | 값 12,000원

 마을에 배움의 길이 있다
문재현 지음 | 208쪽 | 값 10,000원

 젊은 부모를 위한 백만 년의 육아 슬기
문재현 지음 | 248쪽 | 값 13,000원

 별자리, 인류의 이야기 주머니
문재현·문한뫼 지음 | 444쪽 | 값 20,000원

 우리는 마을에 산다
유양우·신동명·김수동·문재현 지음 | 312쪽 | 값 15,000원

 동생아, 우리 뭐 하고 놀까?
문재현 외 지음 | 280쪽 | 값 15,000원

 누가, 학교폭력 해결을 가로막는가?
문재현 외 지음 | 312쪽 | 값 15,000원

▶ 남북이 하나 되는 두물머리 평화교육
분단 극복을 위한 치열한 배움과 실천을 만나다

 10년 후 통일
정동영 지승호 지음 | 328쪽 | 값 15,000원

 선생님, 통일이 뭐예요?
정경호 지음 | 252쪽 | 값 13,000원

 분단시대의 통일교육
성래운 지음 | 428쪽 | 값 18,000원

 김창환 교수의 DMZ 지리 이야기
김창환 지음 | 264쪽 | 값 15,000원

 한반도 평화교육 어떻게 할 것인가
이기범 외 지음 | 252쪽 | 값 15,000원

▶ 창의적인 협력 수업을 지향하는 삶이 있는 국어 교실
우리말 글을 배우며 세상을 배운다

 중학교 국어 수업 어떻게 할 것인가?
김미경 지음 | 340쪽 | 값 15,000원

 토론의 숲에서 나를 만나다
명혜정 엮음 | 312쪽 | 값 15,000원

 토닥토닥 토론해요
명혜정·이명선·조선미 엮음 | 288쪽 | 값 15,000원

 인문학의 숲을 거니는 토론 수업
순천국어교사모임 엮음 | 308쪽 | 값 15,000원

 어린이와 시
오인태 지음 | 192쪽 | 값 12,000원

 수업, 슬로리딩과 함께
박경숙 외 지음 | 268쪽 | 값 15,000원

 언어던
정은균 지음 | 268쪽 | 값 15,000원

 민촌 이기영 평전
이성렬 지음 | 508쪽 | 값 20,000원

참된 삶과 교육에 관한
생각 줍기